U0148124

# 唯物史观视域下
# 社会权力思想研究

WEIWU SHIGUAN SHIYU XIA SHEHUI QUANLI SIXIANG YANJIU

陆在春◎著

安徽师范大学出版社
ANHUI NORMAL UNIVERSITY PRESS
·芜湖·

**图书在版编目(CIP)数据**

唯物史观视域下社会权力思想研究 / 陆在春著. — 芜湖:安徽师范大学出版社,2021.6
ISBN 978-7-5676-5215-6

Ⅰ.①唯… Ⅱ.①陆… Ⅲ.①权力—研究 Ⅳ.①D033

中国版本图书馆CIP数据核字(2021)第123138号

**唯物史观视域下社会权力思想研究**　　　　　　　　　　陆在春◎著

责任编辑:郭行洲　　责任校对:祝凤霞
装帧设计:王晴晴　　责任印制:桑国磊
出版发行:安徽师范大学出版社
　　　　　芜湖市北京东路1号安徽师范大学赭山校区
网　　址:http://www.ahnupress.com/
发 行 部:0553-3883578　5910327　5910310(传真)
印　　刷:江苏凤凰数码印务有限公司
版　　次:2021年6月第1版
印　　次:2021年6月第1次印刷
规　　格:700 mm×1000 mm　1/16
印　　张:14
字　　数:205千字
书　　号:ISBN 978-7-5676-5215-6
定　　价:44.00元

凡发现图书有质量问题,请与我社联系(联系电话:0553-5910315)

# 序　言

何谓权力？权力的基础是什么？权力的来源是什么？为什么权力会对人类社会产生不可替代的影响？是怎样的一种力量促使人们追逐权力？权力的力量是如何体现的？为什么有些权力非常明确地对人类社会有益，但却得不到落实和发展？为什么有些权力明明是应该不断被抛弃的，可是却一直被人类中的某些人抓住不放呢？权力为什么会发生转移？权力在运用过程中为什么会变质？权力的本质是什么？权力运行的途径和规律是什么？权力为什么能够被分成宏观与微观、显性与潜在的权力？权力是会帮助人类获得更好的生活，还是会阻碍人类前进？政治、经济、文化、道德、信仰的权力各有什么不同，哪一种权力是根本的，其间又有什么差别？如果有人权，那么有没有自然权，自然界中的动物、植物有没有权力，如果有，它们的权力如何表现，又如何实现？如果只存在人的权力，人又如何确立和面对这些权力？权力发展的历史说明了什么问题，这是对人的本性的某种说明吗？权力中的某一种是否可以被永恒化？有没有普遍的权力，如果没有，权力的特殊性又是什么？权力有没有终结的一天？权力如果能够被终结，又是如何被终结的？

对权力的追问引起人类对权力的研究。对权力本性及权力运作等多种问题的研究成为政治学乃至哲学等学科共同研究的主要话题。社会权力的研究则是权力研究系统中的某个侧面。

起初的权力应当是为限制某事、某人而设的，无论是契约的，还是天命的，还是神授的，还是民意的。每一种权力的产生都是为了保障人群能够延续，无论这人群是多数人，还是少数人，还是全体人，或者是某个人。根据权力起始状态的不同，权力的限制力往往可能演变为强制力，这主要是在权力只为少数人或个别人服务的时候，就一定出现的局面。改变权力的强制特征，不仅需要到权力缘起的地方，还需要到权力运作的领域中仔细寻找。社会权力的研究就为我们进一步确定权力的起源提供了一种参照。

社会权力不是从来就有的。人类社会生活中权力的设置，以及由此形成的社会权力体系总是与一定历史发展的状况相关联。

对财产的占有是一切权力的起源。在财产占有基础上，逐渐形成的对财富、货币和金钱的占有网络。当财产、资本占有，以及私有方式取得合法地位时，人与人之间的剥削和压迫就不可避免地出现了。

在财产权的基础上，社会政治生活空间中的权力也开始浸透到社会的各个角落。政治生活中权力等级体系越复杂、层级越多、交叉越多，则权力运行过程中产生的掣肘越多。其间不仅可能造成权力的腐败，也影响到人的自由活动空间。

权力对经济生活的全面渗透，其结果就是金钱至上的利益关系成为维系社会最重要的纽带。人、群体、国家三者之间的相互关系都以利益运作为主要标准。在对利益的争夺和垄断的过程中，所产生的巨大利益集团转而支配着社会的政治空间分布。

人们对精神文化生活的追求无法摆脱社会政治经济生活权力的控制。在全方位权力体系的控制之下，人的无根性越发凸显。精神文化生活是否一定自由？答案是否定的。在古代东方以皇权意识为核心的文化体系的建构中，单个人被纳入君臣父子的等级序列当中，精神的顺从与缺少个性成为文化的主色调。在几千年的思想发展过程中，人们很难走出以维护和完善皇权为中心的思维模式。唯上、唯书，成为个人精神生活的基本信条。突破日益集权式精神文化的生存方式，既要打破等级式的权力架构，又要推翻以私有制为核心的财产等级制度。在西方以宗教权力至上的社会精神生活领域，人的精神生活的超越性被夸大。当现世的人的精神生活被投射到以上帝为符号的宗教生活里时，现实生活中的人则变成了上帝这一类超越精神存在的人。

精神文化生活领域的不平等是附属的，是由政治、经济不平等决定的，改变政治权力的结构方式与经济权力的运行制度，是实现精神文化领域自由的文化前提。

只要私有制占有方式还处于社会经济生活的主导支配地位，消除经济生活中的不平等就是不可能的。私人占有观念的产生有着长期的社会历史根源，消除私有制，根除私有观念也必将经历一个漫长过程。

实现权力自由最核心的是人的自我发展，其中人的主动性要得到发挥，人的自我意识才能得到充分彰显，人的综合素质和综合能力才能得到全面发展。社会政治权力体系简洁、清晰，社会经济权力体系稳定、协调，社会才能保持在一个相对繁荣的经济水平之上。

在社会权力中，有各种权力可以分析，知识权就是其中的一种。

所谓知识权不过是人类对知识本质的曲解和误解罢了。为何要设立种种禁条来隔限知识的运用和传播呢？从人类成长的本性来看，学习、运用、传播乃至创造知识应该属于所有人类的权力。一旦某种知识被各种名义保护起来，被限制使用，那么知识的本质力量就会大打折扣。这样对待知识的后果是人类自己将遭受自己创造的知识的毁灭性打击。如原子能的知识，如果不是被人们以权力的方式加以垄断，那么就能够造福于人类，而不是对人类的生存构成威胁，甚至是毁灭性的灾难。前沿的、尖端的高新技术，不应该成为权力的附属品，一旦知识被权力支配，知识就难以还原其平等的面目。只要人类追求平等、互助、友爱、协作、公平的理想，知识就不能够被权力化，知识权的屏障就应该被打碎。只有这样，知识才能够显示其自然的、真理性的力量。

回观现实，人类所创立的教育体系，呈金字塔状。初级阶段学习大多数人都能够参与其中，中级阶段的学习人数就开始减少了，高级阶段的学习人数则更少。当然，这种状况也与目前人类教育发展的现状相关，能够从事高级阶段教育的人数偏少，能够进入高级学习阶段的人处于少数。在这种现状之下，我们似乎发现人类的学习能力是有缺陷的。人们对于实用性知识的渴望，对于实证性知识的信奉，阻塞了人类学习能力成长的道路，进而影响到社会发展的进程。各种天赋论、先天学说、先知先觉论的流行，就是这种状况的最好反映。在这些奇怪理论的指使下，许多人被当成知识的奴隶，他们学习的能力被一步步削弱、减损，甚至最终产生出一些知识盲。那些德性的知识由于缺乏实证性和实用性，就慢慢变成了人们学习知识的飞地。而走在创造知识前列的人又越走越远，他们被各种知识创造者的名号和利益所驱使，很少顾及后人对知识的需求，以及大众学习能力的提高。知识被垄断，知识变成了权力的象征。人性的弱点被进一步强化，个别人只想着去关心物质的、实用的东西的成长，精神的提升、学习能力的增长不在关心之列。知识权力体系的构成，使得人类学习能力在整体上无法得到提高。人类社会的冲突很大一部分就是由人类整体素质的低下导致的。群体之间对知识掌握的程度差异很大，由此导致对知识权的争夺，由此引起暴力冲突。改变这一状况不能只靠增加物质财富，更为重要的是要反思人类知识积累的进程，反思人类精神前行的路向，其中学习能力的整体提升又至为关键。

从本质上说，保障权力的合理运行，是以对权力与理性关系的认识为基础的。人的理性能力又是以指向自由为最高目标。

人类社会的权力体系，自其产生开始，就逐渐走上了背离自由的道路。远古时代神话英雄的传说，已经昭示着神权对于人的统治。理性地看，古代的神权不过是地上的人权以神的方式被异化地表达出来罢了。现代社会的权力体系充满了法治精神，其核心追求的自由平等博爱等价值观成为权力保障的基本对象。在权力实际运作过程中，权力仍旧被一再地异化。权力体系多数是以金字塔的方式呈现在现实社会中。在以民主为旗号的权力体系中，人们以分权制衡的方式来对权力进行制约。但是这依旧摆脱不了权力的集中与滥用。就权力起源于神权而言，权力从一开始就没有进入理性规约的轨道。神权时代的权力集中方式留下了对权力僭越的恶习。这一恶习的延续使得权力体系很难走上权力均平而朴实的道路。如何确保权力在理性的范围内运转，是破除权力金字塔体系存在的根本。根据人类理性发展的特点，我们提出权力回归到理性能力的限度内，而不能僭越理性能力的适用范围。只有这样，才能够保证权力体系惠顾民间和关注民众，而不再以政治集权的方式展现出来。人类理性能力限度最为集中的要求包括：尊重维护每个人的生命，善意平等地对待每一个人的言行，相信肯定每个人有自我识别的判断能力，若无更好的选择请维持原状，任何人任何组织都不得采取暴力和恐怖手段对待他人，等等。

理性精神的最核心要素是冷静平和地面对发生的一切事实，在辨明事实的基础上，所有当事人都有资格商讨解决处理问题的办法。对于所有人而言，理性存在的绝对命令是，在任何时候任何状态下，一个理性存在者都能够保持清醒自觉的状态，不以任何极端的方式对待人，哪怕是极度冲突状态下有毁灭生命的冲动。理性是生命维持的最高标准。任何权力体系一旦以消除生命为方式来达到所谓理想状态，都是背离理性精神的根本要求。因此，保持理性限度内的权力状态，是权力体系存在的基本需要。合理的分权、分治、制衡、监督等等都是权力体系清晰的基本要求，也是人的理性的自我要求。

社会权力的全面展开和运作，目的就是达到善治的结果。

人类善治的目标主要包括：经济交往的自由，政治生活的有序，社会大势的稳定，文化发展的持续，生存环境的和谐。这五个方面相依相存，道德自信的能力贯穿其中。

自由的经济交往可以满足人类物质生活不断增长的需要。充满活力的经济一定是自由的经济。自由的经济交往需要诚信的道德作为保障。对于现代社会经济而言，充分的市场交往必须依赖最低限度的诚信道德的维护。世界范围内的经济交往更是如此。任何强权对经济交往的自由干预，都会导致人类生产能力的下降，破坏甚至动摇人类生产生活的基础。政治生活的有序，保证社会权力系统的合理运行。人类群体的结合总是离不开权力体系的控制。但权力不是用来欺压和恐吓权力所约束的对象，权力要在公正的笼子里运行，就能够保证社会政治生活的有序完整。政治权力的结合无论采取哪种形式，都应该符合善治的道德理念。可以说充满道德自信的政治才是最好的政治。

经济自由和政治有序，是社会大势稳定的前提。一个动荡不安、危机四伏的社会是对人们生存的最大威胁。社会大势的稳定，需要以尊重生命为最高的道德原则。生命至上，人的生命权至上，坚守这一道德理念，可以抵制任何试图违背和破坏经济自由、政治有序和社会稳定的言行。只要能够遵从生命原则，一切借口发展经济、政治而做出的对人的生命的牺牲都有悖于人类的道德自信。尊重、爱护、保护、发展所有人的生命，应该成为人类群体或国家的最高追求。这是人类道德自信的最为直接的社会表现。

大体稳定的社会不仅要求经济、政治领域的自由和有序，在人们物质和制度生活之外，精神领域的自由创造则更加凸显人的生命价值和尊严。让每个人平等地接受教育，自由地发展自己的才能，全面地实现自己的人生理想，这是一个社会在文化发展水平上的最好体现。繁荣的文化可以促进人的身心健康，提升人的精神境界。文化积累所形成的文明成果可以供全体人类共享。在人类文明进步的道路上，欺诈、压迫、剥削、暴力、恐怖、屠杀等灾难都可能因为文化创造能力的激发而得以避免。文化发展既包括知识的积累、科学的创新、技术的革命，也包括道德精神的提升和道德能力的进化。前者必须在后者所提供的道德原则的规范下才能够走上合乎人类生存需要的发展之路。各种违背人性需要的知识、科学和技术，是人类可能遭遇灾难的祸根。知识、科学和技术的发展必须要以足够的道德自信为基础。

人源于自然，复归于自然。这决定了人不能肆意破坏生存的环境，人要以高度的道德自信处理好人与自然的关系。在此，人类应当自觉自己为宇宙万物之子，而非万物之灵，更非万物之主宰。人要保持对自然万物的敬畏之心，以谦卑的道德心态，自觉担负起陪护、看护和养护自然的道德责任。敬畏自然就能够善待自然，善待自然才能够与自然保持和谐共存的关系。改变对自然能够无止境地供养人类的观念和看法，改变对自然能够无止境攫取的心态和做法，我们才有可能创造和谐的生存环境。这也是人类自觉确立和认可自然万物的生存权的主要表现。

自由的经济交往，有序的政治生活，稳定的社会大势，繁荣的文化发展，和谐的生存环境，离不开人类积极的道德自信。当每个人都能以诚信、平等、公正、共生、和谐的道德要求自己，正确处理人与自然、人与群体、人与他人、人与自我的关系，满怀做人的道德自信，各种非文明、反文明的言行就会慢慢退出人类活动的舞台。人类善治、合群、共生、稳定、和谐的生存状态就能够到来。

实现善治的权力体系需要继承，进而在未来社会的建设中得到巩固和光大。

自古以来，人类就对未来社会充满着憧憬和向往。柏拉图设计的理想国，儒家期盼的大同社会，道家主张的无为世界，宗教希冀的彼岸世界，都蕴含着人类完善和发展自身的崇高理想。这一理想最为核心的内容就是期望建构起人类共生共存共荣的世界，这也构成了人类命运共同体的基本内容。反观历史，无数仁人志士为着这一理想殚精竭虑，奉献了无尽的智慧，付出了无数的探索。随着这些思想和实践的累积，人类逐渐具备了系统反省自我命运的能力。《共产党宣言》就是反思人类命运共同体建设的最伟大的文献之一。

一百七十多年前，马克思和恩格斯在《共产党宣言》中就指出，中世纪的市民靠乡间小道需要几百年才能达到的联合，现代的无产阶级利用铁路只要几年就可以达到了。根据这样的判断，马克思和恩格斯提出，当阶级差别在发展进程中已经消失而全部生产集中在联合起来的个人手里的时候，公共权力就失去政治性质。马恩进而认为自由人的联合体应当不再纠缠于政治权力的安排，而在于为所有人提供自由发展的条件。在这个意义上，我们可以说，马恩所指示的自由人联合体就相当于人类命运共同体。这一共同体不再以追求政治权力的联合为最高目的，而是以寻求人的全面发展为最高目标。从历史上看，联合国的设立虽然为解决国家间冲突提供了某些帮助，但由于《联合国宪章》依旧在肯认国家主权的基础上，希望借助伸张国际法的正义力量来处理争端。这一努力远远不可能通向马恩所提及的公共权力的建立。联合国在国际事务中发挥作用的受限也就成为一种不争的事实。

相比于联合国，奥林匹克组织所倡导的和平精神在某种意义上更接近马恩所倡导的自由人联合体的要求。奥林匹克体育精神代表的是人类文化追求的共同方向，代表了人类自由发展的一个方面。在此意义上，我们认为走出政治权力相互纠缠的旋涡，走向以文化发展和融通的港湾，才是人类命运共同体建设的基点。《共产党宣言》提出，共产党人作为无产阶级利益的代表，他们不提出任何特殊的原则，用以塑造无产阶级的运动。共产党的斗争，强调和坚持整个无产阶级共同的不分民族的利益。这是一个极其崇高的理想。无产阶级摆脱了私有制的束缚，不以任何私有的利益为追求。由于他们能够真正做到以全人类利益为目标，他们的斗争才是共产主义运动的最真实的表述。无产阶级就是人类命运共同体建设的真正主体，他们代表了先进的生产力和文化。如果有一天所有民族国家都能够摆脱狭隘的民族利益，利益共同体也就变成了命运共同体。所有人也就变成了真正的"无产"阶级。

随着铁路时代被互联网时代取代，人类相互之间的联合达到了空前的状态。不同人种、不同民族、不同区域、不同文化的人们开始以一种极为快捷的方式进入一个全新交往的时代。人类迈进了一个不可避免的命运共同体时代。自由人联合体希望建立的是没有阶级对立的社会，这也是人类命运共同体建设的主要目标。

从人类发展的不同层面来看，消除阶级分化与对立，减少乃至最终消灭私有制，确立人类共同理想是命运共同体建设的最重要的文化根基。千百年来形成的等级观念，以及由此带来的族群生存状态的差异，造成了普及平等观念的重重困境。如何从根基处消除等级差异带来的不平等的思想观念，以及由此带来的私有观念和制度，是确立共同理想的文化前提。只有当人们在精神文化和制度文化层面将平等观念作为人类文化生存样态的标准，将公有作为人类一切生产活动的最高指向时，人类走向命运共同体才有文化学的保证。即便是相当完备的现代法律制度体系，其民主平等精神依然遭受着众多传统等级观念的侵蚀，很难在短时间成为人类建设共同体的共识。

相对于现实存在的共同体，建设未来人类命运共同体必须彻底根除各种形式的对抗与斗争，以及通过暴力方式展现出来的战争和残暴。马克思恩格斯之所以拒绝私有观念，就是因为建立在私有观念之上的私有制是一切对立和斗争的根源。恩格斯在《共产党宣言》多个版本的序言中均提到，共产主义的实现就是让整个社会摆脱一切剥削和压迫、一切阶级差别和阶级斗争，只有这样人类才能够摆脱被奴役的历史。达到这一社会的基本方式就是消灭私有制。私有作为人类生存活动中的观念，还会在相当长时期内占据着大多数人的精神世界。但是从文明肇端处，人类就从未放弃憧憬乃至于追求一种没有等级、没有私有的社会。共有、公共的思想观念也一直是人类文化发展追求的主要方向。

就目前人类生存的状态来看，经济领域中的利益斗争，政治社会中的权力对抗，宗教信仰世界中的教派冲突，文化生活中的观念抵触，以及由此引起的局部战争，乃至于恐怖袭击，都是私有等级观念支配下的产物。哪怕是极其恐怖、失去理性的战争狂人，他也会懂得这个世界需要更多的人来建设，只靠一个人，或者说只有一个人的世界根本无法存在。人与人之间只要存在相互依赖，需要以群体的方式存在，那么命运共同体的建设就无可避免。推而广之，人类命运共同体的存在也自然成为一个不争的事实，更不要说，互联网的到来为人类命运共同体的建设提供了极好的文化场景。互联网所构筑的交往空间，不能成为各种背离文明观念的流行市场，更不能沦为某种利益集团攫取私利的工具。互联网时代，人类科学文化的几何级增长，应该为人类谋得更多的福祉提供便利的空间。在互联网的世界里，人类将有可能彻底打破科学技术垄断所带来的等级差异。网络中人人平等的事实，为人类命运共同体的建设准备了越来越多的可行性要素。自由人的联合将有可能走向更高的交往平台，为越来越多的命运共同体提供实践基础。《共产党宣言》指出，人对人的剥削一消灭，民族对民族的剥削就会随之消灭。互联网构筑的人类生存空间，为人类消灭剥削提供了最大的可能。在平等的环境中，只要人们的文化自觉意识达到一定的程度，在不远的时代，马恩所希望的全民免费教育就能够变成现实。这就为人类命运共同体建设提供了不竭的文化资源。

人类命运共同体的文化场域不是单一文化的，也不是以某一文化为中心，更不是某种文化的独尊。这种文化场域应该是多元文化和谐共存共生共融共进的。千万年来，人类在世界各处发展出的文化，均有其精华和可取之处，让不同文化充分碰撞和交流，就能够导向一个新的文化时代。早在互联网时代之前，人类创造的精神产品就已经超出了地域和民族的局限。正如马恩在《共产党宣言》中所说的那样，随着资产阶级对世界市场的开拓，各民族的精神产品成了公共财产，许多民族和地方的文学都变成了世界的文学。精神产品的公共性决定了人类生存时空的公共性。互联网又使精神产品的公共性提升了一个等次，没有什么文化可以孤芳自赏，自叹曲高，也没有什么文化能够傲视群芳，独步天下。文化的融合注定了人类命运共同体建设成为我们这个时代的真切而迫切的需要。

根据目前的文化融合进程看，东西方文化的交流融通是其主流。我们应该抓住这个大好时机，发展民族文化，倡导世界文化融合，为建设人类命运共同体提供宽阔的文化场景。在新的文化场域中，以公有取代私有，以平等取代等级，在文化根基处为人类命运共同体提供最为核心的观念支撑。《共产党宣言》也清醒地告诫我们，人们的观念，人们的意识，随着人们的生活条件、人们的社会关系、人们的社会存在的改变而改变，这是无需深思就能够了解的真理。旧的私有的、等级的观念并不会自动退出历史。人们只有充分发展自己的文化，在物质文化和制度文化有了充分发展的前提下，大力推进精神文化建设，才有可能在一个新的文化坐标中建立起公有的、平等的社会关系。人类命运共同体才有可能得以实现。互联网时代为这种新的文化发展坐标提供了非常坚实的基础。

《共产党宣言》所指示的自由人联合体的发展，为人类命运共同体的建设先期指明了方向。在新的联合体中，人的发展的全面性，将在物质、制度、精神层面得以充分展开。在新的联合体中，每个人的自由发展是一切人的自由发展的条件。每个人实现自由的命运必然与其他人紧紧联系在一起。在共产主义社会，社会权力的运作不再为权力本身以及权力的占有者，而是以社会的和谐运转为唯一目的，以每个人的自由发展为最高追求。这种自由发展的推进，直接显示出人类命运共同体进入实质性建设时期。人类若能够践行《共产党宣言》宣示的解放道路，大同世界的到来一定会更快一点。

戴兆国

2021 年 5 月 16 日

# 目　录

# 一　引　言

## （一）选题研究的缘起

对自由、正义与权利的追求伴随着人类社会进步的整个过程。实现自由和正义，保障人的基本权利，离不开社会权力的巩固与保障。从唯物史观的角度看，人类社会中的权力体系经历了个人权力、社会权力与国家权力的发展形态。个人权力是一种分散的基因质的权力，需要通过社会权力的聚合来彰显和实现。国家权力是社会权力、个人权力之间相互作用与妥协的产物。马克思认为，国家最终会走向消亡。因此，国家权力也必将以向社会权力回归的形式最终消亡。由此可见，社会权力在整个人类历史发展长河中的介质性与恒久性决定了对其深入研究的重要性。然而，国家权力在问世以后凭借其极强的扩张性与吞噬力，造成了近代以来特别是东方社会普遍存在的社会权力抑制和个人权力忽视的现象。直到20世纪末，随着经济全球化发展与政治文化的现代性反思，社会权力的作用与功能才逐步被重新认识并得到重视，市场与政府的双重失灵困局也迫使人们重新审视国家权力与社会权力的关系。

马克思认为，市民社会的兴起及其与国家的真正分离和对立乃是近代历史的产物，它使国家成为和市民社会并列的且在市民社会之外的独立存在。国家是人类社会发展到一定历史阶段的产物，在国家产生以前，个人的自然权力就是确定存在的。从词源上考察，"社会"与"权力"都具有各自确定的概念一般性，然而二者的结合便具有特殊指代。社会与国家的分化导致社会权力与国家权力的分殊，这种概念的辨析与廓清无论在学理意义上还是在社会实践意义上均具有重大的研究价值与指导意义。本书所讨论的社会权力，是指在社会生活实践中，包括个人在内的社会组织和社会群体以其所拥有的社会能量对国家与社会所产生的影响力。这里的社会意指与政治国家概念相区别的狭义的社会生活领域，与政治国家组合才构成广义的大社会。

马克思提出了"决不是国家制约和决定市民社会，而是市民社会制约和决定国家"①的响亮命题。社会权力的存在与发展，一方面通过对国家权力的监督与约束以预防其恣意行使；另一方面，社会权力也通过自身的覆盖优势填补国家权力社会管理的盲点与疏失，成为社会秩序的重要维护者，社会利益的公平分配者，人民意志的协同形成者。国家保守的立法理念导致对于秩序价值实现的优位排序，个人权力实现的强制性由于间接达致而被制度性弱化，其实效性也因此大大减损。马克思在《资本论》中指出，"单个骑兵分散展开的进攻力量的总和"与"骑兵连的进攻力量"有着本质的区别。前者是一种个体力量的简单相加，后者则是一种能够产生几何级数效应的"集体力量"或"社会力量"。无可否认，社会组织和社会群体的意义在于对散处于社会之中的个人力量进行聚集、整合与放大。使得多数的个体间的关系不再是"一袋马铃薯"式的无机体，使得个体的权力主张不至于失语或被淹没。

社会权力理论的提出及其实践，可以改变单一权威化的权力格局；社会权力的自治品质及其对国家权力的监督与补强，使权力不再是可畏的、

---

① 《马克思恩格斯文集》第4卷，人民出版社，2009年版，第232页。

难以驯服的凶器，而可望成为人民群众可亲近、可自我掌握的利器。然而，对于历史上与现实中的社会权力要利用辩证唯物主义观点认知其两面性，并非所有的社会权力都会对国家与社会的发展、公民权利福祉的实现起积极助力。还有一些只起到中性甚至是负面的作用，这种异化变质的负面社会权力必然给国家与社会的发展带来危害，也必然损害到公民个人权力的实现。封建社会的解体是社会权力和个人权力强化与国家权力弱化的一个体现，而马克思主义社会权力思想恰是针对资本主义社会的权力现象，以国家权力为工具，以社会权力为中介，最终的落脚点是个人权力的实现。因此，利用马克思主义唯物史观客观审视与理性对待社会权力极为重要。中国社会权力的认知与发展在新中国成立后，特别是改革开放以来取得了一定的进步，但是在政策与法律层面对于社会权力培育与规制尚存较大的空白。中共十八大以来，我国逐步开始加强民主法治建设，高度重视社会权力的功能发挥与有效引导。在这样的时代背景下，加强对中国社会权力问题的研究具有重大的理论和现实意义。

本书拟运用马克思主义唯物史观对于社会权力思想进行梳理，通过对于社会权力性质、运行机制及民主控权功能的研究，试图论证社会权力与国家权力良性互动的可能性，探索现代中国社会协作与统战聚力新模式，为我国政治体制改革与和谐社会构建提供理论参考。本书的理论价值在于进一步廓清社会权力的性质与功能，澄清学界对于社会权力概念的模糊认识。通过对社会权力的类型化分析，区分其积极功能与消极作用，为在现代中国语境下进行有针对性的机制栽培或法律规制提供明确的理论依据。中国共产党第十八届四中全会通过了《中共中央关于全面推进依法治国若干重大问题的决定》（下简称《决定》），《决定》要求健全立法机关和社会公众沟通机制，开展立法协商，充分发挥政协委员、民主党派、工商联、无党派人士、人民团体、社会组织在立法协商中的作用。《决定》同时强调要加强社会组织立法，规范和引导各类社会组织健康发展；发挥人民团体和社会组织在法治社会建设中的积极作用；建立健全社会组织参与社会事务、维护公共利益等的机制和制度化渠道；支持行业协会商会类社会组织发挥行业自律和专业服务功能；发挥社会组织对其成员的行为导引、规则约束、权益维护作用；加强在华境外非政府组织管理，引导和监督其依法开展活动。各级党委要领导和支持工会、共青团、妇联等人民团体和社会组织在依法治国中积极发挥作用，强化对行政权力的制约和监督。《决定》强调以加强立法的方式强化对于社会权力的培育、引导与规制，最大限度地发挥社会权力的民主自治功能、社会服务功能与监督制约功能。中国共产党以导向性文件宣示新的领导集体对未来中国政治体制改革的决心和思路。而只有确保民众享有权利和行使权力，才能对国家权力进行有效的制约与监督，保障我国政治体制改革顺利进行。在这样的时代背景下，社会权力理论及其运行机制研究更富有实践意义。

## （二）研究现状的评述

### 1.国外研究现状及简要评述

国外学者从诸多相关研究领域阐述了与社会权力理论相关的论点和主张，主要包括市民社会理论、社会与民主理论、公共领域理论、利益集团理论、非政府组织领域研究与其他泛权力主题研究。对此，我们予以简要的梳理。

#### （1）市民社会理论

19世纪以来，市民社会一般指代近代市民阶层之间的关系，这种关系表达的重点往往在于描述从中世纪欧洲封建社会政治桎梏中摆脱出来的自由民身份。此时，市民社会被定位于一种去政治国家属性的场域。由于市民本身享有人身自由与财产独立，已经初步实现了从"身份"到"契约"的法律关系演变，因而调整平等主体之间财产与人身关系的市民法在这一时期得到了空前的发展。

第二次世界大战后，政治国家不断扩张，在"国家主义"理念支配下，政治国家以不同的方式、从不同的角度对市民社会进行渗透或侵吞，从而破坏了市民社会的生长环境和内在结构。西方学者主要从研究政治国家与市民社会互动的视角发掘市民社会功能开发，由此使市民社会概念再度拂去凡尘，回到人们的视野与学术研究的前沿。人们希望通过激活市民社会去政治化自治功能，来缓解近代以来由于国家权力的快速扩张对于社会功能的挤压与排斥；人们试图找到一种稳定的机制来实现国家与社会及公民之间的对话与协调，使得各个主体间能够在社会秩序相对稳定的前提下实现力量的博弈与利益的协调，最终实现国家社会发展与民主自由增量的同步。同时，市民社会也被当作理论根据，右派论者批评福利国家的"大政府"主义，主张市场化、私有化和恢复市民社会的活力；左派用以指导环保运动、反全球化运动等。[1]市民社会与社会权力理论密切关联，许多研究术语和理论存在话语体系上的无间。

（2）社会与民主理论

社会民主理论认为民主社会不仅仅要求公民财产权利与政治权利的实现，还要求这种权利的实现不只是通过权利信托的代议制民主实现，而是要更多地尊重公民自身为了权利的争取的自决权力。托克维尔（Alexis de Tocqueville）认为，在民主的国家里，公民个体是独立的却又是羸弱的，既然每个人都是自由之身，那么人的联合与力量的集聚就必须依赖共同志趣或契约的粘连。政府可以处理大而复杂的社会事务，而那些细碎而又广泛的事情则必须依赖社团功能的发挥。因而托克维尔断言，在民主的国家里，结社是一门学问，其他一切学问的进展都依其而为[2]。托克维尔指出，在贵族制社会里人与人之间是不平等的，因而存在普通大众与少数精英。少数人能够独立完成一些事情，不必为采取行动而联合，因为他们本身就已经处于联合当中。而处于少数地位的美国公民之所以结社，首先是为了显示自己的力量和削弱多数的道义力量；其次是为联合起来进行竞争，从而找到最适于感动多数的论据，因为他们总希望把多数拉进自己的阵营，

---

① 邓正来、[英]J·C.亚历山大：《国家与市民社会——一种社会理论的研究路径》，中央编译出版社，2002年版。

② [法]托克维尔：《论美国的民主》，董果良译，商务印书馆，1988年版。

然后再以多数的名义掌权。他还指出，报纸在美国是一个有强大影响力的权力拥有者，每一家报纸都各有一点权力，但期刊的权力比报纸的要大，仅次于最有权威的人民。①实际上，托克维尔看到了以媒体力量和社团力量表现的社会权力，以及这种社会权力对于国家权力的监督与补强作用的可能性。

### （3）公共领域理论

汉娜·阿伦特（Hannah Arendt）最早提出公共领域理论并进行了初步的理论建构。她认为代表国家的政治权力不是仅仅代表形式上的自身利益或诉求，而是一种合乎法律规定并形成建制的授权力量。这种力量之源实际上就是被冠以"交往权力"的社会权力。不仅仅政治权力的合法性由此产生，为巩固权力而进行的竞争都取决于这种权力交往性的形成与更新。由此可见，代表国家权力的狭义的政治权力是由公共领域（public sphere）中的自由商谈所体现的交往权力转化的结果。个人和社会组织基于自身的社会资源，通过自愿的、有组织的商谈过程形成较为统一的影响力而对议会的立法行为产生压力，从而以民主输入的方式影响立法过程。哈贝马斯（Jürgen Habermas）进一步认为，公共领域并非一种组织或制度，而是一种"交往的网络"。②在他看来，社会权力在法律的框架中受到控制，转化为一种交往权力，并通过交往权力来影响政治权力。代表国家权力的法律、制度和政策的正当性前提是其历经了在公共领域的商谈程序，而这种"交往"本身也是一种权力结构性的博弈过程。由此可见，哈贝马斯也主要是从功能结构方面来研究公共领域的权力关系。在他看来，政治公共领域是一个"交往结构"，是人们就他们所共同关心的政治问题交换意见并展开讨论的领域。社会组织的使命是在生活交往领域展开细微而密集的商谈和妥协，为公共意志的形成精细打磨与程序筛选。哈贝马斯创设实现了国家与社会单元的结构与重塑，以期实现以商品经济交往和公共领域商谈为介

---

① [法]托克维尔：《论美国的民主》，董果良译，商务印书馆，1988年版。

② [德]哈贝马斯：《在事实与规范之间——关于法律和民主法治国的商谈理论》，童世骏译，生活·读书·新知三联书店，1998年版，第446页。

质的国家与社会的互动作用机制，从政治的角度来说，公共领域成为私人领域和政治权力领域互动的桥梁，也使得国家与社会直接的弥合成为可能。

### （4）利益集团理论

从国家权力发生作用的效能来说，即便个人占有多么可观的社会资源，与系统和专业组织或利益集团相比也显得羸弱且容易被淹没。作为西方公共选择学派的一个理论分支，利益集团理论主要探讨了公民个体如何通过利益同向性的黏合聚集社会权力性质的压力能量，从而实现对公共政策施加影响力的一种社会组织模式。利益集团具有对社会一般民众的诉求和利益选择进行"过滤"和"遴选"的作用，防止出现极端的、非理性的无效主张。除此以外，大众传媒和社交网络，专家学者与民间智库，以及普通民众或者选民通过"用脚或用手投票"、参加各种政策咨询听证会、直接提案、请愿示威等形式的直接意见表达实现国家与社会多元化的互动。政治的积极参与者往往算计到自己的经济和社会权力可以加以有效的利用以获得政治上的好处。然而，诸如政党、工会、利益集团之类的组织也能够将那些本来不会以个人为基础参与政治的人吸收到政治活动中来。①各种各样的政治组织与政治社团中最具有代表性的就是政党与利益集团。在西方国家，政党主要是公民表达政治诉求的民主工具，也是各利益集团展开权力博弈的武器。达尔（Robert Alan Dahl）认为数世纪以来一直被认为是共和国致命毒药的宗派精神，在现代民主制度中，在党派和利益集团里已变得制度化了。②尽管学者们的观点各有旨趣，但是他们对利益集团作为一种相对独立的社会权力的存在和作用，却给予了一致性的认可与评价。

---

① [英]戴维·米勒、韦农·波格丹诺主编：《布莱克维尔政治学百科全书》，邓正来译，中国政法大学出版社1992年版，第563—564页。

② [美]罗伯特·A.达尔：《多元主义民主的困境——自治与控制》，尤正明译，求实出版社，1989年版。

### (5) 非政府组织领域研究

20世纪80年代以来，西方学者逐渐关注与研究非政府组织（NGO）与非营利组织（NPO），把非政府组织与非营利组织看作在公共管理领域日益重要的新兴组织形式。一些公益性的NGO、NPO也在市场经济的发展中逐步涌现，虽然这些组织本身是非营利性质的，但是其生存与发展是社会肌体完善化的客观需要，同时没有市场经济发展带来的物质资料积累和创新思想的影响，这些公益性组织就不可能获得非财政性的资金赞助，也无法获得实现各自组织主旨的知识积累。市场经济的发展促使经济主体之间的竞争与联系，为了博得更好的竞争优势与更优的政策扶持，这些经济主体逐步建立了多种形式的联合，发展了利益集团、行业协会、工会组织，丰富了社会权力的组织形式。当美国经济学家伯顿·韦斯布罗德（Burton Weisbrod）在1974年提出市场与政府双重失灵的理论被广泛认可后，学者们逐渐关注到非政府组织对建立有限政府、恢复和发展经济发挥着不可替代的作用。非政府组织以其自身的特征成为社会权力主体中最为活跃的因素，这一研究领域对于社会权力运行和作用形式有着重要的参考价值。

### (6) 其他泛权力主题研究

进入20世纪以来，随着民主和宪政观念在全球化的助力下被各国理论界普遍接受和争相鼓吹，涌现出一大批以权力为考察对象的相关文献与著作。其中有代表性的包括尼采（Friedrich Wilhelm Nietzsche）的《权力意志：重估一切价值的尝试》、福柯（Michel Foucault）的《规训与惩罚：监狱的诞生》与《权力的眼睛》、詹姆斯·卡伦（James Curran）的《媒体与权力》、伯特兰·罗素（Bertrand Russell）的《权力论：一个新的社会分析》、维尔（M.J.C.Vile）的《宪政与分权》、阿克顿的（Acton J.E.E.）《自由与权力》、博尔丁（Kenneth Ewart Boulding）的《权力的三张面孔》、格尔哈特·伦斯基（Gerhard E. Lenski）的《权力与特权：社会分层的理论》、迈克尔·曼（Michael Mann）的《社会权力的来源》、米尔恩（A.J.Milne）的《人的权利与人的多样性——人权哲学》、罗德里克·马丁（Martin Roderick）的《权力社会学》、阿尔温·托夫勒（Alvin Toffler）的《权力的转移》、丹尼斯·朗（Dannis H.Wrong）的《权力论》、彼德·布劳（Peter M. Blau）的《社会生活中的交换与权力》、加尔布雷斯（John Kenneth Galbraith）的《权力的剖析》等。虽然这些研究并非都专门研究与国家权力相异质的社会权力问题，但是其将广义权力形态作为一个整体加以研讨的相关成果对于本书研究的开展具有重要的参考与借鉴意义。

### 2.国内研究现状及简要评述

#### （1）文献检索分析

社会权力理论在国内是一个较新的课题，改革开放四十多年来，随着市场经济体制的逐步建立、发展，以及全球化浪潮的影响，我国政治体制改革更显迫切，这给公民社会的建设与发展带来了新的机遇，社会权力作为与国家权力相对应的力量，其所发挥的作用逐渐被发现、认识和关注，成为我国民主政治、人权发展的新兴动力和源泉。然而，由于起步较晚与传统学术研究范式的掣肘，国内学术界对于社会权力的研究尚处于初始阶段，尚未有系统化、通说性的研究成果。由于关乎本书旨趣，这里对现有相关专题成果进行一次总结与梳理，以期做必要的理论奠基。

笔者于 2016 年 12 月 30 日 0 点通过在中国期刊网全文数据库给定条件检索，得出如下数据。以"篇名"为检索项，以"社会权力"为检索词在中国期刊全文数据库（世纪期刊）1979 年至 1993 年数据库中做"精确"搜索，仅得文章 8 篇；上述其他条件不变，在 1994 年至 2016 年数据库中搜索，搜得文章 173 篇，研究成果呈多学科分布；以"题名"为检索项，其他条件不变，分别在 1999 年至 2016 年中国博士学位论文全文数据库和中国优秀硕士学位论文全文数据库中搜索，仅得相关学位论文 3 篇与 18 篇；以"题名"和"篇名"为检索项，其他条件不变，分别在 2000 年至 2016 年中国重要报纸全文数据库和中国重要会议论文全文数据库中搜索，仅得相关文章 10 篇与 4 篇。上述搜索结果中许多文献主标题没有"社会权力"语素，同时重复文献也包含其中。笔者于 2021 年 5 月 4 日 15 点在中国期刊网全文数据库给定条件补充检索，得出如下数据。以"篇名"为检索项，以"社会权力"为检索词在中国期刊全文数据库（1997年至2021年）中搜索，搜得文章113篇，研究成果呈多学科分布，其中学术期刊文章89篇；学位论文17篇（博士学位论文3篇，硕士学位论文14篇）；国内会议论文2篇，国际会议论文1篇；报纸文章2篇；学术辑刊文章2篇。2017年之后的较新文献仅23篇。从以上检索数据可见，以社会权力为主题的相关研究起步较晚，相关研究成果十分有限，高水平的研究成果并不多见。从学科分布上看，现有研究成果涉及哲学、政治学、法理学、行政法学与新闻学等，大多是从各自的学科角度谈及社会权力的影响，多为概念介绍与探讨，具有一定的学科启蒙意义，但是深入的分析研究尚为鲜见。

在专门论著方面，笔者以"社会权力"为关键词做了检索。除译著外，以"社会权力"作为书名语素的我国大陆学者的著作极为少见。较为切合本著主题的有郭道晖的《社会权力与公民社会》（译林出版社2009年版）、胡水君的《法律与社会权力》（中国政法大学出版社2011年版）、张鸣的《乡村社会权力和文化结构的变迁（1903—1953）》（陕西人民出版社2008年版）、欧阳洁的《女性与社会权力系统》（辽宁画报出版社2000年版）、覃秀基的《社会力与社会发展》（冶金工业出版社2007年版）、郭道久的《以社会制约权力：民主的一种解析视角》（天津人民出版社2005年版）等几本论著。与本著相关的还有郭道晖的《法的时代挑战》（湖南人民出版社2003年版）、夏勇的《人权概念起源——权利的历史哲学》（中国政法大学出版社2001年版）、刘军宁的《权力现象》（商务印书馆（香港）有限公司1991年版）等。总体上看，切合本著的相关著作十分匮乏，这反映出社会权力专题研究在我国尚属起步阶段，说明本著的研究远景"大有可为"的同时，又面临着巨大的前期研究薄弱之困难。由于郭道晖等学者在我国较早提出"社会权力"的概念并初步形成相对成型的逻辑体系，这里笔者就以此类研究成果为重点对"社会权力"研究形成的初步共识和存在的相关问题做一一梳理。

（2）文献观点综述

①社会权力与国家权力统分争论。

第一，混同与分殊。所谓混同，这里特指把国家权力与社会权力性质混同的一元论观点，主要包括两类观点：其一是侧重于权力的社会性的视角，将社会权力做广义理解，从而将国家权力纳入社会权力一并考察；其二是夸大社会权力的政治性与阶级性特征，将社会权力与政治权力等同视之。

刘军宁在其著作《权力现象》中提到，一切权力都是社会权力，政治权力与经济权力都不例外。政治权力不过是（广义的）社会权力中最重要的权力，经济权力则是其中根本性的权力。[1]张鸣在其著作《乡村社会权力和文化结构的变迁（1903—1953）》[2]一书中以时间轴顺序收入20余篇文章，以专题形式论述了从清末到新中国成立初期乡村社会各阶层与各时期国家权力的互动、乡村社会意识形态的变化过程。张鸣认为，在战乱、革命等国家权力渗透进入农村肌体之前，乡村作为中国农耕文化标本的自组织系统具有一定的互助、宗教、公益、自卫以及娱乐的功能。然而，小农经济尚未来得及向资本主义市场经济充分过渡之时，一场完全意义上的农民革命彻底改变了乡村的权力结构。宗族和文化不再具有天然的黏合力与统治力，原有的民间社会空间受到国家政权的整合、挤压和侵蚀，乡村政治的格局从乡绅主导的乡村自治变为国家政权支撑的强力统治，进而使乡村权力结构性质从文化性质转向武化。这样的状况不仅摧毁了乡村原有的道德氛围，而且损害了既有的文化网络。最终，经济能力和文化资源的缺失使得乡村权力架构对国家政权和意识形态的依赖加大，甚至出现了某种程度上的同质化倾向。张鸣在该书的社会权力结构理论中主要描述了国家权力对于乡村权力和文化结构的解构和同质化过程，并非一种现实的重构研究，因此从本质上讲这也是一种国家与社会权力一元论的历史描述。欧阳洁在其著作《女性与社会权力系统》中分析了女性与权力之间的关

---

[1] 刘军宁：《权力现象》，商务印书馆（香港）有限公司，1991年版。

[2] 张鸣：《乡村社会权力和文化结构的变迁（1903—1953）》，陕西人民出版社，2008年版。

系，但是其所谓"社会权力"的概念主要是以社会学视角所研讨的、以国家权力为主要对象的一般意义上的权力。[①]覃秀基在其著作《社会力与社会发展》中提出所谓"社会力"指的是人类在社会化过程中，通过一定的社会结合（或社会联系、社会交流、社会交往等）而产生的力量。这种社会结合借助一定的社会形式（经济的、政治的或文化的等各种形式）进行。[②]覃秀基对于社会力的定义显然是从广义的社会范畴界定的，他所谓社会力包括民主社会力、法制力、政府管理体制力，还有各种政治集团社会力等等。他虽然列举了包括分工社会力、竞争社会力、信息社会力、政府行为社会力、外交社会力、军事（暴力）社会力、城市化社会力在内的几十种社会力载体或形式，然而由于广义的社会范畴太过于宽泛，这些所谓社会力列举既无法穷尽所有可能性，也无法深入研究其中规律，容易造成学术价值的空洞。

所谓分殊，这里特指把国家权力与社会权力性质做出界定与区分，将社会权力看作独立于国家权力之外的权力样态的二元论观点。当然，并非所有学者都将与国家权力相异质的作用相对方称为社会权力，但是这种社会、社会力量抑或是在二元以外认为存在多元的经济领域或公共领域的观点的共性都在于认为国家无法完全统摄我们所感知到的社会生活、公共生活、经济生活与政治生活的全部，这些林林总总、或简或繁的多元领域间存在对话可能与作用的规律，因而我们一并将其括进"二元论"框架进行讨论分析。

第二，分殊的多样形态。郭道晖先生是持这种二元论观点的代表学者之一，由于其对于社会权力研究起步较早且相关专著较为集中，所以他的观点在学界具有一定的影响力。郭道晖就"社会权力"主题中针对权力的逻辑与权力的现实的思考进路也是曲折的，其在不同时期的8篇文章反映

---

① 欧阳洁：《女性与社会权力系统》，辽宁画报出版社，2000年版。

② 覃秀基：《社会力与社会发展》，冶金工业出版社，2007年版。

出这一渐进的过程。[①]在郭道晖的相关研究成果中以2009年底的著作《社会权力与公民社会》为理论成熟标志。[②]郭道晖早在20世纪90年代中期就将社会权力定义为社会主体以其所拥有的社会资源对社会的支配力，强调社会资源包括物质资源（人、财、物、资本、信息、科技等）与精神资源（思想文化、道德习俗、社会舆论、合乎历史正义的法外权利等），还包括各种社会群体（民族、阶级、阶层、各种利益群体等）、社会组织（政党、工会、妇女会、青年会、企事业组织、各种行业协会等）、社会势力（宗教、宗族、帮会等）对社会的影响力。[③]对此，江平先生则明确指出，国家权力和社会权力是两种不同的权力。我国自改革开放以来，一个很重要的目标就是逐渐缩小国家权力，更多地扩大社会的权力，甚至我们改革开放的一个很大的目标就是"大社会，小政府"。[④]

罗峰注意到了社会发展演进中出现的行政命令机制与市场机制的双重不足与失灵的困境，他提出一种"不同于政府、市场的另外一种社会的力量"，并将构建和谐社会及国家治理体系与治理能力的现代化建设的希望寄托于此。但是罗峰所谓"社会的力量"的主要关注点在于社会志愿组织或社区志愿活动本身，虽然视角独特，但是并未将这种具体的"社会的力量"发散到"社会权力"的广义视角进行延展讨论。除此以外，其提出的政党组织、市场组织和社会组织等主题都可以集合在"公共治理"的框架

---

① 这8篇文章是：《论国家权力与社会权力——从人民与人大的法权关系谈起》，载《法制与社会发展》1995年第2期；《以社会权力制衡国家权力》，载《法制现代化研究》1999年第0期；《社会权力与公民社会》，载《山东科技大学学报》（社会科学版）2007年第2期；《政协：社会权力与准国家权力》，载《法学》2008年第3期；《论社会权力——社会体制改革的核心》，载《中国政法大学学报》2008第3期；《论社会权力的存在形态》，载《河南省政法管理干部学院学报》2009第4期；《社会权力：法治新模式与新动力》，载《学习与探索》2009第5期；《简论宗教与法律的关系——兼论作为一种社会权力的宗教权力》，载《河北法学》2010年第3期。

② 郭道晖：《社会权力与公民社会》，译林出版社，2009年版。

③ 郭道晖：《论国家权力与社会权力——从人民与人大的法权关系谈起》，《法制与社会发展》，1995年第2期，第22—23页。

④ 江平：《社会权力与和谐社会》，《中国社会科学院研究生院学报》，2005年第4期，第29—30页。

下将诸多碎片化的理论进行黏合嵌入①，以期实现社会力量与国家权力互动的现实可行性尚待进一步探讨与检验。

郭道久从民主建设的视角提出"以社会制约权力"的概念，此处"社会"意指已经由"保护型民主"向"可治理型民主"演化后的载体，而此处的"权力"指的就是"国家权力"。他认为，在"以社会制约权力"模式下，包括个人在内的社会组织与社会力量（利益集团、第三部门与大众传媒），通过意见表达、决策参与、舆论监督与公众评议等方式形成群体合力对国家权力进行制约。②与郭道晖注重从法哲学视角强调发掘与国家权力能量相当的社会权力的存在形态与作用机制不同，郭道久主要从社会生活与政治生活中如何培育民主因素，通过研究其对于国家权力运行过程的参与机制来试图控制后者的恣意性。除此以外，持类似观点与看法的还有国内学者顾昕、胡平仁、周仲秋与王文建等。顾昕提出"以社会制约权力"是作为与孟德斯鸠、托克维尔思想的集大成者达尔在对先贤"以权力制约权力"的理念批判继承的基础上提出的权力制衡的新理念，其思想精髓是试图通过社会团体等独立社会组织的培育促进多元民主机制的形成，从而最终实现改造精英政治、约束政府行为与限制国家权力的目的。③胡平仁认为，"以社会制约权力"的逻辑起点就是市民社会与政治国家的分离，只有市民社会对资源充分占有、利益集团多元化的成功培育及律师队伍和新闻媒介的社会化与自治化等条件的具备，"以社会制约权力"机制才有望实现。④周仲秋与王文建分别从解读达尔的多元民主理论角度来把握其"社会制约权力"思想在中国现阶段的适用性问题⑤，或者从范式意

---

① 罗峰：《社会的力量：城市社区治理中的志愿组织》，上海人民出版社，2016年版。

② 郭道久：《以社会制约权力：民主的一种视角》，天津人民出版社，2005年版。

③ 顾昕：《以社会制约权力——达尔的多元主义民主理论与公民社会理论》，载自［美］达尔：《民主理论的前言》，顾昕、朱丹译，生活·读书·新知三联书店，1999年版。

④ 胡平仁：《社会制约权力的理论基础和现实途径》，《湘潭大学社会科学学报》，1999年第4期，第124—128页。

⑤ 周仲秋等：《罗伯特·达尔社会制约权力理论评析》，《当代世界与社会主义》，2010年第6期，第117—121页。

义上试图抽象出中国语境下"社会制约权力"的一般规律。①以上学者的观点虽侧重不同，但是实质上个中差别就是对于社会或社会力量的具体形态和范围存在不同认识，而关于这种异质性的力量与国家权力的分殊及二者的交互作用方面则达成基本共识。

胡水君以社会权力与法律关系为视角，综合分析了社会权力与国家法、国家权力与社会法、社会权力与法律权力的关系，探讨了政治型社会权力向法律型社会权力演变的发展趋势。胡水君没有对社会权力给出一个明确完整的定义，但是他指出多种样态的社会权力是存在于民主国家权力之外的，多元的社会权力在现代社会转化为公民的法律权利，或者在法治框架下与国家权力形成制衡或互动。胡水君虽然将"自然、个人与国家"都理解为"社会"的对立概念，但是其仍将个人权力视为社会权力的一种可能的表现形式。②王宝治认为，社会权力是一种原始的权力形态，而个人权力是一种原子化的权力。国家权力出现后逐渐对社会权力和个人权力进行挤压与侵蚀，然而与国家权力相异质的个人权力与各种社会组织或社会群体等所构成的社会权力始终与国家权力以三元架构式并存与互相作用。社会权力的存在与发展，不仅对国家权力起到有效监督与制约作用，防止国家权力的肆意与专横，而且还有利于为政府拾遗补阙，成为国家权力管理社会的重要补充力量。王宝治提出社会权力理论的前提是"国家-社会-个人"三元架构模式，个人权力作为一个独立分支，与国家和社会权力都存在独立作用的可能与机制。③也正因为如此，有关社会权力的培育与规制方面的进一步研究才更具理论与现实意义。钟瑞友博士在其博士论文《转型时期社会权力的扩展与公法规则》中甚至提出了"公民社会-经济-国家"三元分析模式，社会权力是依托于社会组织（如非营利性组

---

① 王文建：《西方权力约束理论范式的演变对我国构建权力约束机制的启示》，江苏省政治学会2014年学术年会论文。

② 胡水君：《法律与社会权力》，中国政法大学出版社，2011年版，第55、114、115页。

③ 王宝治：《当代中国社会权力问题研究——基于国家-社会-个人三元框架分析》，河北师范大学博士学位论文，2010年，第1—16页。

织）、以社会公共事务为指向的权力，它包括自治权力、对抗权力和参与、合作权力。而其中，法律授权的权力和依法受托的权力是社会权力的主要来源。①除此以外，刘军宁对于狭义社会权力的界定在权力主体上与郭道晖的观点相当，只是有意识地排除其物质经济部分而侧重强调其政治权力和身份权力的作用力。

学者们基于各自研究角度对"社会权力"的属性有着不同的解读方式，但是大都肯定其与"国家权力"存在明显的异质性，类"社会权力"的力量实体存在，这种性质界定为接下来社会权力的结构把握和功能开发确定了必要的逻辑前提与理论基础。

②社会权力机制功能的讨论。

第一，制约与补充。张天雪从教育管理的视角论证了社会权力是狭义的社会权力，主要是指来自政府组织、经济组织、宗教组织之外的社会组织等公域的权力和公民个人的权力与权利。社会权力虽在本质上有别于其他三种权力，但从价值上看，它的提出是试图在整个权力系统中建构起一种良性互动的权力运行机制。用社会的力量、公众的力量来补充和制衡政府的力量和市场的力量，来实化精神的力量。②熊晓琳从社会保障机制的视角讨论充分发挥市场在社会保障方面的调节作用来弥补政府社会保障的不足，从而达到减轻政府负担又创造社会权力作用空间的社会培育目的。③顾林生、刘静坤从危机管理的视角认为我国社会权力的作用主要体现在不依靠国家资源而依赖社会组织的自助和自力救济方面。社会组织对外行使的社会权力，主要是指其对国家机构和其他社会组织及公民个人所施加的影响力、支配力。社会权力作为一种"非官方的力量"，能够成为

---

① 钟瑞友：《转型时期社会权力的扩展与公法规则》，北京大学博士学位论文，2006年，第19、42页。

② 张天雪：《社会权力的来源及对教育管理的启示》，《浙江社会科学》，2005年第5期，第116—120页。

③ 熊晓琳：《中国社会保障机制的重构：国家、社会与个人》，《现代经济探讨》，2002年第4期，第24—27页。

危机管理中国家权力不可缺少的有益补充。①罗龙鑫、熊勇先从行政公益诉讼的视角，基于对于个体成员作为社会公共利益代表的先天性缺陷与社会权力主体和公益主体的交叉重合性的客观认识，论证了社会权力介入行政公益诉讼与国家权力实现"双赢"的可能性。②张康之提出，当政府把全部社会权力占为己有时，并不有助于社会的正常发展，培育成熟的社会是政府应有的价值取向。③高兆明谈到，一个没有公共（民间）生活的民族是没有民主秩序的民族，国家这一社会公共权力即使在公域中也不是无限的，我们不仅需要以权力制约权力，还需要以社会制约国家。④乔贵平等认为，新时期国家与社会权力结构的调整总的趋势是二者分离与权力分化，为了合理推动国家与社会关系的良性发展，应着力提高执政党的执政能力，合理调整政府权力的运行范围及方式，以及积极发展社会自主力量。⑤

　　第二，民主与自治。对于"社会权力"的功能与作用。郭道晖教授与江平教授分别从实证角度与和谐社会构建视角阐明了"社会权力"对于我国目前政治体制改革的助力作用。江平教授还以私权为社会权力进行定义。他认为，社会权力是扩大了的私权，是和社会利益有着密切关系的私权，或者说具有社会权力属性的私权。由此，我们可以说，私权和社会权力有着密切的关系，某一些社会权力就是从私权本身发展出来的。从这个意义上讲，社会权力是国家权力的某种私法化。国家权力干预极大地限制

---

① 顾林生、刘静坤：《论危机管理中的国家权力和社会权力》，《福建公安高等专科学校学报》，2004年第4期，第9—13页。

② 罗龙鑫、熊勇先：《行政公益诉讼中的社会权力因素》，《萍乡高等专科学校学报》，2006年第2期，第38—41页。

③ 张康之：《政府的责任在于培育成熟的社会》，《浙江社会科学》，2000年第2期，第20—22页。

④ 高兆明：《公共权力——国家在现时代的历史使命》，《江苏社会科学》，1999年第4期，第80—82页。

⑤ 乔贵平、杜万阳：《试析中国转型期国家与社会权力关系变迁》，《西华师范大学学报》，2005年第1期，第80—83页。

了私人权利的领域，削弱了社会本来应该具有的自治功能。改革开放一个很重要的任务就是如何实现"两个解放"：一是把本应属于社会自治的功能、社会的权力，从国家权力中解放出来；二是从中央集权的国家权力里面，给予地方一定的自治权。①例如现代社会中所有权就不是绝对的权力，权利人在占有、使用、收益与处分物权的时候必须考量强行法的公益性限制和相邻权、地役权的约束。在如受教育权本应是公民个人自由享有或者监护人行使亲权而为之，但是稍有法律常识的人都晓得国家已经对于义务教育做出限制性规定，这里的权利（权力）亦为义务之谓。郭道晖认为，在国内，社会权力的产生是当代中国社会市场化转型的产物。由于市场经济的建立和发展，"国家-社会"一体化的格局被打破，民间社会或公民社会逐渐形成，社会主体（包括公民、各种社会群体、社会组织、媒体及各种社会势力等）的自主性、自治性增强，社会物质和文化资源部分地从国家垄断中剥离出来，归公民和社会组织所拥有，开始发挥其对社会和国家的影响力和支配力。因此，二者之间的关系应当是一种互动关系。②对此，宋惠昌强调个人本位论就是要求整个社会，即一切社会组织、企业、政党、团体等，必须把尊重和保护每个人的生存权利、人格尊严和自由，作为其全部活动的出发点和归宿。③社会权力存在的主要意义就在于实现有效的自治自助，服务于社团成员，乃至社会中每一个人权力实现的最大化。

翟庆海、于承良讨论了新中国成立后我国农村家族势力与国家权力的紧张关系悖论问题，指出家族势力瓦解的意义，恰恰在于为农村留下一个社会组织的真空，而尊重"三农"基本权力的"农民的公民化"才是解决

---

① 江平：《社会权力与和谐社会》，《中国社会科学院研究生院学报》，2005年第4期，第30页。

② 郭道晖：《社会权力与公民社会》，译林出版社，2009年版，第68页。

③ 宋惠昌：《当代政治伦理学的一个基本问题——关于国家、社会、个人关系的政治伦理思考》，《江西师范大学学报》（哲学社会科学版），2005年第4期，第15页。

农村问题的根本途径。①宋宝安、赵定东谈到在缺乏官民充分沟通的传统乡村社会中,宗族是村民分享政治生活、集体抵御国家权力渗透的公共领域。规范宗族组织与国家权力之间的互动关系,对于培育村民自治的社会基础,更有效地改善乡村社会经济发展的软环境具有一定的现实意义。②肖唐镖认为,族权曾是国家政权的一种不可缺少的辅助形式,是仅次于国家政权的一种有系统的权力。而正确处理二者关系对于和谐乡村的营造至关重要。③付贵根从宗族势力犯罪防治角度分析了其经济、组织与文化三元支持网关系导致其负面社会效应产生的原因,并从普法、市场与综治等方面规制这种社会权力形式的负面影响。这些学者从各自不同的关注视角论证了社会权力与国家权力之间的互动关系及其机制选择。

第三,消极破坏。正如任何事物都具有两面性,社会权力对于国家、社会、个人的发展也不仅有积极性,还具有一定的消极性。非规范的社会权力是社会失控的潜在因素,是社会秩序和社会稳定的重大威胁,甚至可能导致无政府主义的产生,成为社会发展和公民权利实现的障碍。有些社会权力尽管来自人民的自愿凝聚,但也可能成为脱离人民或反人民的异化力量。有些社会权力本身就具有极大邪恶性与破坏性,必将成为社会发展的毒瘤。④

同时,有些学者通过"社会权力"的种类化研究也发现其在一定条件下存在的"消极作用"。黑社会性质组织是文明社会的毒瘤,黑社会性质组织及其犯罪本身是一种具有深刻的社会政治根源的社会问题。黑社会性质组织与有组织的涉黑犯罪对于国家权力的侵蚀、腐化、架空、对抗甚至操控,最终会使得政权的公共性质及社会的发展方向发生改变,使得公共

---

① 翟庆海、于承良:《农村家族势力与国家权力的相关性思考》,《太原城市职业技术学院报》,2004年第6期,第14—16页。

② 宋宝安、赵定东:《乡村治理:宗族组织与国家权力互动关系的历史考察》,《长白学刊》,2003年第3期,第85—89页。

③ 肖唐镖:《农村宗族势力与国家权力的互动关系》,《探索与争鸣》,1998年第7期,第15—17页。

④ 郭道晖:《法的时代挑战》,湖南人民出版社,2003年版。

权力体系的正常运行与社会的有序治理遭到破坏。黑社会性质组织及其犯罪不仅扰乱社会经济生活，其对国家权力的运行及政治生活秩序同样具有较大的破坏力。①我国黑社会性质组织的特征一般为有严密的组织性和组织亚文化的地下社会群体，以暴力手段行事或以此恐吓，控制一定的经济领域或社会区域，试图获得国家权力机关的保护，以牟取经济利益为主要目的。②不仅仅在城市，黑恶势力对我国农村村民自治组织的渗透已然成为一个严重的社会问题。长期以来，它从侵蚀村民自治组织的政治合法性、阻碍经济发展、影响社会风气及危害基层民主建设等方面对农村基层治理产生了诸多危害。③何秉松认为，社会地位与经济收入的不平等所造成的心理失衡是黑社会组织的社会根源，犯罪亚文化是其精神支柱，对财富与权力的追求是其驱动力，而政治腐败与社会失序是其滋生的外在社会条件。④因此，剔除黑社会性质组织的毒瘤应提高对此类犯罪打击紧迫性的重视，根据其产生发展的规律做好持久战准备。首先要通过开展充分调研，厘清扫黑除恶的客观形势；其次要改革司法体制，通过加强组织建设、整顿风纪与廉政建设苦练内功⑤；最后，建立健全有关扫黑除恶立法，做到依法打击、除恶务尽。

---

① 储鑫：《"正本清源"：中国黑社会性质组织的政治影响及其治理——以重庆黑社会性质组织为个案》，华中师范大学博士论文，2015年，摘要第1页。

② 郭子贤：《对"黑社会组织"概念的词义分析与实证考究》，《中国人民公安大学学报》，2005年第6期，第77页。

③ 吴记峰：《论黑恶势力对我国农村村民自治的危害》，《长沙大学学报》，2011年第1期。除此以外，国内关于负面社会权力的研究主要集中在中国黑社会性质组织与恐怖暴力组织的影响与治理领域。其中系统专著主要参见高铭暄：《刑法修改建议文集》，中国人民大学出版社，1997年版；李昭：《邪教·会道门·黑社会：中外民间秘密结社纵横谈》，群众出版社，1999年版；高一飞：《有组织犯罪问题专论》，中国政法大学出版社，2000年版。

④ 何秉松：《黑社会犯罪的自组织原因论（上）——一种崭新的黑社会犯罪原因理论》，《政法论坛》，2002年第4期，第80页。

⑤ 崔敏：《黑社会犯罪论纲》，《公安大学学报》，2002年第1期，第8页。

## （三）相关概念辨析

唯物史观认为，一切社会现象都受社会发展的基本规律支配。考察社会权力这一社会现象及其本质，必须立足于社会历史发展规律，分析其产生、发展的具体历史过程和现实表现。准确把握社会权力的性质与内涵，需要从其概念渊源考察其发展的一般脉络。

### 1.权力

"权"，在古汉语中写作"權"，原指黄色的植物，引申指代黄色。《尔雅·释草》："权，黄华。"《尔雅·释木》："权，黄英。"这里的"权"通指开黄花的植物。王国维在《尔雅草木虫鱼鸟兽释例》中谈到："凡色黄者谓之权。"这种黄色与权力的关联体现了华夏先民以黄色指代权力的最初意识。《楚辞》《礼记》《山海经》《淮南子》等文献中都记载了女娲"炼石补天、抟土造人"的传说。《太平御览》卷七十八引《风俗通》记载："俗说：天地开辟，未有人民；女娲抟黄土作人，剧务力不暇供，乃引绳于泥中，举以为人。"从华夏先民对"权"的解释可以看出，蒙古利亚人种的黄皮肤、横亘东西荷载文明的黄河、华夏中原的黄土地在炎黄子孙的自我认知中留下深刻的黄色烙印，黄色由此成为中华民族的"权色"。《尚书·洪范》中记载："五行，一曰水，二曰火，三曰木，四曰金，五曰土。"四方加天地构成六色，即东谓之青，南谓之赤，西谓之白，北谓之黑，天谓之玄，地谓之黄。[①]相传轩辕黄帝始兴着黄衣权冕，《隋书·高帝纪》记载："开皇元年秋七月乙卯，上始服黄。"唐高祖武德年间严格官服规制，敕令确立黄色为皇室专属，"士庶不得以赤黄为衣"。避讳范围除衣着外还包括建筑、器皿、装饰与车马等。各级官员与庶民如有僭越将以大

---

① 董仲舒认为,土是五行之本,土居中央才是四方基准。《春秋繁露·五行之义》曰:"土居中央为天之润。土者,天之股肱也……金木水火虽各有职,不因土,方不立……土者,五行之主也。"

不敬或谋反论。如此，浸润在儒家文化中的中国封建社会，黄色成为彰显权力的标志。

"权"字含义中，除权火①、姓氏与通假"颧"②以外，大多与本书所讨论的权力或权利相关联。权字由其本意名词"秤锤"到动词"称量"，进而取其引申之意，即对于权利、权力、势力之间进行理性分析后的权衡、变通；有时也具化指称起到权益作用的临时代理官职。③由此可见，"权"在古代汉语中不仅是名词，也可为动词或副词。下面我们结合本书主旨并参考"权"在古代汉语中的多种用法，对其基本含义做出界定。

**（1）能量或势力**

在古代汉语中，能量与势力是权的主要含义，主要包括以下三个方面的具体意义指向。

第一，"权"指一种令主体具有优越感且让客体屈服或敬畏的能力或势力。《汉书·贾谊传》："况莫大诸侯，权势十此者乎？"《吕氏春秋·审分》："若此则百官恫扰，少长相越，万邪并起，权威分移……"此处的

---

① 指古时祭祀时所举的燎火。参见：《史记·封禅书》："通权火，拜於咸阳之旁。"裴骃集解引张晏曰："权火，烽火也。状若井絜皋矣。其法类称，故谓之权。"董仲舒认为，土是五行之本，土居中央才是四方基准。

②《文选·曹植〈洛神赋〉》："靨辅承权。"李善注："权，两颊。"

③"权"字在古代汉语中的含义十分广泛，主要包括：其一，秤锤。《汉书·律历志上》："权者，铢、两、斤、钧、石也，所以称物平施，知轻重也。"其二，称量。《孟子·梁惠王上》："权，然后知轻重。"其三，权衡。《礼记·王制》："凡听五刑之讼，必原父子之亲，立君臣之义，以权之。"其四，权力，势力。如：掌权。《国策·齐策一》："田忌亡齐而之楚，邹忌代之相齐，恐田忌以楚权复于齐。"高诱注："权，势也。"其五，权利。如选举权，发言权。其六，权宜，变通。古代常与"经"（指至当不易的道理）相对。《公羊传·桓公十一年》："权者何？权者反于经然后有善者也。"其七，佛教名词。指权宜，与"方便"同义。常与"实"相对。"权"指适于一时机宜之法，"实"指究竟不变之法。《摩诃止观》第三："权谓权谋，暂用还废；实谓实录，究竟旨归。"其八，姑且。如：权且，权时。《文选·左思〈魏都赋〉》："权假日以馀荣。"李善注："权，犹苟且也。"其九，指暂代官职。如：权摄，权代，权篆。《宋史·李纲传》："积官至监察御史，兼权殿中侍御史。"关于"权"或"權"的释义以及之后介绍的复合词汉语解释，参见辞海编辑委员会编：《辞海》，上海辞书出版社，1989年版，第3276—3277页；商务印书馆出版编辑部编：《辞源》，商务印书馆，1983年版，第1648—1650页。

"权势"或"权威"就是权力的代称，体现出这种物质上的充裕与兵力上的优势所代表的存在感和支配力。

第二，"权"是一种统治力，在阶级社会中直接体现为政权的治理权威。《商君书·修权》："故立法明分，而不以私害法则治，权制独断於君则威。"此处的"权制"意为以权力治理的一种权威[①]存在。君主有立法的权力，因而在决断事务的过程中不断确立起自己的权威。从历史发展的实际进程来看，阶级社会的权威是维护社会治理的基础。因而，简单地否定权威的合法性（如无政府主义）也是违背历史发展规律的。

第三，享有"权"的主体往往具有集团性与晕轮性，存在与正义性背离的可能。《汉书·息夫躬传》："皆交游贵戚，趋权门。"《晋书·周礼周筵传赞》："始见疑于朝廷，终获戾于权右……"《三国志·魏志·仓慈传》："抑挫权右，抚恤贫羸，甚得其理。"《梦游天姥吟留别》："安能摧眉折腰事权贵，使我不得开心颜。"上述文献中的"权门""权右"和"权贵"等复合词均表达了"权"的集团性与晕轮性特征，无论是"权门右族"或是"权贵之家"，都体现出"权"的聚合力和牵连力，令人争相交游、趋附。然而，这种"权"的集团并非都能实现其正义性的自证。《后汉书·杨震传论》："抗直方以临权枉，先公道而后身名……"此处"权枉"意指有权势而行为邪僻的人。如此，就可以理解为何唐代敦煌太守仓慈为了抚恤贫弱的百姓毅然"抑挫权右"，而稍早前即出翰林便南游吴越的诗仙李白歌以咏志，表达自身桀骜不驯、藐视权贵的铮铮风骨。

### （2）利益与谋略

古代汉语中的"权"除了指能量和势力以外，还指与获得利益、使用谋略等相关的对象。

"权"指获得利益主要体现在权利概念的使用中。"权利"与利益有关，主要指财货和私利。《荀子·劝学》："是故权利不能倾也，群众不能移也，天下不能荡也。生乎由是，死乎由是，夫是之谓德操。"《史记·魏

---

[①] 权威概念源于拉丁语 auctoritas，意为尊严和力量，如前所述，这种力量来源于主体的物质基础，巩固于一定历史形态中的文化认知。

其武安候列传》："家累数千万，食客日数十百人，陂池田园，宗族宾客，为权利，横于颍川。"这些文献中使用的权利，都是指某种利益。可见，古汉语中的"权利"与现代意义上的"权利"词义大相径庭，前者指的是与物欲有关的财货和私利，后者对应英文中的"rights"。[①]

"权"表示权术则主要指谋略的设立与使用。《荀子·王霸》："故用国者，义立而王，信立而霸，权谋立而亡。"《荀子·君道》："上好权谋，则臣下百吏诞诈之人乘是而后欺。"荀子认为"权谋"是误国之术，治理国家须秉持义理与信用，遵循其道，兴礼治而耻于权术。荀子对权谋的理解与他所持的儒家立场相关。

在古代，权谋更多地用于战争。如《汉书·艺文志》将"兵权谋家"的特点概括为"权谋者，以正守国，以奇用兵，先计而后战，兼形势，包阴阳，用技巧者也"。在战争中，为了获得战争的胜利，用兵者一定会注重谋略和敲诈之术。这种对权谋的使用反映了权谋的实质。从《六韬》《孙子兵法》等兵书所追求的谋略之术来看，兵不厌诈的权谋之术不仅是战争中广泛使用的攻防策略，在更广的范围内，这些权谋已经成为政治权术的某种反映。由战争的谋略之术演变为政治斗争的权谋，权术内涵的变化揭示了"权"这一概念内涵的不断深化。

（3）博弈与制衡

"权"还由称量物品重量引申为审时度势、权衡取舍与理性博弈。

从称量物品到评估形势。"权"的基本含义就是秤锤，而常与之组成复合词的衡的本意为秤杆。《汉书·律历志上》："权者，铢、两、斤、钧、石也，所以称物平施，知轻重也。"由此可见，作为秤锤，虽有大小之分，但是其存在的意义不在于自身质量大小，而在于称量他物的合宜性。对于秤杆而言，同样不在于粗细和长短，而在于其和秤锤结合使用时营造的力

---

① 1863年，基督教新教教会长老派传教士丁韪良（W.A.P.Martin）在翻译美国人惠顿（Wheaton）的《万国公法》（"Elements of International Law"）时，选择了汉语中"权利"这个复合词对应翻译英文单词"rights"，逐渐赋予了"权利"一词现代含义。"权利"褪除其贬义词性而被赋予现代含义，笔者将在后文对此重点分析。

臂长短。《礼记·深衣》："故规矩取其无私，绳取其直，权衡取其平……"《史记·范雎蔡泽列传》："平权衡，正度量，调轻重。"然而，技术上的称量服务于生产生活，而政治上的审时度势则才是对制法者的真正考验。《朝野佥载》卷四："子位处权衡，职当水镜，居进退之首，握褒贬之柄。"《凝命神宝颂》："出令发政，道为权衡；喜怒从违，以道为经。"这些文献中使用的权衡已经超出了其最初的含义。权衡指代机要、法度与高权，强调统治者身居经纬天下之要司，应以"道"的一般规律为指针，实现对子民的驾驭和对政事的把握。

用权宜之计避免零和博弈。儒家所鼓吹的经天纬地之道并非对于人世间一切事物都给出具体的定法，有时在道或礼的适用上还可能存在矛盾与抵牾，这就给弄权者提出更高的要求来实现事物或情势的某种动态的平衡，而防止执于一端可能造成的两败俱伤。《孟子·离娄上》："男女授受不亲，礼也；嫂溺援之以手者，权也。"《后汉书·梁商传》："虽云礼制，亦有权时。"李贤注："权时谓不依礼也。"宋代王安石在《非礼之礼》表示；"今之人愍愍然求合于其迹，而不知权时之变。""权"所包含的权变思想既要求遵循礼，也能够在礼治范围内有所变通。由此可见，"权"是对经与道等普遍规律的变通。按照法学的观点，"权"指在多重价值规则现实适用困境下的冲突法规则。需要注意的是，与之前讨论的权谋之术不同的是，这里的"权"与"衡"不是强调以物质的充裕和谋略的多变去赢得压倒性的优势，而是"权衡损益，斟酌浓淡"（《文心雕龙·熔裁》）。其目的在于寻求一种使得多方力量或理念能够共生共存并达到势力上的动态均衡和情感上的容忍与理解的方式。

总的来看，在中国古代汉语体系中，"权"或"权术"指的是一种令主体具有优越感又能够让客体屈服或敬畏的能力或势力。在政治生活中，权是一种统治力，在阶级社会中直接体现为政权的治理权威。由于这些优势，权的吸引力与趋附性往往导致其呈现集团性与晕轮性特征，但是其存在并不能自证其正义性价值。"权"的物质基础"利"（即财货和私利）与"权"的运行方式"权谋"皆为儒家所不齿或贬低，然而这种物质基础在世俗社会中是支撑"权"的重要客观因素。而"权谋"和"权术"乃至"权宜之计"的运用并非仅仅为了实现压倒性的优势，而是在众多权力集团博弈和一般规则适用时所争取的一种妥协与均衡。古汉语中"权"或"权力"与本书主旨中现代汉语意义上相同语词的含义大相径庭，但是前者作为辞源上的考察对于当下的讨论也具有重要意义。"权力"在英语中直接对应的单词"power"来自法语的"pouvoir"，后者源于拉丁文的"potestas"或"potentia"，两者的共同词根是"potere"，即能力或能够。[①]这里对于"权力"的辞源释义，主要指对于他人（客体）进行支配、影响和操纵的能力和权威。关于西语中的权力观，本书将在后文的具体章节中展开论述。

## 2.社会

"社会权力"本身是一个偏正短语，"社会"作为定语直接规定了"权力"的性质与范围，由此进一步厘定社会概念十分必要。

"社"在古代汉语中的含义主要指土地神、祀社神或祀社神的庙宇。《礼记·祭法》记载："共工氏之霸九州也，其子曰后土，能平九州，故祀以为社。"《礼记·月令》中提及的"命民社"即指民俗中"春社""秋社"等祀社神的庆典或仪式。《白虎通·社稷》："封土立社，示有土也。"这里的"社"指的就是庙宇或神社。除此以外，"社"在古代汉语中也指地区范围或者社区建制单元。《管子·乘马》："方六里，名之曰社"。《左传·

---

① ［英］戴维·米勒、韦农·波格丹诺主编：《布莱克维尔政治学百科全书》，邓正来译，中国政法大学出版社，1992年版，第595页。

昭公·昭公二十五年》："请至千社。"杜预注："二十五家为社。"①随着时间推移，"社"的含义逐渐由祀神或社群统辖引申为指代某些集体性组织。自六朝始，"社会"概念便逐渐用来指其他形式的宗教集会和团体，有时专指佛教团体。《旧唐书》也使用"社会"一词指代民间组织集会。如"开元十八年（730）润六月辛卯，礼部奏请，千秋节，休假三日，及村间社会，并就千秋节，先赛白帝，报田祖，然后坐饮散之"②。至宋朝，"社会"便逐渐演变成"佛教寺庙节日的集会"。这一时期，由于信仰自晚唐时期受到压制进而式微的摩尼信徒的使团也被称为"社会"。由此，六朝以来，人们逐渐将宗教集会或民间组织称为"社"或"会"。"社会"就成了所有这类组织的统称。"社会"这个复合词的含义即为"社和会"，属于语法结构中的"并列"结构。

现代汉语中的"社会"是一个日语中文词语，历经了一个"舶去"到"舶来"的过程。日语中的"shakai（社会）"、英语中的"social"这两个词大约到明治时代初期才在日语中出现。据余又荪教授考证，"shakai（社会）"这一术语首先是由《东京日日新闻》报社总编福地源一郎（Fukuchi Genichiro）在该报一篇社论中引入日语的。③此时，《英华字典》和

---

① 在我国先秦时代，"社"一般指以25个家庭为一个行政单位的社群。至唐代，每个"里"都建有一个土神祭坛。这里的"里"即指村庄，规模大致包括100户。据此推算，一个"社"就是指以100户为单元体量的地方社群规模。但是，在唐宋时期，"社"这一社群建制并非指代一个地方行政单位的官方建制概念。直到元朝，"社"才具有了官方建制意义上的社群单元描述功能，只是其外延有所改变。此时，单位"社"指50户人家组成的社群。与此相近，在我国台湾高山族的基层社会组织中所谓"社"也指的是一种社群单位，但是每社仅包括八九户至几百户，其首脑由世袭或社民推选产生，其职责是处理社内常务。此处的"社"意指汉文史籍中的"土社""番社"。参见［德］李博：《汉语中的马克思主义术语的起源与作用：从词汇—概念角度看日本和中国对马克思主义的接受》，赵倩、王草、葛平竹译，中国社会科学文献出版社，2003年版，第108页。此处及以下关于"社""社会"以及相关复合词的介绍参见该书第222—223、105、109—112、114、116页以及辞海编辑委员会编：《辞海》，上海辞书出版社，1989年版，第4136—4137、4139页。

② 刘昫：《旧唐书》（第八卷），中华书局，1975年版，第127页。

③ ［德］李博：《汉语中的马克思主义术语的起源与作用：从词汇—概念角度看日本和中国对马克思主义的接受》，赵倩、王草、葛平竹译，中国社会科学文献出版社，2003年版，第112页。

Medhurst 的 "Chinese and English Dictionary" 均未收入这两个词。虽然 Williams 的《汉英韵府》中出现了"社会"一词，但它的意思是"一个团体或兄弟关系"，即"社团"，与"shakai（社会）"的完整含义尚有差距。在汉语词汇现代化过程的头几年，"社会"一词与同样表示社会的"群"和"人群"等词语互相竞争。梁启超、严复、李大钊等在不同时期的译作或论文中也将"人群"与"社会"等词语交替使用。直到在人们开始将马克思主义原著译成汉语之时，"社会"作为德文"Gesellschaft"一词的对等词才开始稳定下来。我国社会主义国家的性质决定了马克思主义在我国社会建设中的指导思想地位，《辞海》中对"社会"的释义为"以共同的物质生产活动为基础而相互联系的人类生活共同体"。按照历史唯物主义的观点，社会存在的基本条件为物质资料生产，兼具与一定生产力发展程度相适应的生产关系所构成的社会的经济基础和与它相适应的上层建筑。人类社会从原始社会到未来共产主义社会等社会形态的变迁，必须遵从生产力和生产关系、经济基础和上层建筑这两对基本矛盾不断冲突与调和的规律。社群与社区是与"社会"最为相近的两个概念，前者又称"社会群体"，从物质生产联系角度指代人们通过一定的社会关系建构起来的稳定形式，后者则从空间地缘联系方面指代居住在特定地域中进行共同生活的人群。除此之外，社区还强调一定的文化价值认同和规范架构，即在一定区域人群的基础上还要求加入"经济活动、行为规范和管理架构"等要素。由此，社群与社区是社会范畴内的下位概念与组成单元。

## 3.社会权力

本书所讨论的社会权力，是指在社会生活实践中，包括个人在内的社会组织和社会群体以其所拥有的社会能量对国家与社会的影响力。这里的社会指与政治国家概念分殊的狭义的社会生活领域，与政治国家组合才构成广义的大社会。如果取其广义，那么就无法将政治国家之外客观存在的社会生活领域中的权力关系的属性与运行规律的特殊性进行深入的研究而失掉本书研究主旨。从词源上考察，"社会"与"权力"都具有各自确定的内涵，二者结合在一起则带有特定的所指。社会与国家的分化导致社会权力与国家权力的分殊，这种概念的辨析与廓清无论在学术研究还是在社会实践意义上均具有重要的指导意义。

（1）社会权力的语素与词源分析

社会权力是一个偏正短语（词组），是由修饰语和中心语组成，结构成分之间有修饰与被修饰的关系。偏正短语包括定中短语与状中短语，社会权力明显属于前者，名词"权力"前的修饰成分是定语"社会"，定语和中心语的关系是偏和正的关系。既然这里的中心词是"权力"，那么理解社会权力的性质、要义都在于权力本身的解析上。"社会"作为限定词，在本书讨论的语境中主要是防止社会权力与国家权力相混淆。除此以外，定语"社会"的主要功能是根据自身的概念解读来界定"权力"的表现形式与作用特点。从这个意义上讲，在"社会权力"的汉语语法解读中，"权力"作为中心词担纲研究对象的属性与实质，"社会"作为修饰语，在界定"权力"的性质的同时担负起进一步描述"权力"具体形态特征的职责。

前文介绍过，在中国古代汉语体系中，"权"或"权"的复合词其主要含义是一种令主体具有优越感又能够让客体屈服或敬畏的能力或势力。在政治生活中，"权"是一种统治力，在阶级社会中直接体现为政权的治理权威。然而，作为"权"的物质基础"利"（即财货和私利）是支撑并成就"权"的重要客观因素。随着封建小农经济逐步被新兴资本主义经济与商品经济发展所冲击与瓦解，这些以物质经济力量所表现的权力样态并非为国家权力所专有，权力由专属国家性向社会化演变转化，社会权力以一种与国家权力相异质、相抗衡的姿态在众多权力集团博弈和斗争中试图寻求一种妥协与均衡。与此相应，在现代英语中，"power"作为名词主要有操纵（控制力、影响力、支配力，统治、政权）、能力（能力，机会，身体、心智的某种能力，体力、智力）、权威（权力、职权、权势）、影响（某方面的力量、实力、势力或影响力）与能量（力量、能、能量，功率）①等含义，在社会科学的含义中主要表达基于自身的权威或实力，对他方施加影响，使其顺从、妥协和屈服的强制力与支配力，是在个人或集团的双方或各方之间发生利益或价值冲突的形势下执行强制性的控制。②这种"权力"的作用方式体现在对客体的"改造能力"上，这种能力是指能够对一系列既定的事件进行干预以至于通过某种方式来改变它们。③即使这种强制力和支配力基于某种文化或策略的考虑暂时归于隐性，它的潜在功能也表现为马克斯·韦伯所谓"行为者把自己的意志强加在其他行为者之上的可能性"，④或是"A影响B在某些方面改变自己的行为或倾向"⑤的影响力。

### （2）社会权力的概念与类型

如前所述，在中国大陆较早提出社会权力概念并进行深入研讨的是郭道晖先生。他认为社会权力指的是社会主体（公民和各种社会组织）以其所拥有的社会资源对国家和社会的影响力、支配力。社会资源包括物质资源（人、财、物、资本、信息、科技、文化产业）与精神资源（人权与法定权利、道德习俗、社会舆论、思想理论、民心、民意等），还包括社会群体（民族、阶级、阶层、各种利益群体等）、社会组织（政党、人民团体、各种社团组织、企业事业组织、各种行业协会等）、社会特殊势力（宗教、宗族、帮会等）。⑥这是目前为止通过列举的方式对于社会权力的基本主体与形态进行定义最为详尽的一种。

---

① [英]霍思比：《牛津高阶英汉双解词典》（第7版），王玉章等译，商务印书馆、牛津大学出版社(中国)有限公司，2009年版，第1549—1550页。

② [美]克特·W.巴克：《社会心理学》，南开大学社会关系译，南开大学出版社，1984年版，第420页。

③ [英]安东尼·吉登斯：《民族—国家与暴力》，胡宗泽、赵力涛译，生活·读书·新知三联书店，1998年版，第7页。

④ [美]E.博登海默：《法理学——法哲学及其方法》，邓正来、姬敬武译，华夏出版社，1987年版，第341页。

⑤ [美]罗伯特·A.达尔：《现代政治分析》，王沪宁、陈峰译，上海译文出版社，1987年版，第36—37页。

⑥ 郭道晖：《社会权力与公民社会》，译林出版社，2009年版，第54页。

分析来看，上述定义也有值得推敲之处。社会权力的主体包括公民和各种社会组织，后者的范围随着社会的发展有不断扩大的趋势，而前者的范围似乎无法拓展。公民一般指拥有某国国籍的人，那么本国公民在本国的社会权力的确定性自不消说，外国公民在本国往往按照国际法中的对等原则也享有一定的国民待遇，其在本国的社会权力也是确切存在的，只是在权力范围上有所差异或者限制。那么，特殊法律原因或者事实原因导致无国籍状态的自然人当如何对待？若将其排除于社会权力主体之外无论在理论上与实践中都是无法想象的。从一般法理规制上比较，若无国籍人在本国违法，根据属地原则须追究其法律责任。那么在此种情况下若不赋予其基本的公民权利或社会权力，便造成了权利义务的严重失调，在法理上和情理上都无法周延。除此以外，社会权力总是与国家权力相对应，社会权力主体之间也存在相互监督、竞争或合作的关系。社会权力的内容包括各种社会资源，这种社会资源包括人、财、物与非物质资源中的文化、习俗、伦理等并无争议，但是将社会群体、社会组织与社会特殊势力作为物质、精神资源以外的多元资源样态似乎存在逻辑上的缺陷。首先，按照这种定义本身，作为"各种社会组织"性质的社会群体、社会组织与社会特殊势力本身可能成为社会权力的主体，那么主体作为作用于自身的资源力量的逻辑结构本身就存在矛盾；其次，社会群体、社会组织与社会特殊势力作为组织形态只能视为社会权力的多元主体形态或多样表现形式，其在概念表述时可以作为特征部分进行补充，而不能并列在社会资源之后。

至于社会权力的存在形态与运行特征，从基本样态上可将其分为政治权力、经济权力和文化权力；从作用特征上可将其分为物质力量、知识力量、道德力量；从作用效能上可将其分为高质权力与低质权力；从作用效果上可将其分为威胁权利、经济权力与整合权力；从权力结构上可将其分为精英主义、多元主义、全景敞视主义与微观交往等权力结构。除此以外，我们认为社会权力从主体形态上，可以分为组织型社会权力和群体型社会权力；从价值分殊上，可以分为正义性社会权力和非正义性社会权力。对这些内容的讨论，我们将在文章的其他部分摘要展开论述。

综上，唯物史观认为人类社会的发展有其自身的一般规律。正确认识权力、社会及社会权力的基本词源与概念范畴，有助于正确把握社会权力的本质特征，为进一步研究社会权力的性质特征与运行机制奠定基础。

## （四）研究的方法、框架、创新与不足

### 1.研究方法

本著以马克思主义唯物史观为指导，深入发掘马克思社会权力思想精髓，运用辩证分析、历史分析与阶级分析的方法论证社会权力与国家权力的良性互动的可能性，为我国政治体制改革与和谐社会构建提供理论参考。

（1）运用马克思主义唯物史观与方法论

本著拟运用马克思主义基本原理对其社会权力思想进行梳理，从历史唯物主义的视角考察社会权力的生成与发展及其不断变化的规律，对于社会权力性质、运行机制及民主控权功能进行深入研究。本书辩证地考察了社会权力与国家权力的关系，用矛盾分析的方法观察社会权力与国家权力对立统一的关系，二者在相互矛盾中各自发展，最终完全实现国家权力向社会权力的回归。

（2）多学科综合研究的方法

由于与本著相关的基础性研究包括市民社会理论、公共领域理论、利益集团理论等，涉及法学、政治学、社会学、公共管理学、史学等多学科的知识，所以只有运用多学科综合研究的方法才能对本书进行有效的梳理与论证。

（3）理论研究与实证分析并重的方法

本著以马克思主义社会权力思想为指导，坚持唯物史观与科学方法论，从比较法视野对于与本书社会权力相关的尽可能多的理论观点和学术

文献进行细致梳理，从社会权力的静态结构与动态运行两个方面探究社会权力的本质及其一般构成与一般规律。同时，本书立足我国社会权力发展实践，通过分析中国语境下社会权力生长发育的纵向脉络，结合当前政治经济文化发展现状，提出我国社会权力培育与规制的基本建构。实践是检验真理的唯一标准，只有做到在理论分析中的价值判断与实证分析中的案例研究并重，才能让理论研究真正契合中国当下的社会建设实践，最大限度地发挥理论研究的指导意义与社会实践的试错功能。

### 2.研究框架

第二章集中论述了唯物史观社会权力思想孕育、确立与发展的过程。唯物史观社会权力思想是马克思基于唯物史观对人类社会发展规律进行抽象提炼和综合考察而形成的对社会权力本质的总体看法和一般观点。由于马克思论著中对于社会权力没有集中而系统的探讨，而是通过对"社会力量""经济权力"等概念的论述渐次展开，因而学者们一直以来更多关注其以"阶级压迫的暴力"为代表的国家权力观，而忽略其对于资本、文化、习惯等社会权力的一般性论述，本章在众多马克思文献中对其社会权力思想进行系统整理后归纳出若干思想脉络。

第三章揭示唯物史观社会权力存在样态和作用形式的一般认识。初步论证了社会与国家的二元分化及其辩证统一关系，进一步分析了这些思想精髓对利用正确的方法论认识社会权力本质、正确处理社会权力与国家权力，以及个人权力之间的关系的重要的指导意义，并结合我国语境将一般抽象的社会权力在现实的社会生活中进行识别与反思。

第四章从比较法视域对西方主要社会权力思想进行检视与分析。西语中的权力属性有着力量作用、影响关系、意志命令与结构功能等多种学说争论，本章讨论了西语中权力与权利概念的矛盾统一，运用马克思主义唯物史观从社会权力主导力、内生机制与社会效能角度探讨了多元权力结构理论的特点、困境与借鉴意义。

第五章重点论述了唯物史观社会权力思想的中国启示。随着人们对于国家与社会各自运行机制的分殊与联系的认识的进一步深入，社会权力在全球范围内的影响已经初步显现。由于历史与现实的原因，社会权力发展的意义无论在我国的政策法律层面还是在相关理论研究中一直未受到应有的重视，社会权力功能的二重性还使得相关政策的顶层设计相对谨慎和保守。重点分析如何通过正确的政治引导、积极的分类指导和体恤的社会包容来鼓励、培育社会权力的成长和伸展；如何通过加强专项立法，规范社会权力与国家权力之间的良性有序互动；以及如何严格规制社会权力异化或者国家权力的越界现象，在鼓励民主自治的同时保障社会的和谐稳定。

### 3.创新要点

（1）深入发掘唯物史观社会权力思想。马克思社会权力思想是一座唯物史观与科学方法论的宝库。本著通过细致发掘研究，有助于正确把握社会与国家、社会权力与个人权力之间的辩证统一关系。

（2）尝试厘清社会权力的本质结构与运行规律。本著通过对社会权力结构、样态与本质的梳理，提出社会权力所具有的自治力与自觉力是其存在的应有之义与基本品质，社会权力之间、社会权力与国家权力之间既有竞争与博弈关系，也存在功能互补的合作关系。

（3）提出我国社会权力的培育与规制的基本思路。社会权力的自治与自助功能既可以对国家权力进行监督与补充，也有助于和谐社会营造。我们应当正确认识社会权力的两面性，通过正确的政治引导与积极的分类指导来鼓励、培育社会权力的成长和伸展；通过加强专项立法，规范社会权力与国家权力之间的良性有序互动；在发挥民主自治的同时保障社会的和谐稳定。

### 4.不足之处

由于本著篇幅与学术积累等方面的限制，本著未能对社会权力在中国的纵向历史发展过程做出详尽的梳理分析，在横向的比较视野考察中也难免存在疏漏。本著对于社会权力的具体存在样态、类型化载体及其运行现状研究还不够深入，多学科研究视域与方法还难以做到融合与自洽。以上种种不足与遗憾希冀在日后的进一步研究中予以弥补与加强，争取为中国语境下社会权力研究创造更多有价值的学术成果。

#  二 唯物史观社会权力思想的生成与发展

唯物史观社会权力思想从源头上理解即马克思的社会权力思想，其与国家权力观相对，系马克思主义一般权力观中的重要一环。这一思想是马克思基于其唯物史观对人类社会发展规律进行抽象提炼和综合考察而形成的对社会权力本质的总体看法和一般观点。马克思论著中对于社会权力没有集中而系统的探讨，往往是通过对"社会力量""经济权力"等概念的论述渐次展开，因而学者们一直以来更多关注其以"阶级压迫的暴力"为代表的国家权力观，忽略其对于资本、文化、习惯等社会权力的一般性论述。正因为如此，本研究梳理马克思文献，概括其社会权力思想显得十分必要。

## （一）唯物史观社会权力思想的孕育

1842年下半年至1844年上半年，是马克思唯物史观社会权力思想的孕育启蒙阶段，也是"从新理性批判主义法学向历史唯物主义法学的过渡"

的阶段。①在《莱茵报》担任主编时期，马克思依然虔诚笃信黑格尔的理性国家理论。②然而，普鲁士政府严苛的书报检查制度，对于出版自由与言论自由的限制使得马克思深切体会到国家理性与现实法令之间的深刻矛盾。第六届莱茵省议会关于林木盗窃法的规定，否认了贫民捡拾枯枝行为的习惯法效力，这让马克思开始疑惑国家为何会成为林木有产者利益的保护伞？马克思在这一时期陆续创作了《关于林木盗窃法的辩论》《黑格尔法哲学批判》《论犹太人问题》《〈黑格尔法哲学批判〉导言》等多篇文章。通过理论梳理和辩论，马克思提出了"决不是国家制约和决定市民社会，而是市民社会制约和决定国家"③的响亮命题。与此同时，马克思开始关注并重视"社会力量"，并指出其实质上是一种在国家权力垄断掩盖下的社会权力，国家源于社会并最终向后者的回归，实现市民社会从"政治解放"到"人的解放"最终走向"自由人联合体"。

在《莱茵报》供职期间，马克思认识到普鲁士政府书报检查制度对于出版自由与言论自由等社会权力的限制。这使得对黑格尔国家理性理论笃信不疑的马克思在背离理性的具体法令中发现"国家异化"的现实性，这种异化体现在普鲁士政府蛮横地对于"出版自由"权力行使主体认定的双重标准，即"在新闻出版法中，自由是惩罚者。在书报检查法中，自由却是被惩罚者"④。真正使得马克思对于黑格尔"国家应该是政治理性和法的理性的实现"⑤信条产生动摇的是莱茵省议会把贫民捡枯枝的习惯法行

---

① 李光灿、吕世伦主编：《马克思恩格斯法律思想史》，法律出版社，2001年版，第98页。

② 黑格尔在《法哲学原理》开宗明义地谈到这本著作就是"把国家作为其自身是一种理性的东西来理解和叙述的尝试"。无论是将这种理性表述为"客观的意志""国家的理念"或"政治情绪"，还是如马基雅维利鼓吹国家理性为了达至自身利益的实现目的可以不择手段甚至不惜践踏道德和法律那般极端，黑格尔仍然笃信国家理性是"绝对的神物"或"绝对的权威和尊严"。"神自身在地上的行进，这就是国家。国家的根据就是作为意志而实现自己的理性的力量。"参见[德]黑格尔：《法哲学原理》，范扬、张企泰译，商务印书馆，1961年版，第12、259页。

③《马克思恩格斯文集》第4卷，人民出版社，2009年版，第232页。

④《马克思恩格斯全集》第1卷，人民出版社，2002年版，第175页。

⑤《马克思恩格斯全集》第1卷，人民出版社，1960年版，第14页。

为定性为盗窃林木的不公立法行为。马克思在《关于林木盗窃法的辩论》中谈到，"人类社会的自然阶级在捡拾活动中接触到自然界自然力的产物，并把它们加以处理……由此可见，在贫苦阶级的这些习惯中存在着合乎本能的法的意识，这些习惯的根源是实际的和合法的，而习惯法的形式在这里更是合乎自然的，因为贫苦阶级的存在本身至今仍然只不过是市民社会的一种习惯，而这种习惯在有意识的国家制度范围内还没有找到应有的地位"①。马克思在文章中肯定并论证了贫民捡拾枯枝行为的天然合法性，一针见血地指出莱茵省议会立法行为是对于林木有产者阶层权力的偏袒加持。国家与有产者之间的利益关系使得本应追求公平和正义的立法背离了国家理性的方向，代表国家的神圣的立法行为沦为"私人利益的手段"②，甚至标榜绝对理性的国家机关都"成为林木所有者的耳、目、手、足，为林木所有者的利益探听、窥视、估价、守护、逮捕和奔波"③。马克思对于这样的状况感到失望与困惑，并由此开始对于黑格尔的国家理性观点进行痛苦的反思。

如上分析，黑格尔国家理性理论对于青年马克思影响深刻。不过，通过自身的实践与思考，马克思愈加感到黑格尔国家理论的不自足性，现实中的国家对国家理性假设的背离，导致国家权力的异化，以社会利益表现出来的社会权力遭到压制与忽视。《黑格尔法哲学批判》成篇于1843年夏，马克思在这一时期目睹了曾经笃信不疑的"理性国家"与"社会利益"的现实冲突，马克思开始对黑格尔哲学进行审慎的批判。不同于费尔巴哈更多关注于自然和宗教批判的视角，马克思主要从社会和政治层面批判地指出黑格尔"满足于只从表面上解决这种矛盾，并把这种表面当作事情的本质"④，马克思肯定了黑格尔认为"市民社会和政治社会的分离是

---

① 《马克思恩格斯全集》第1卷，人民出版社，2002年版，第252—253页。

② 《马克思恩格斯全集》第1卷，人民出版社，2002年版，第261页。

③ 《马克思恩格斯全集》第1卷，人民出版社，2002年版，第267页。

④ 《马克思恩格斯全集》第1卷，人民出版社，1960年版，第338页。

一种矛盾，这是他的著作中比较深刻的地方"①，但是其认为警察、法庭和行政机关不应是市民社会的组成部分，因为它们"不是市民社会本身赖以管理自己固有的普遍利益的代表，而是国家用以管理自己、反对市民社会的全权代表"②"政治国家没有家庭的天然基础和市民社会的人为基础就不可能存在。它们是国家的必要条件"③。与黑格尔抽象精神提炼的视角不同，马克思虽然吸收了其辩证法的合理内核，但更加注重从物质基础的角度来分析市民社会与国家相统合分殊的深层次动因和基本机制，这也是对《莱茵报》供职期间经验教训的深刻总结。在这种辩证反思过程中，马克思强调了市民社会在社会发展中的原初性和主导性，将黑格尔颠倒的理性国家观归咎为"逻辑的、泛神论的神秘主义"④的直观体现，这也在社会进步基本主体与动力视角上肯定了社会力量的能动性和决定力。

1844年初，马克思在巴黎创办了《德法年鉴》，并在该刊物上发表了他在克罗茨纳赫时期写的《论犹太人问题》等政论文章。此时，马克思对于国家与社会关系的认识进一步深入，提出"决不是国家制约和决定市民社会，而是市民社会制约和决定国家，因而应该从经济关系及其发展中来解释政治及其历史，而不是相反"⑤。与此同时，源于市民社会的国家在取得了独立性后反作用于社会，并在阶级矛盾激化时限制甚至否定社会利益。国家成为维护统治阶级利益的工具与机器，逐渐沦为"从社会中产生但又自居于社会之上并且日益同社会相异化的力量"⑥。在《论犹太人问题》中，马克思提出以"人类解放"的方式来克服人的二重化矛盾，使得人在自己的劳动生活等个人关系中抽象成为"类"的存在物，并得出无产阶级革命实践是实现人类解放的主导因素与物质力量的阶段性结论。"批判的武器当然不能代替武器的批判，物质力量只能用物质力量来摧毁；但

---

① 《马克思恩格斯全集》第3卷，人民出版社，2002年版，第94页。

② 《马克思恩格斯全集》第3卷，人民出版社，2002年版，第64页。

③ 《马克思恩格斯全集》第1卷，人民出版社，1956年版，第252页。

④ 《马克思恩格斯全集》第3卷，人民出版社，2002年版，第10页。

⑤ 《马克思恩格斯文集》第4卷，人民出版社，2009年版，第232页。

⑥ 《马克思恩格斯文集》第1卷，人民出版社，2009年版，第189页。

是理论一经掌握群众，也会变成物质力量。理论只要说服人，就能掌握群众；而理论只要彻底，就能说服人。所谓彻底，就是抓住事物的根本。但人的根本就是人本身。"①人的解放不只是要求政治的平等与解放，更在于消除社会不平等的经济根源。因而衡量人的解放的实现程度，应当以人在社会领域解放和社会权力实现的程度为标尺。如此不仅从主体和价值层面论证了社会对国家的决定关系，也为社会权力的物质经济基础研究开辟了更为广阔的视角。

马克思注意到，随着国家权力的异化，社会生活中的公民本身的性质也从"政治人"向纯粹的利己"经济人"裂变与堕落。马克思认为，解决这种悖论，只有努力实现"人的解放"。马克思在《论犹太人问题》中谈到，"任何解放都是使人的世界即各种关系回归于人自身……只有当人认识到自身'固有的力量'是社会力量，并把这种力量组织起来因而不再把社会力量以政治力量的形式同自身分离的时候，只有到了那个时候，人的解放才能完成"②。此处"社会力量"实际上就是一种在国家权力垄断形态下常常被我们忽略的社会权力。马克思认为只有保持社会权力的独立性而不至于被剥离为政治权力，并使得这种社会权力形成有效的组织且对于国家权力进行有效约束，才是抵制国家权力异化的正确方法。马克思认为，"政治国家与市民社会也处于同样的对立之中，它用以克服后者的方式也同宗教克服尘世局限性的方式相同，即它同样不得不重新承认市民社会，恢复市民社会，服从市民社会的统治"③。同理，对于人本身的终极关怀就是对于人的权利的尊重，所以人的权利的实现方式往往彰显为社会权力的实现与充分作用。

综上分析，在马克思社会权力思想的孕育启蒙阶段，虽然马克思尚未明确提出社会权力的概念，但是他也注意到不同于国家权力的社会力量的存在与功能。由于此时马克思唯物史观尚未成熟，未能充分从物质生产层

---

①《马克思恩格斯文集》第1卷，人民出版社，2009年版，第11页。

②《马克思恩格斯文集》第1卷，人民出版社，2009年版，第46页。

③《马克思恩格斯文集》第1卷，人民出版社，2009年版，第30—31页。

面洞悉社会权力的经济实质，但这一阶段的理论与实践也为进一步阐明社会权力奠定了基础。

## （二）唯物史观社会权力思想的确立

1844年下半年至1870年，是马克思唯物史观社会权力思想的确立与巩固阶段。为了探究物质生产与经济生活如何推动人类解放的进步，以及个中一般规律的问题，马克思又再次回到书斋，通过研读大量的政治经济学著作，以期从中找出问题的答案。1844年下半年，《1844年经济学哲学手稿》诞生。在这一著作中，马克思从异化劳动和私有财产关系的角度，论证了无产阶级的社会革命是实现人类解放的正确途径。除此以外，马克思在这一时期陆续创作了《关于费尔巴哈的提纲》《德意志意识形态》《共产党宣言》《路易·波拿巴的雾月十八日》等政论文章。在这一时期，马克思的权力观发生了由革命民主主义向历史唯物主义的根本性转变。

对于马克思哲学向历史唯物主义飞跃的里程碑界定，学界还存有一定争议。笔者认为马克思在《黑格尔法哲学批判》中提出无产阶级革命实践是实现人类解放的主导因素与物质力量的观点，是他迈向历史唯物主义的开始。但此时马克思还没有完整地从实践的角度系统论述其唯物史观的基本观点，此时只能视为马克思社会权力思想的孕育启蒙阶段。此后马克思通过在巴黎系统地研究政治经济学，以《1844年经济学哲学手稿》成篇为标志，正式确立了从物质与经济的视角研究一般权力现象和社会发展规律的研究范式。马克思认为"一个种的全部特性、种的类特性就在于生命活动的性质，而人的类特性恰恰就是自由的自觉的活动"[1]。马克思认为人的生物性只是作为人的外在表征，并非人的内在规定性，环境、社会及传统、习惯和文化对个体的影响在人的一生中被一以贯之地灌输和内化。费尔巴哈虽然肯定人的本质的客观性和人类发展历史的规律性，但是把宗教的本质归结于人的本质。马克思批判继承了费尔巴哈的观点，并提出"人

①《马克思恩格斯全集》第42卷，人民出版社，1979年版，第96页。

的本质并不是单个人所固有的抽象物，在其现实性上，它是一切社会关系的总和"①。马克思进而认为，市民社会的兴起及其与国家的真正分离和对立乃是近代历史的产物，它使国家获得了和市民社会并列的且在市民社会之外的独立存在。②马克思在其社会权力思想的孕育启蒙阶段将市民社会视为"整个历史的基础"，将"决不是国家制约和决定市民社会，而是市民社会制约和决定国家"③作为其历史观的基本命题，批判继承并全面超越了黑格尔的国家与社会关系理论。而马克思在其社会权力思想的确立与巩固阶段提出了"生产的普遍规律"的概念，足见其在历史观上相较"市民社会制约和决定国家"又取得了长足的进步。

马克思在《詹姆斯·穆勒〈政治经济学原理〉一书摘要》（1844年）中批判资产阶级经济学家将财产私有制假定为物质生产的一种自然永恒的存在条件，并以此作为分析社会本质的理论基础的做法是不切实际的。值得注意的是，马克思在文中首次提出了社会权力的概念，"在私有权关系的范围内，社会的权力越大，越多样化，人就变得越利己，越没有社会性，越同自己固有的本质相异化"④。虽然此处提到的"社会的权力"这一概念未必就是明确指向社会权力，但是我们至少可以认为马克思已经注意到社会权力的存在，并将这一权力与探讨社会本质结合在一起。

此后，马克思在《政治经济学的形而上学》（1847年）一文中提出，"社会内部的分工越不受权威的支配，工场内部的分工就越发展，越会从属于一人的权威。因此，在分工方面，工场里的权威和社会上的权威是互成反比的"⑤。此处提及的生活权威大致也与社会权力概念相当。在《道德化的批判和批判化的道德》（1847年）一文中，马克思将权力分为两大类，其一是"是财产权力，也就是所有者的权利"，其二是"政治权力，

①《马克思恩格斯文集》第1卷，人民出版社，2009年版，第501页。

②《马克思恩格斯文集》第1卷，人民出版社，2009年版，第584页。

③《马克思恩格斯文集》第4卷，人民出版社，2009年版，第232页。

④《马克思恩格斯全集》第42卷，人民出版社，1979年版，第29页。

⑤《马克思恩格斯文集》第1卷，人民出版社，2009年版，第624页。

即国家的权力"①。这一区分明确显示出马克思开始关注国家权力，由此开启了他开始反思社会权力与国家权力关系的思维旅程。

马克思在《路易·波拿巴的雾月十八日》（1852年）中指出，资产阶级"要完整地保持它的社会权力，就应该摧毁它的政治权力；只有资产阶级作为一个阶级在政治上注定同其他阶级一样毫无价值，个别资产者才能继续剥削其他阶级，安逸地享受财产、家庭、宗教和秩序；要挽救它的钱包，必须把它头上的王冠摘下，并且把保护它的剑像达摩克利斯剑一样悬在它自己的头上"②。马克思在这里所谓"社会权力"主要是指资产阶级作为一个阶级属性基于共同利益所呈现的一种整体性权力，而这里的政治权力则是指"国民议会"的立法权。虽然二者都是资产阶级的权力，但二者的分殊恰体现为政治权力与社会权力的对立。通过以上分析，我们可以看出马克思对社会权力、国家权力和政治权力的关注，是他系统思考社会存在这一巨大机器的基本路径。因此，我们认为从1844年下半年至1871年，是马克思社会权力思想的确立与巩固阶段。随着其唯物史观思想的成熟，马克思对社会权力经济本质有了深刻的把握。③

## （三）唯物史观社会权力思想的发展

1871年以后是马克思唯物史观社会权力思想的发展与完善阶段。马克思通过对唯心主义和旧唯物主义的清算与批判，基本确立了唯物史观及实践论的观点，这样大大提升了马克思主义哲学的认识论与方法论水平。如火如荼的巴黎公社革命实践经验再次验证了社会权力可能在某种条件下以一种激烈而宏大的方式爆发出来。德国在1871年实现统一后，资本主义有了长足发展，但同时也导致阶级斗争日益加剧。对德国国内的阶级斗争

---

① 《马克思恩格斯选集》第1卷，人民出版社，1972年版，第170页。

② 《马克思恩格斯文集》第2卷，人民出版社，2009年版，第516页。

③ 吕明：《马克思社会权力思想及其对中国法治建设的启示》，《江淮论坛》，2007年第4期，第15页。

形势分析及对巴黎公社运动的经验的总结，使得马克思对于社会权力本质与作用形式的认识得到进一步深化。

马克思认为巴黎公社的实践有许多宝贵的经验教训值得总结，他在《法兰西内战》（1871年）中充分肯定了人民群众的革命首创精神，从人的解放视角论证了国家权力向社会权力回归的必然性规律。"旧政权的纯属压迫性质的机关予以铲除，而旧政权的合理职能则从僭越和凌驾于社会之上的当局那里夺取过来，归还给社会的承担责任的勤务员。"[①] "僭越和凌驾于社会之上的当局"正是资本主义国家政权，而"勤务员"实质上是全新的工人阶级的政府，而促成这一"夺取"和"归还"的力量则是来自革命群众的社会力量。马克思在谈及巴黎公社运动的历史意义时认为，巴黎公社运动"是社会把国家政权重新收回，把它从统治社会、压制社会的力量变成社会本身的充满生气的力量；这是人民群众把国家政权重新收回，他们组成自己的力量去代替压迫他们的有组织的力量；这是人民群众获得社会解放的政治形式，这种政治形式代替了被人民群众的敌人用来压迫他们的假托的社会力量"[②]。此处"社会力量"指的是一般的抽象的暴力工具或制度约束，其源于社会权力但却被资本主义反动统治阶级掳夺而表现为一种异化了的国家权力。实际上，"公社体制会把靠社会供养而又阻碍社会自由发展的国家这个寄生赘瘤迄今所夺去的一切力量，归还给社会机体"[③]，由于这种力量走向了社会权力的反面，因而是应当被否定和收回的，巴黎公社革命的实践正反映出了这种社会权力向国家权力反向演变的规律性。由此可见，在马克思看来，社会权力向国家权力的演变不是单向的，在国家权力发生异化并走向社会力量的对立面时，社会权力有权限制、监督国家权力甚至收回、改造国家权力。

马克思认为，巴黎公社在政治、经济、教育等方面所采取的措施体现了人民管理制度的发展方向，是可以使劳动在经济上获得解放的政治形

---

① 《马克思恩格斯文集》第3卷，人民出版社，2009年版，第156页。

② 《马克思恩格斯文集》第3卷，人民出版社，2009年版，第195页。

③ 《马克思恩格斯文集》第3卷，人民出版社，2009年版，第157页。

式，这充分体现了马克思彻底的唯物主义历史观。在《哥达纲领批判》（1875年）中，马克思指出，"自由就在于把国家由一个高踞社会之上的机关变成完全服从这个社会的机关；而且就在今天，各种国家形式比较自由或比较不自由，也取决于这些国家形式把'国家的自由'限制到什么程度"①。在这里，马克思将作为公民重要权力表征的自由作为公民权力实现的重要指标，要求国家权力尊重保障公民权力并受后者有效的监督与制约。实际上，公民权力与社会权力并非是单纯的部分与整体、个体与集合的关系。前者是一个法律概念，指代整体或单个的公民依据一国的宪法法律所享有的公权力与私权力的总和；后者是一个学理概念，是指与国家机构相区别的社会主体依据法律、习惯或事实上存在的社会资源对于其他主体或在彼此间互相作用的一种能量或实力。社会权力对于国家与社会的发展与公民权利福祉的实现可能起到积极作用，也有可能只起到中性甚至是负面的作用。

纵观马克思社会权力思想的形成与发展的三个阶段，我们注意到其从启蒙走向成熟也是马克思主义社会权力观逐步建立和发展的过程。马克思从一个黑格尔理性国家理论的忠实信徒，到《莱茵报》时期社会实践中的"困惑者"，最后到巴黎公社经验的总结者。马克思从费尔巴哈的唯物论中汲取营养，批判地继承黑格尔辩证法的精髓；通过重返书斋研读经典政治经济学，反思物质经济生活对于政治权力的决定性影响；通过研究德国阶级斗争和巴黎公社运动实践反思人的本质规定性及人类解放的正确途径。这一系列过程都有着对社会权力内容和本质的反思。

在不同时期马克思的论著中，社会权力往往与国家权力表现出辩证统一的关系。马克思认为，在阶级社会中，社会权力与国家权力具有一定的同质性，表现为一种具体的社会力量，它融合在国家机器之中，也存在着正义性的瑕疵与缺陷，成为一种异化了的国家权力。如果从经济关系及其发展来观察政治及其历史，我们就会发现源自革命群众的社会力量及其物质经济文化力量明显区别于国家权力并对后者产生或潜移默化或激烈宏大

①《马克思恩格斯文集》第3卷，人民出版社，2009年版，第444页。

的影响。在国家权力发生异化并走向社会权力的对立面时，社会权力有权限制、监督国家权力甚至将其收回或改造。因而，国家权力向社会权力回归也是社会发展的必然规律。国家权力随着国家的解体而重新回归社会生活之中，而无产阶级革命实践是实现人类解放的主导因素与物质力量。

# 三　唯物史观社会权力思想的主要内容

社会权力具有政治、经济与文化等多种表现形式，社会权力之间，社会权力与国家权力或个人权力之间的博弈作用推动社会生活不断发展。充分发掘并细致研究马克思社会权力思想，有助于科学认识社会权力的存在样态和作用形式，逐步洞悉社会权力的本质，有助于正确把握国家与社会、社会权力与个人权力之间的辩证统一关系。

## （一）社会权力的存在与作用形式

马克思认为，国家权力通过国家机器实现其控制力和强制力，而国家权力总存在着拒斥一切可能挑战其权威的社会力的冲动，即使这种社会力是以社会意识、社会文化甚至科技力量等较为柔性的形式表现出的。社会权力有时表现为一种政治诉求，直接或间接地作用于公权力；有时表现为一种经济主张，为了争取物质利益与经济价值而寻求伸展；有时表现为一种观念、文化和思想，而处于统治阶级地位的国家权力"作为思维着的人，作为思想的生产者"总是试图通过控制、教育与引导"调节着自己时代的思想的生产和分配"①。

## 1.社会政治权力

马克思认为，社会权力的形态并非通常所见。在实际的社会生活中，社会权力往往以一种经济和文化的渗透力和感召力缓慢释放与平衡运行，但是对于政治权力的主张在某种条件的激化下会以一种激烈的方式爆发出来。比如之前谈及的巴黎公社斗争、法国大革命、美国独立战争和俄国十月革命。正如马克思所言，无产者本身必须成为权力，而且首先是革命的权力。②马克思谈及无产阶级的权力争取方式时指出，每一个力图取得自己统治的阶级，如果它的统治就像无产阶级的统治那样，预定要消灭整个旧的社会形态和一切统治，都必须首先夺取政权，以便把自己的利益说成是普遍的利益，而这是它在初期不得不如此做的。③作为革命阶级的无产阶级在其早期权力争取实践中无可避免地要把自身的利益普遍化，只有如此才能实现广泛的动员和力量的集中，而无产阶级只有通过暴力革命夺取政权才能为其社会权力的合法性与合规律性进行自我证明，才能争取到全新的国家权力来巩固与保障自身权力的实现。但是，需要强调的是，这种以革命斗争形式表现出来的社会权力是社会权力一种极端体现方式，会带来极大的财富消耗和社会撕裂的负效应，所以一般只是在特定的历史时期才会发生作用。从唯物史观的角度看，社会权力变革带来的社会阵痛是不可避免的。以暴力形式表现出来的社会权力也是社会权力的表现形式。

政治权力是政治参与的基础而非专指国家机关的具体政治权力实践。实际上，无论是国家还是政治家或普通公民都是政治权力的享有者，只是各自政治权力来源不同和行使方式存在差异。从权力的原初形态来看，公民是一切权力的原始保有者，通过一定民主机制对于国家机关与政府官员的权力信托，实现了零散政治权力的成建制行使。卢梭与穆勒等人鼓吹公

---

① 《马克思恩格斯文集》第1卷，人民出版社，2009年版，第551页。
② 《马克思恩格斯选集》第1卷，人民出版社，1995年版，第171页。
③ 《马克思恩格斯文集》第1卷，人民出版社，2009年版，第537页。

民通过参与政治决策与政治过程的方式直接行使政治权力，这种方式比较直观地表达了一般公民的政治观点与诉求，但是其弊端也是显而易见的。普通公民在政治情感和主张上的情绪化和短视化，会导致在政治权力行使过程中将自己的非理性诉求转化成带有"反智"色彩的叛逆。熊彼特等人正是发现了这种直接政治权力行使的弊端，转而主张一种间接有限的公民参与。他们认为公民通过政治权力信托的方式将政治权力交给职业政治家和国家机关来具体行使更为妥帖，而公民通过定期民主机制罢免或更换信托对象的方式来间接实现政治权力的行使。从这个意义上讲，定期的选举投票成为公民实现政治权力的主要方式，然而这种间接模式可能带来的民主失真与周期性权力恣意，也给政治权力的实现效果增加了许多不确定因素。

为了解决间接民主局限性的问题，以达到政治权力实现的两种模式的均衡，除了选举制度、公投制度外，政党竞争、政治沙龙、政治游说与依法和平示威游行等政治权力的多样化实现模式，逐步成为西方国家的政治生活中的主要实践方式。一般而言，受教育程度与政治参与能力成正比，但是富裕程度却往往与政治参与热情成反比，这可能同有产者往往希望维系现状，而无产者总是期望境遇产生变革的心理是相吻合的。积极参与者往往算计到自己的经济和社会权力可以加以有效利用以获得政治上的好处。然而，诸如政党、工会、利益集团之类的组织也能够将那些本来不会以个人为基础参与政治的人吸收到政治活动中来。[①]达尔认为"数世纪以来一直被认为是共和国致命毒药的宗派精神，在现代民主制度中，在党派和利益集团里已变得制度化了"[②]。理想的民主应该包括平等的选举权、有效的参与权、表达考评权、对议事日程的最后控制权，以及民众本身无差别地受法律约束这五个基本标准。现代民主政体区别于所有其他政体的

①［英］戴维·米勒、韦农·波格丹诺主编：《布莱克维尔政治学百科全书》，邓正来译，中国政法大学出版社，1992年版，第563—564页。

②［美］罗伯特·A.达尔：《多元主义民主的困境——自治与控制》，尤正明译，求实出版社，1989年版，第6页。

主要特征中就包括"公民有权就概括定义的政治事务表示自己的看法，包括对官员、政府、制度、社会经济秩序和流行的意识形态加以批评，而不受严重惩罚的威胁"，以及"公民有权建立相对独立的社团或组织，包括独立的政党和利益集团"①。各种各样的政治组织与政治社团中最具有代表性的就是政党与利益集团，虽然这些政治组织与国家权力存在直接或间接的作用关系（如在野监督、参政议政或者游说鼓吹），但是一直以来国家权力的拥有者对于与自己的执政地位有着竞争关系的政治社团总是怀有一种敌意或警惕，在权力配置中自然不会在政策上对后者进行关照与扶持，反而是以压制隔离的态度为主流。然而，权力总要通过竞争与限制来保证其合法性与纯洁性。

"要明智地研究政治的功能问题，就必须考察政党体制。"②政党制度的发达几乎成为民主政治运行的典型标志。在西方国家，政党主要是公民表达政治诉求的民主工具，也是各利益集团展开权力博弈的武器。客观地说，并非所有的政治主张都能够被当局所采信，并非所有的政治努力都能达到预期的结果，并非所有的政党都有机会参与国家政权。因而在西方国家，以政党制度所表现的政治权力在多数情况下只是代表个别集团利益的社会权力性质，只有通过竞争获得了执政资格才能将自己的政治权力真正变为国家权力。即使如此，执政党也会受到在野党群的监督和检视，在许多政策的把握上不可能如竞选时单纯为了选票而剑走偏锋。即便是执政党一般也会考虑采取比较中庸的政策，主要目的是迎合尽可能多的党派和民众的利益，在诸多矛盾的诉求中权衡折中。在一些议会制国家，优势党魁为了得到法定的组阁席位，不得不在内阁人选上考虑吸收在野党的代表，甚至于为了得到法定组阁资格不得不与反对党妥协商讨联合组阁。这种政治现象反映出政治权力的初始来源依然是公民和以政党表现为主的社会权力，国家权力要受到来自社会的政治组织的政治权力的直接影响，甚至受

①［美］罗伯特·A.达尔：《多元主义民主的困境——自治与控制》，尤正明译，求实出版社，1989年版，第11、29页。

②［美］弗兰克·J.古德诺：《政治与行政》，王元、杨百朋译，华夏出版社，1987年版，第16页。

制于这类政治权力。

当然，每一个国家都有自己独特的社会权力样态特点。我国改革开放以来随着社会主义市场经济的发展和政治体制改革的不断推进，我国的社会权力样态也发生了巨大而又深刻的变化。在现代社会中，政治权力是一种社会权力，通过政党、社会阶级组织、社会政治团体等形式对国家行使领导权力。我国当下政治权力的实体，主要是指中国共产党领导下的多党合作这一政党体制中的各种政治实体，即作为领导者的执政党、作为参政党的各民主党派，以及中国共产党领导下的工会、共青团、妇联等社会政治团体。在现代社会中，政治权力的职能表现主要是执政和参政。[1]包括政党在内的社会政治权力组织必须依法行使政治权力。每一个国家都必须结合自己的历史与现实国情，在充分考量国家与社会发展综合利益的基础上，慎重对待自身社会政治权力结构与机制的设计与选择。

## 2.社会经济权力

有学者认为，经济权力作为政府权力的另一个重要方面包括"常规状态下"与"紧急状态下"两大部类。[2]这种提法与本著的研究主旨亦不矛盾，国家为主体的经济管理权力也是其经济职责的体现，而社会经济权力是社会主体以其所掌握的社会财富或者利益竞争手段而具有的影响力与支配力。从这个意义上讲，国家经济权力与社会经济权力在概念形态上不存在矛盾，但是在现实运行中二者都要受到宪法与法律的约束，都可能产生合作、竞争与博弈的关系，国家权力只有在法定的条件下才基于公益的原则对于社会权力体现优先权。随着我国社会主义市场经济体制的建立，市场经济主体的独立性受到宪法与法律的有效保护，其对于自身财富的保有与支配具有法定的自主权。市场经济本身就是法治经济，其运行规则的前提便是国家对于经济人个体和组织的尊重。市场经济的运行必须符合等价

---

① 宋惠昌：《现代社会权力结构新探》，《政治与法律》，1999年第1期，第53—55页。

② 单飞跃、李莉：《经济权力的宪政之维——公共性事件的触角》，《吉首大学学报》（社会科学版），2006年第2期，第131—135页。

有偿、诚实信用等一般原则，国家不能动辄以国家利益为由直接进行物资的调配和超越市场规律的经济垄断。从社会经济权力视角，有学者认为所谓经济权力，是指公司企业等经济实体，以其法人财产权为基础而具有的生产经营权、财产支配权、利润分配权、劳动人事权等。经济权力也是一种社会性质的权力，而不是国家权力的一部分。企业这种自主经营的权力，便是一种独立的社会经济权力，它只受法律约束，而不依附于国家机构。在现代企业制中，这种经济权力就是指企业的法人权力。①这种观点看到了社会权力与国家权力的分殊并将其独立性作为社会经济权力存在的典型标志。但是，社会经济权力的主体远不止于"公司企业等经济实体"，即便是在"现代企业制中"，社会经济权力也不能等同于"企业的法人权力"，以法人财产权为基础而具有的生产经营权、财产支配权、利润分配权、劳动人事权等，不能穷尽所有社会经济权力的形式。下面，将侧重以与这种观点相对应的劳工社会经济权力中的罢工权为视角进行讨论。

马克思认为，雇佣劳动完全是建立在工人的自相竞争之上的。资产阶级无意中使工人通过结社而达到的革命联合代替了他们由于竞争而造成的分散状态。资本是集体的产物，它只有通过社会许多成员的共同活动，而且归根到底只有通过社会全体成员的共同活动，才能运动起来。因此，资本不是一种个人力量，而是一种社会力量。②在社会经济权力层面，商业公司和代表劳工利益的工会组织，也在争取各自的利益最大化上展开竞争。将工会作为劳方的代表和资方一并划归于经济组织的范畴，从二者逐利性或权益敏感性角度来说，这样的分类也未尝不可。这些经济组织的行动力确实在彼此制约中也对于国家权力的立法行为与政策张力产生不可小觑的影响。比如在我国近年来互联网技术的商业扩张导致的电商产业的高

---

① 宋惠昌：《现代社会权力结构新探》，《政治与法律》，1999年第1期，第54—55页。

② 《马克思恩格斯文集》第2卷，人民出版社，2009年版，第43、46页。

速发展，对国家产业政策的制定产生了直接的影响。①

对于劳资双方来说，罢工权力的行使是一把难以回避的双刃剑，劳方以自身经济权力为代价争取更优的经济权力，资方以产业停摆为代价维护规则意义上的经济权力。与此同时，国家也以总体税收减损为代价容忍劳资双方权力的博弈，其他社会主体也以社会服务品质降低为代价对于这种权力行使所造成的社会消耗进行体验和评价。因此，这种经济意义上的罢工②权力的存在和作用远远超越了直接冲突的劳资双方，其实质是一种社会经济权力对于整个国家与社会的影响力。

在 18 世纪的欧洲，工人罢工甚至要冒着承担刑事责任的风险。1799年英国的《结社禁止法》和 1791 年法国的《夏勃利尔法》禁止所有工人罢工行为与结社集会行为。随着欧洲三大工人运动的不断发展，工人逐步争取到了罢工权力的合法性与正当性。最早承认工会罢工权的是 1824 年英国议会通过的法令，废除了 1799 年实行的禁止工人罢工和组织工会的法律。法国也于 1864 年解除了罢工的禁令。③1886 年 5 月 1 日，美国芝加哥的工人举行大罢工。彼时美国全国约 35 万工人参加了罢工和游行，要求改善劳动条件，实行 8 小时工作制。④工人阶级以罢工为武器的强大压力迫使资方做出了让步。为了纪念美国工人的这次"五一"大罢工的胜利，由恩格斯领导的第二国际在 1889 年 7 月巴黎代表大会上通过决议，将每年的 5 月 1 日定为国际劳动节。

---

① 2016 年 11 月，在浙江乌镇举办的第三届世界互联网大会（World Internet Conference）上，中共中央总书记、国家主席习近平以视频方式发表重要讲话。习近平总书记强调，君子务本，本立而道生。中国愿同国际社会一道，坚持以人类共同福祉为根本，坚持网络主权理念，推动全球互联网治理朝着更加公正合理的方向迈进，推动网络空间实现平等尊重、创新发展、开放共享、安全有序的目标。

② 这里所讨论的罢工权限定在排除政治、宗教等诉求以外的纯粹为了争取经济权力的罢工行为，即狭义的罢工。狭义的罢工一般指的是企业内的全体或者多数受雇人，为达到劳动条件的改善或其他经济利益的获得而共同停止其劳动的行为。参见史探径：《劳动法》，经济科学出版社，1990 年版，第 349 页。

③ 常凯、张德荣：《工会法通论》，中共中央党校出版社，1993 年版，第 41—42、301 页。

④ 胡星斗：《经济罢工权立法的探讨》，《学术界》，2010 年 6 月，第 84 页。

关于在多大程度上认可劳方结社、集体谈判和罢工等经济权力，西方主要资本主义国家历经了一个逐步放宽但又纠结反复的过程。以美国为例，美国劳资关系立法进程是基于对劳资矛盾的调处经验的不断总结，其历经了在解决层出不穷的经济和社会危机中逐步摸索和修正的曲折过程。美国 20 世纪 30 年代的经济危机使得劳资关系一度空前紧张，1933 年弗兰克林·罗斯福（Franklin D. Roosevelt）总统签署了《国家产业复兴法》（NIRA），明确规定雇员有权结社并同资方进行集体谈判。然而，罗斯福的新政使得保守派担心过"左"的法令会导致资本主义的灾难，这种疑虑直接导致 1935 年 5 月 27 日美国联邦最高法院裁决《国家产业复兴法》违宪。为了挽救政策的延续性，罗斯福抛出了一个替代性法令。《瓦格纳法》（"Wagner Act"）就此诞生，该法案又称《国家劳动关系法》（"National Labor Relations Act"）。《瓦格纳法》延续了《国家产业复兴法》鼓励工人结社的政策，然而这种激进的劳工保护政策造成的劳资过度竞争，导致社会生产效率低下的负面影响又催生了 1947 年《塔夫脱-哈特莱法》（"Taft-Hartley Act"），即《劳资关系法》（"Labor-Management Relations Act"）。《塔夫脱-哈特莱法》转而照顾资方的经济权力，它通过设置专门国家机构介入劳资调解，从而削减了工会罢工的恣意性。1959 年《德兰鲁姆-格里芬法》（"Landrum-Griffin Act"）即《劳资报告披露法》（"Labor-Management Reporting and Disclosure Act"）从保护工会成员角度，防止工会权力膨胀造成的贪腐丑闻及工会与资方通过"甜心合同"（Sweat Heart Contracts）损害工会成员权益的行为。此后，《劳资关系法》经历过数次修正，但是其主旨都围绕着公平与效率的权衡，以期平衡劳资双方的经济权力配比，从而促使双方进行有效博弈。①到第二次世界大战以后，罢工权成为市场经济国家普遍承认的公民权利。20 世纪 60 年代联合国通过的《经济、社会、文化权利国际公约》和《公民权利和政治权利国际公约》中也明确规定了罢工权。之后，西班牙、日本与巴西等国在宪法中直接确认罢工权，

————————

① 陆在春、高升：《美职篮劳资合作稳定机制及其完善》，《南阳理工学院学报》，2013 年第 2 期，第 69 页。

而法国、波兰等国在劳动法或者工会法等部门法中也对于罢工权进行确认。《法国劳动法》中规定，产生罢工的事件不能作为雇主在报酬及社会福利方面采取歧视对待措施的依据。2016年8月9日，法国《费加罗报》报道，法国政府当日在官方媒体上正式颁布新劳动法，并准备公布127个法令，辅助新法全面实施。①该国最新劳动法禁止资方于每日18:00至次日9:00之前的非正常工作时间向劳方致电或发送邮件，劳方每年享受至少5周的带薪假期且每周法定工作时间不超过35个小时。各国也都致力于在保障社会效率最大化的基础上，对于劳方的经济权力配置实施倾向性规制，以期实现劳资双方博弈中的相对均衡。

我国虽于20世纪末签署了《经济、社会、文化权利国际公约》和《公民权利和政治权利国际公约》，但是在我国现行宪法中并未明确规定罢工权。事实上，新中国1954年首部《宪法》也未规定罢工权。1975年与1978年两部《宪法》中明确提到了罢工权。1975年《宪法》第二十八条规定了公民的集会、结社游行、示威、罢工的自由，1978年《宪法》第四十五条除了重申上述自由外，还规定公民享有"大鸣、大放、大辩论、大字报"的权利。我国1982年《宪法》即现行文本中去掉了"罢工自由"的提法。普遍的观点认为，现行宪法在当时特殊的历史背景下从拨乱反正与确立改革开放新理念加以考量，在"去运动化"的指针下将"罢工自由"作为一种类政治权力采取了"敏脱化"的处理。如果说在新中国成立初期对于社会主义改造后的新兴产业体系中工人阶级的权力规制过于乐观，那么1982年《宪法》中除去了1975年与1978年《宪法》中罢工权的规定只是在改革开放的新形势下对于罢工权力的规定变得谦抑。②一般认为，虽然《宪法》中并未明确规定"罢工自由"，但是作为一种狭义的经济权力，遵循"法

---

① 董辉军：《法国颁布新劳动法》，http://www.mofcom.gov.cn/article/i/jyjl/m/201608/20160801376969. shtml，中华人民共和国商务部网站，2016年8月11日，访问时间2017年1月19日。

② 《中华人民共和国戒严法》第十三条规定，戒严期间禁止罢工；《中华人民共和国公务员法》第五十九条和《中华人民共和国人民警察法》第二十二条都规定了作为特殊身份的公务人员不得（组织或）参加罢工。

无禁止即可为"的权利（权力）保留原则，经济罢工在我国并不具有违法性，只是不享有对其衍生后果在民事、治安或者刑事责任上的豁免权。

### 3.社会文化权力

在《莱茵报》供职期间，马克思切身感受到"书报检查制度是为政府所垄断的批评"。但是，这种批评如果带有明显利益偏袒和阶级偏见时就难以令人信服。马克思在《第六届莱茵省议会的辩论》中对普鲁士书报检查制度的批判，直观地反映出国家权力对于社会权力所表现出的拒斥力和挟持力。统治阶级对思想的生产和管制最集中地反映在他们所制定的出版物检查制度中。他们通过国家权力的扩展，灌输意志，拒斥异见，力争做到思想一律，舆论一致。

马克思对资本主义社会统治阶级运用国家权力钳制社会思想的做法提出了批判。这一批判揭示了资本主义国家权力和社会权力之间的对立。但是从某种意义上讲，这种国家权力与社会权力之间的竞争和博弈确实存在于诸多阶级社会形态中。统治阶级为了实现其统治目的，对于包括思想文化在内的社会意识进行引导和规制似乎是其统治权力行使的应有之义，但是这种国家权力对于社会权力的高压会导致社会僵化和文化发展迟滞的副作用。这就需要国家权力在社会秩序和社会自由的价值博弈中进行权衡。马克思在《法兰西内战》中指出，"一切教育机构对人民免费开放，完全不受教会和国家的干涉。这样，不但人人都能受教育，而且科学也摆脱了阶级偏见和政府权力的桎梏。"[1]"'由国家实行国民教育'是完全要不得的……相反，应当把政府和教会对学校的任何影响都同样排除掉。"[2]由此可见，马克思已经明显注意到国家权力在诸如学校等社会机构运转中的影响力。马克思敏锐地注意到这种国家权力的作用必然导致与国民教育中立性的冲突。马克思认为国家在社会教育干预上应遵循谦抑原则，至少不应任意抢占社会权力的自治范畴。国家权力与社会权力会一直通过这种相互

---

[1]《马克思恩格斯文集》第3卷,人民出版社,2009年版,第155页。

[2]《马克思恩格斯文集》第3卷,人民出版社,2009年版,第447页。

制约的形式展开制度化的博弈，这一普遍规律值得重视和研究。作为上层建筑，社会文化权力为社会经济权力与政治权力的运行提供着精神动力与智力支持。由于其特殊的权力结构与理性基础，社会文化权力始终与国家权力间保持着一种微妙的博弈关系。

"至今一切社会的历史都是阶级斗争的历史。"①尽管恩格斯在1888年英文版《共产党员宣言》中对上述文字加了一个备注，界定了其语境为"有文字记载的全部历史"，从而排除了原始社群的特殊性。上述经典表述还最直接地反映出马克思是从阶级对立和阶级斗争角度理解社会的变动与进步，并且在阶级区分的前提下注意到了社会阶层的分析和梳理。那么这种阶级的划分和差异及个中的争斗是否与人类文明和社会文化存在某种勾连和交互？梁漱溟认为，中国社会是伦理本位，与西方个人本位与社会本位确有分殊，进而造成了中国"职业分途"的社会结构。所谓阶级的区分，广义上讲源于人间"贵贱贫富万般不齐"，然而从狭义上讲，以上差距便不能自足，而"要当于经济政治之对立争衡的形势求之"②。然而，成就并固化阶级分途的文化因素也不容忽视，譬如观念上"迷信的成见""习俗制度"的禁忌，以及"世袭制度"或准世袭制度的文化因素都会导致阶级间不相往来、通婚禁忌并且维系这种状态的代际递延。因而，"阶级不是理性之产物，而宁为反乎理性的。它构成了两面之上：一面是以强力施于人；一面是以美利私于己。但它虽不从理性来，理性却要从它来……而阶级恰为人类社会前进程中所必经过之事。没有它，社会进步不可能"③。如此，梁漱溟也是以一种历史唯物主义的眼光看待阶级的产生及其历史作用。虽然这种"部分人偏劳"的状态似乎"天地不仁"而与理性相悖，但是其也是人类社会向前发展的必经阶段和必然代价。随着生产力的发展和技术水平的提高，劳动者的劳动强度逐步降低，劳动保障水平渐次提高，有更多的时间接受教育与关心时政，

---

① 《马克思恩格斯文集》第2卷，人民出版社，2009年版，第31页。

② 梁漱溟：《中国文化要义》，上海人民出版社，2005年版，第124页。

③ 梁漱溟：《中国文化要义》，上海人民出版社，2005年版，第126页。

从而对于文化与文明的传递起到了推动的作用。然而，梁先生并非鼓吹剥削有理，他认为社会发展的指向遵循着从古代奴隶制度，到中古农奴制度再到近世劳工制度直至阶级之彻底消灭。相应的社会形态也由奴隶国家到封建国家，再到立宪国家，最后到国家形式之化除，这一规律是经济、政治和文化协同进步的一贯过程。①而这也恰是马克思主义唯物史观关于国家与社会发展一般规律的高度概括。

马克思认为，与资产阶级对立的除无产阶级外还存在其他阶级，而且不同阶级内部也有阶层的区别。正如马克思在《共产党宣言》中所列举的保守的"中间阶级，即小工业家、小商人、手工业者、农民"，他们或是为了生存被迫与资产阶级斗争，有时却"力图使历史的车轮倒转"，至于那些"流氓无产阶级"②虽也时常被革命洪流卷入，但是终究容易被收买而归于反动。无论是定义为压迫者的"自由民""贵族""领主"或是"行会师傅"，还是作为被压迫者的"奴隶""平民""农奴"和"帮工"，无论是古罗马的骑士，还是中世纪的臣仆，如此"几乎在每一个阶级内部又有一些特殊的阶层"。即使在19世纪中叶《共产党宣言》问世的"资产阶级时代"，包括同属于资产阶级的"房东、小店主、当铺老板"或者同属于中间等级下层的"小工业家，小商人和小食利者"，他们在各自的阶级内都分属于不同的"等级"或"层次"。③在马克思看来，"法律、道德、宗教在他们（无产阶级）看来全都是资产阶级偏见，隐藏在这些偏见后面的全都是资产阶级利益"④。作为与文化同源同宗的法律，在更多的时候也不过是建立在一定经济基础上的上层建筑，或是统治阶级利益与意志的集中体现。尽管法律本身必须满足其作为立法成果和司法依据的技术性与逻辑性，并承担相当的社会治理职责，但是其本质上与"正义化身"或"终极真理"的美誉相去甚远。

---

① 梁漱溟:《中国文化要义》,上海人民出版社,2005年版,第127—128页。

②《马克思恩格斯文集》第2卷,人民出版社,2009年版,第42页。

③《马克思恩格斯文集》第2卷,人民出版社,2009年版,第39页。

④《马克思恩格斯文集》第2卷,人民出版社,2009年版,第42页。

"法律是建立在一些普遍传播、哪怕是错误的观点、信仰之上的，而不是只建立在确定的真理之上。"[1]知识是权力的一个工具。因此，很显然它是伴随着权力的增长而增长的。[2]客观地说，国家权力出于安全和秩序的考量对于科技文化进行指导和规范是法治社会的应有之义，一些宣扬恐怖、暴力和违法犯罪的负面文化有必要坚决抵制和依法打击，一些与人伦道德冲突和涉及人类安全的科技发展有必要谨慎对待（比如无性繁殖、转基因与核武器技术）。但是，包括文化与科技在内的社会权力也有其存在的物质基础与社会基础，大部分情形下它不仅是民主的反馈作用力，也是未来社会发展的风向标。国家权力对其过分限制会导致整个社会暮气沉沉丧失活力，而被修剪整齐划一的社会文化也无法对于国家权力本身的运行开展有效的牵制，导致国家权力独大而加剧了国家异化的危险性。因而，应当在权力配置上保障国家权力对于社会文化、科技等社会意识的谦抑性，最终实现二者的动态平衡和均势牵制。

综上，在现代社会中，公民实现自身社会权力的基本方式有三种，即通过政党等社会政治团体对于民主的聚合力与表达力实现自身的政治权力；通过自由交易与工会组织等经济争取力与拒斥力实现自身的经济权力；通过文化产品的生产与精神家园的守护去实现自身的文化权力。在这些基本社会权力样态互相作用过程中，不同社会权力之间，社会权力与国家权力之间始终处于既相互博弈又互补合作的复杂作用关系中。

## （二）社会权力的演进

马克思认为，国家权力是派生的与历史的产物，"那些决不依个人'意志'为转移的个人的物质生活，即他们的相互制约的生产方式和交往方式，是国家的现实基础，而且在一切还必须有分工和私有制的阶段上，都是完全不依个人的意志为转移的。这些现实的关系决不是国家政权创造

---

① [法]亨利·莱维·布律尔：《法律社会学》，许钧译，上海人民出版社，1987年版，第114页。
② 刘北成：《福柯思想肖像》，北京师范大学出版社，1999年版，第220页。

出来的，相反地，它们本身就是创造国家政权的力量"①。国家是人类社会发展中的历史存在，国家来源于社会，却最终在辩证统一的基础上实现了同质化的回归。国家和市民社会的互动，决定国家权力与社会权力之间的对立与竞争。国家与社会的分化与融合是社会权力产生与发展的基础，也是对其内涵做出规定的依据。

## 1.社会权力的历史发展

社会最初的样态是生产和互助意义上的部落、氏族，原始禁忌产生后，兼具生产和繁衍意义上的家庭逐渐成为社会的基本单元。习惯规则与族内尊长的权威维系着原始社群的基本运转。在这种条件下，"部落、氏族及其制度都是神圣不可侵犯的，都是自然所赋予的最高权力，个人在感情、思想和行动上始终是无条件服从的"②。这说明在国家产生之前的人类社会即存在社会权力。在这种社会结构中尚未产生国家机器和相应的上层建筑，社会权力孕育了国家权力并为其发展开辟了道路。"一切争端和纠纷，都是由当事人的全体即氏族或部落来解决，或者由各个氏族相互解决；血族复仇仅仅当作一种极端的、很少应用的威胁手段。"③恩格斯因而感慨："这种十分单纯质朴的氏族制度是一种多么美妙的制度啊。"④事实上，人类初民依赖伦理和协商解决争端，因为他们意识到在社会生产力极其低下的情形下，相对于残酷的自然生活环境，人类有能力找到更多的友善和协作的可能性。

然而，随着生产力的不断提高和剩余财产的出现，男性以其体力与耐力优势逐步积累了更多的财富，而女性的生殖和哺育功能不再被崇拜，母系氏族传统逐渐被父权制度代替，以男性为主导的配婚制被固定下来。"这样一来，在古代的氏族制度中出现了一个裂口：个体家庭已成为一种

①《马克思恩格斯全集》第3卷，人民出版社，1956年版，第377—378页。

②《马克思恩格斯文集》第4卷，人民出版社，2009年版，第112页。

③《马克思恩格斯文集》第4卷，人民出版社，2009年版，第111页。

④《马克思恩格斯文集》第4卷，人民出版社，2009年版，第111页。

力量，并且以威胁的姿态与氏族对抗了。"①氏族间为了财物的争夺而进行的掳夺和抢掠似乎成为一种合乎道义的丛林法则。古代社会在这种动荡中寻找一种避免自身繁衍和财货安全遭到过度暴力的侵扰和威胁，而呼唤一种更高权威的创制，国家于此时应运而生，因为"它不仅使正在开始的社会分裂为阶级的现象永久化，而且使有产者阶级剥削无产者阶级的权利以及前者对后者的统治永久化"②。由此可见，国家的产生是一种历史现象，社会先于国家存在并派生出国家，国家权力在一定程度上弥补了社会权力的不足。国家权力解决了部落、氏族等原始社会单元和社会力量之间的无序争斗所造成的不利乱局，是伴随着原始生产力的初步发展和私有制的初步确立而产生的，其实质就是拟制的权威，或占据优势地位的社会权力的加冕形态。对此，恩格斯曾指出："由于国家是从控制阶级对立的需要中产生的，由于它同时又是在这些阶级的冲突中产生的，所以，它照例是最强大的、在经济上占统治地位的阶级的国家，这个阶级借助于国家而在政治上也成为占统治地位的阶级，因而获得了镇压和剥削被压迫阶级的新手段。"③这种认识在国家功能和渊源上与传统自然法学派某些观点有相似之处。如霍布斯与卢梭把人类原始先民假定为是理性的且富有契约精神的文明开化人，他们自愿"放弃我管理自己的权利，把它授予这个人或这个集体"，因而国家应该是一个"一大群人相互订立信约，每个人都对它的行为授权，以便使它能按其认为利于大家的和平与共同防卫的方式运用全体的力量和手段的一个人格"④。由此，国家权力是社会力量理性选择的结果，国家是无数社会权力本着契约精神凝聚而形成的，其本身就是一种战略妥协的产物。由于恩格斯对于国家性质的判断是建立在唯物史观的基础上的，与卢梭的社会契约理论或者霍布斯笔下的利维坦权威论等先验式的假说还是存在明显的区别。

①《马克思恩格斯文集》第4卷，人民出版社，2009年版，第181—182页。

②《马克思恩格斯文集》第4卷，人民出版社，2009年版，第125页。

③《马克思恩格斯文集》第4卷，人民出版社，2009年版，第191页。

④[英]霍布斯：《利维坦》，黎思复、黎廷弼译，商务印书馆，1985年版，第132页。

按照历史唯物主义的观点，人类社会由原始社会、奴隶制社会、封建社会和资本主义社会的发展阶段进入社会主义发展阶段，社会主义即主张社会主体的利益高于一切，国家存在的价值在于其能保全和巩固人民权利与福祉。由此，国家权力是从社会权力中产生与抽离的，在阶级社会中国家权力产生异化，从而走向了社会权力的对立面并试图对于后者进行挟持、统摄和压制。最终，国家作为脱离社会的"超自然的怪胎"，最终必将被送进人类的历史博物馆。其作为历史的产物终究要在社会发展一般规律支配下随着阶级的消亡而归于消灭。相应地，国家权力终究要回归社会权力，人类社会也正是以这种方式实现了螺旋上升与辩证发展。

### 2.国家与社会的二元分化

马克思认为，国家"与社会分离而独立于社会之上"①，马克思在论证资本主义国家阶级本质时，认为国家不过是"管理整个资产阶级的共同事务的委员会罢了"②；在分析国家与社会的关系时，马克思把国家看作是"从社会中产生但又自居于社会之上并且日益同社会脱离的力量"③。马克思从哲学高度分析了国家与社会的关系，但是并未对国家权力与社会权力的关系作出论述。在西方，主张社会独立于国家而存在的思想渊源可以追溯到古希腊罗马时期，然而将社会与国家分离并进行分别考察的研究视角直到17世纪才逐步产生，其主要理论观点成为西方资本主义国家在自由资本主义发展时期对抗封建专制王权，保卫个人利益的重要理论依据与思想力量。进入20世纪七八十年代以来，市民社会理论再度被重视，得到了广泛深入的研究。这些成果逐渐融入西方主流话语体系之中，由此关于公民社会的讨论也日益增多。④以国家与社会二分的思维架构为基础，早期自由主义理论把市民社会界定为个人权利和自由受到法律保护的领

①《马克思恩格斯文集》第3卷,人民出版社,2009年版,第194页。
②《马克思恩格斯文集》第2卷,人民出版社,2009年版,第33页。
③《马克思恩格斯文集》第4卷,人民出版社,2009年版,第189页。
④何增科:《公民社会与第三部门》,社会科学文献出版社,2000年版,导论第1页。

域。市民社会的主体享有天赋人权，可以自由地追求财富与价值的实现。此后，以托克维尔、密尔为代表的学者把市民社会看作是各种志愿性结社的集合体。以亚当·斯密为代表的古典政治经济学家更倾向于从经济结构解释并认识市民社会。黑格尔在《法哲学原理》中认为资本主义社会是政治国家和市民社会分裂的社会。①自由主义总是倾向于把政治国家与市民社会对立起来，认为个人权利不能受到政治国家非法的掳夺与侵犯，前者对于后者始终保持高度的戒备与警惕。这种观点所导致的结果将政治国家与市民社会割裂开来。

马克思认为市民社会是经济发展的结果，市民社会决定国家是由经济关系决定的。马克思通过对繁复的历史事件的考察，认为历史发展有着自身的规律。这一规律的核心是社会的物质存在决定了社会的发展与变化，其中物质生产和经济生活是历史发展的主线。根据这一理论，以经济生产与物质分配为基础的社会组织、利益集团必然对于国家意志的形成和具体政策的施行起到决定与约束作用。由此可见，在阶级社会中，国家凌驾于社会之上，是统治阶级压迫和奴役社会的力量，国家与社会分殊明显。在现代西方社会，市民社会与国家的分离事实状态并不存在争议，但是对二者分离的程度和样态尚需要进一步廓清。查尔斯·泰勒认为，当下西方社会理论中的市民社会主要表现为三个层次。其一，就基本的意义而言，只要存在不受制于国家权力支配的自由社团，市民社会便存在了；其二，就较为严格的意义而言，只有当社会作为一个整体能够通过那些不受制于国家权力支配的自由社团来建构自身并协调其行为时，市民社会才存在；其三，作为对第二种含义的替代或补充，只有当这些社团能够相当有效地决定或改变国家政策之方向时，我们才能够称之为市民社会。②实质上，除了第一个层次中的"不受制于国家权力支配的自由社团"在西方社会普遍

①马克思在《论犹太人问题》中也有相近的观点表述，这反映了早期马克思带有自由主义思想的倾向，还没有走出黑格尔哲学思想的界域。

②[加]查尔斯·泰勒：《市民社会的模式》，冯青虎译，载自邓正来、[美]杰弗里·亚历山大：《国家与市民社会———一种社会理论的研究路径》(增订版)，上海人民出版社，2006年版，第29页。

存在以外，即便是作为美国民主经验的"自治的社团"都很难胜任完全意义上的自决，更勿论对于国家意志与政策进行决定性的干预。此种情形下，查尔斯·泰勒进一步认为，市民社会在很大意义上并非一种外在于政治权力的领域，而毋宁是深深地渗透于这种权力的一种力量，使权力处于分立、分散的状态。只要现代国家还趋向于动员和重组它的国民生活，市民社会和国家的这种界分似乎就一定会继续起作用。①事实上，个人或者社会团体可以凭借其物质财富、知识经验、社会网络及其他影响力对国家政治权力发生作用，使得国家的立法、司法与行政决策体现出社会权力的关切和诉求，进而使个人或者社会团队的利益得以保障。这一过程就体现了个人或者社会团体拥有某种社会权力。然而，社会差异总是客观的社会存在，政治系统的封闭性必须用市民社会的互动性来克服，单项的利益诉求是无法破除政治系统的封闭性的。现实的问题在于，社会政治系统并非一台大功率高精度的计算机，它无法将全社会所有个人或者团体的利益诉求通过直接输入，并以"云计算"的方式加以处理，以此直接给出符合正义、公平和效率标准的公共政策产品。

### 3.国家与社会的辩证统一

在马克思主义经典文献中，对国家性质的表述也较为复杂。例如马克思在《共产党宣言》中分析资本主义国家阶级本质时，认为国家不过是"管理整个资产阶级的共同事务的委员会罢了"②；在分析国家与社会的关系时，马克思把国家看作是"从社会中产生但又自居于社会之上并且日益同社会脱离的力量"，当国家随着阶级消亡而消失时，"社会把国家政权重

---

① [加]查尔斯·泰勒：《市民社会的模式》，冯青虎译，载自邓正来、[美]杰弗里·亚历山大：《国家与市民社会——一种社会理论的研究路径》（增订版），上海人民出版社，2006年版，第47—48页。

② 《马克思恩格斯文集》第2卷，人民出版社，2009年版，第33页。

新收回"①。由此可见，马克思更多是在政权（state）②意义上使用"国家"概念。

而对于"社会"概念的界定，马克思在不同历史时期也有不同的理解，体现出思想逐渐深化的过程。马克思在《雇佣劳动与资本》（1847年）一文中认为，"社会生产关系，是随着物质生产资料、生产力的变化和发展而变化和改变的。生产关系总和起来就构成所谓社会关系，构成所谓社会，并且是构成一个处于一定历史发展阶段上的社会，具有独特的特征的社会"。他进一步谈到，"古典古代社会、封建社会和资产阶级社会都是这样的生产关系的总和，而其中每一个生产关系的总和同时又标志着人类历史发展中的一个特殊阶段"③。此时，马克思认为生产关系的总和就是社会的本质。到了19世纪50年代末，马克思在《政治经济学批判》序言中提出了广义的社会概念应界定为在一定经济结构基础上的"社会有机体"，即"有法律的和政治的上层建筑竖立其上并有一定的社会意识形式与之相适应"④的统一的整体。这一解释区别于狭义的社会概念，后者指的是包涵"物质的生活关系的总和"的"市民社会"。由此，马克思认为社会应当是"市民社会"与"社会有机体"的上位概念，狭义的社会即"市民社会"，与国家机构相对应，而广义的社会即"社会有机体"，则将社会与国家的外延消弭其中，这也解释了马克思主义文献中关于社会和社会权力概念的不同表述与指代。⑤

从全球纵向视角观察，社会发展进化的基本规律往往体现为国家和市民社会的互动与促进，在具体发展轨迹和作用形态上呈现多样化趋势。但

---

① 《马克思恩格斯文集》第4卷，人民出版社，2009年版，第189页。

② 一般认为，"国家"概念可以从四重意义上去理解，即作为政权意义上的国家（state）、作为主权意义上的国家（sovereignty）、作为民族意义上的国家（nation）以及作为领土意义上的国家（country）。

③ 《马克思恩格斯文集》第1卷，人民出版社，2009年版，第724页。

④ 《马克思恩格斯文集》第2卷，人民出版社，2009年版，第591页。

⑤ 为了区分社会权力与国家权力间不同的运行特点，本书侧重于从狭义的角度研究社会概念，并着力分析社会权力与国家权力间互相作用的机制。

是"国家"和"社会"之间的界分，并不是任何时代普遍存在的事实或者趋势，它是一种从宪政历史过程中出现的，并以该过程为条件而产生的一种现象。①对于共和主义来说，国家和市民社会的分裂的趋势应该消失，国家对社会领域的干预正是国家社会化或者社会国家化的开端。②只有"找出市民社会和国家相互关系的规律，可以使我们正确地分析人类社会经历的全过程，理解当代的国家问题，并看到各国现实社会在其中发展的政治形式和国家形式的前途"③。从这个意义上说，国家与市民社会存在弥合的可能性，二者之间的交互作用需要新的介质或机制的创设与支援。

如何打通国家与市民社会壁垒并试图探寻二者作用规律？哈贝马斯提出的"公共领域"是一个区别于政治国家和市民社会的第三领域，这并非将国家与市民社会做简单的二元剥离。社会不仅有一个与私人领域有关的市民社会，有一个和公共权力有关的国家，而且还存在着一个政治公共领域。这个领域介于市民社会和政治国家之间，是市民社会与政治国家之间互动的中介。④在现实社会生活中的个体人既是保有公共权力的国家公民，又是享有财物权利的私法意义上的经济人。这里的公民社会是指"非政府的、非经济的联系和自愿联合"⑤。这些公民组织也是公共领域中的一个组成部分，不过在公共领域中，这个部分不像成建制的政治党派、大众传媒有显著的影响力，这些组织的使命是在生活交往领域展开细微而密集的商谈和妥协，为公共意志的形成进行精细筛选与打磨。从政治的角度来说，公共领域成为私人领域和政治权力领域互动的桥梁，也使得国家与社

---

① Ernst-Wolfgang·Blckenflrde, State, society and Liberty, Translated by J. A. Underwood, Published by Berg published limited, 1991, p.147.

② [德]哈贝马斯：《公共领域的结构转型》，曹卫东等译，学林出版社，1999年版，序言第12页。

③ [俄]B.B.拉扎列夫：《法与国家的一般理论》，王哲等译，法律出版社，1994年版，第70页。

④ [德]哈贝马斯：《公共领域的结构转型》，曹卫东等译，学林出版社，1999年版，序言第28—33页。

⑤ [德]哈贝马斯：《在事实与规范之间》，童世骏译，生活·读书·新知三联书店，2003年版，第454页。

会直接的弥合成为可能。

在马克思看来，社会权力往往与国家权力表现出辩证统一的关系。首先，国家权力与社会权力的对立性。如前所述，国家权力源于社会权力并在自身异化中与后者形成竞争与对立的关系。马克思认为，国家"与社会分离而独立于社会之上"①，在阶级社会中，国家权力凌驾于社会之上，是统治阶级压迫和奴役社会的力量，国家与社会分殊明显。其次，国家权力与社会权力的统一性。在阶级社会中，社会权力与国家权力具有一定的同质性，表现为一种具体的社会力量，它融合在国家机器之中，也存在着正义性的瑕疵与缺陷，成为一种异化了的国家权力。马克思在《资本论》中进一步谈到，"现代工业的进步促使资本和劳动之间的阶级对立更为发展、扩大和深化。与此同步，国家政权在性质上也越来越变成了资本借以压迫劳动的全国政权，变成了为进行社会奴役而组织起来的社会力量，变成了阶级专制的机器"②。这里所谓"社会力量"一词并非指代社会权力或社会力量，而是由国家政权所演变成的"集中的、有组织的社会暴力"③。在国家权力发生异化并走向社会权力的对立面时，社会权力有权限制、监督国家权力甚至收回、改造国家权力。因而，国家权力向社会权力回归也是社会发展的必然性规律。国家权力随着国家本身的解体而重新回归并消弭于社会生活之中，从而在更高的层次上实现了国家与社会的融合及各自力量的同质化。最终，国家作为脱离社会的"超自然的怪胎"，最终必将被送进人类的历史博物馆。国家作为人类社会历史的产物终究要在社会发展一般规律支配下随着阶级的消亡而归于消灭，从这个意义上讲，"社会把国家政权重新收回"，国家与社会在辩证统一的基础上实现了同质化的回归，由此，马克思与洛克不同，马克思侧重于用历史唯物主义观点，从阶级社会发展的一般规律视角看待国家与社会的辩证统一关系。认识这一规律，对于我国社会主义建设时期正确处理社会权力的培育、监

---

① 《马克思恩格斯文集》第3卷，人民出版社，2009年版，第194页。

② 《马克思恩格斯文集》第3卷，人民出版社，2009年版，第152页。

③ 《马克思恩格斯文集》第5卷，人民出版社，2009年版，第861页。

督与规制具有重要的理论依据价值与实践指导意义。

## （三）社会权力与个人权力的辩证关系

唯物史观认为，个人权力由于其分散性和羸弱性，容易被强大的环境力淹没，其必须通过联合以社会权力的形式主张与争取。个人权力通过社会权力的形式主张以克服其分散性，然而社会权力也并非个人权力的简单聚合。不同构成的个人权力与社会权力之间互相博弈竞争。除此以外，权力本身的公私二重性，导致了社会权力在对于个人权力进行整合过程中由于代理失真或利益差序而出现异化的可能性。

### 1.个人权力通过社会权力来实现

马克思在《路易·波拿巴的雾月十八日》中认为19世纪中叶的法国小农虽然是"代表社会中人数最多的一个阶级"，但是他们的自给自足的小农生产方式只会令他们鸡犬之声相闻却老死不相往来，形成不了真正统一的社会交往和阶级联合。他们只是"由一些同名数简单相加而形成的，就像一袋马铃薯是由袋中的一个个马铃薯汇集而成的那样"①。因此，虽然他们在生活方式、利益和教育等方面具有同一性，但是却无力同路易·波拿巴所代表的另一个对立阶级展开有效的抗衡与斗争，所以后者最终窃取了政权。法国小农阶级只能在自怨自艾中品尝苦果，或者他们尚未意识到正是由于自身"一袋马铃薯"式的松散性导致他们不能形成"共同关系""政治组织"，更遑论"全国性的联合"。这种地域上的关联和数量比例优势并不能够将孤立的个人权力凝结为集体力量或社会权力。与此相似，马克思对于法国"六月起义"的经验教训总结时批评无产阶级中部分人"醉心于这样一种运动，即不去利用旧世界自身所具有的一切强大手段来推翻旧世界，却企图躲在社会背后，用私人的办法，在自身的有限的生存条件

①《马克思恩格斯文集》第2卷，人民出版社，2009年版，第566页。

的范围内实现自身的解放，因此必然是要失败的"[1]。这里同样论证了个人权力必须依靠社会权力才能实现其有效主张。

与个人权力相比，大多数人对于个人权利更为熟悉，其实二者并非矛盾。有学者将"权利"划分为特权、权利、权力和豁免四种样态。其中权利是一种请求或主张，它必须向相对人提出类似于民法上的请求权，等到相对人配合履行其与权利人主张相对应的相对人义务才能够实现。与此不同，权利中的权力（power），指个人有权依法创设或改变与他人之间的法律关系，比如订立遗嘱或行使留置权，类似于民法上的"形成权"的特征，其有效性直接来源于法律规定，具有较强的独立性。[2]权利的间接性表现在当这种合法主张无法得到相对方义务履行的响应时，大多数国家往往考虑到社会秩序的维护而对于私力救济（self-help）行为加以限制（如正当防卫与紧急避险不能超出合法限度，否则这种自力救济仍存在负担法律责任的风险），进而鼓励采用国家公力救济（public remedy）的方式通过提起诉讼、申请强制执行或向相应机关举报控告等来维护或保全公民自身合法权利。这样的规制最大限度地保障了秩序的实现，但是个人权利实现的强制性由于间接达致而被制度性弱化，其实效性也因此大大减损。自然法理论认为，人类社会是先于国家产生的，自然权利（权力）先于国家权力存在，在国家产生后由国家权力确认与保护。马克思主义理论也认为，国家是人类社会发展到一定历史阶段的产物，由于国家权力的异化，渐渐吞噬和统治了社会权利（权力）。因此，保留与确认个人权力（包括政治、经济和文化权力）的必要性依然存在，然而个人权力无论是在能量绝对值还是在实际影响力方面都无法与国家权力直接抗衡，即便是在数量上的大基数与诉求上的迫切性都无法形成有效的合力效应，仅仅是一小袋、一大袋抑或是一卡车马铃薯的量变差异。

---

① 《马克思恩格斯文集》第2卷，人民出版社，2009年版，第478页。

② ［英］戴维·米勒、韦农·波格丹诺主编：《布莱克威尔政治学百科全书》，邓正来译，中国政法大学出版社，1992年版，第661—662页。

### 2.社会权力与个人权力的博弈与平衡

经济权力中的破坏权力与整合权力在雇佣关系中表现得较为明显，也同时反映出同属于社会权力范畴的个人权力与组织权力的作用效果和博弈关系的差异。为了鼓励员工的工作积极性和创造力或者通过奖勤罚懒严肃规章制度，作为资方的雇主可以考虑以加薪或者发放奖金的方式达到整合劳资关系的效果，也可以通过处罚甚至解雇的破坏性手段来实现资方自身的经济权力。然而，这种策略选择对于劳资双方都是公平的，员工也可以通过破坏性的手段对资方进行反制，其中辞职是一种最为常见的方式，这种破坏方式一般只有类似于高端职业经理人或高级技工等高端雇员才会对资方造成实际影响或威胁，而对于一般可替代性较高的员工，辞职只能说是"伤敌一千自损八百"的双刃剑。消极怠工也是劳方的一种破坏性策略，但是这种权力行使在管理考核水平较高的公司机构那里无法遁形，不久便可能被识破，资方也会相应地采取辞退的破坏性手段来对相关员工进行反报。

马克思、恩格斯在《共产党宣言》中谈到，工人通过结社而达到的革命联合代替了他们由于竞争而造成的分散状态。①而"资本归根到底只有通过社会全体成员的共同活动，才能运动起来。因此，资本不是一种个人力量，而是一种社会力量"②。劳资双方的这种博弈可能在双方各自党同伐异的诉求下通过各自的组织行为实现效应放大化，此时博弈的双方也不再只是老板和雇员的较量，而可能是企业联盟与工会联盟之间的劳资博弈。以职业体育劳资关系为例，目前在我国职业体育运动员是在准官方的运动项目协会（行业协会）指导和组织下通过职业体育俱乐部参与联赛的方式执业。行业协会本身及其各俱乐部中的投资方与管理层在现代体育联盟（联赛）中代表资方，而职业体育运动员代表劳方。社会学的冲突理论认为，不同利益冲突主体的组织程度与其在互相冲突中各自的损害程度之

---

① 《马克思恩格斯文集》第2卷，人民出版社，2009年版，第43页。

② 《马克思恩格斯文集》第2卷，人民出版社，2009年版，第46页。

间呈现反比关系。当下，西方等国家的职业体育发展到了一个比较成熟的阶段，组织机构、法律法规相对健全，职业运动员大多依法建立了相应的运动员组织来维护自身利益。如英国在1958年成立了职业足球运动员工会，并于1960—1961年赛季组织起来成功地废除了球员最高工资限制。①美国20世纪30年代的经济危机使得劳资关系一度空前紧张，弗兰克林·罗斯福（Franklin D. Roosevelt）上台后于1933年签署《国家产业复兴法》（NIRA），明确赋予"雇员有权利组织和通过自己选举的代表进行集体谈判"的权利。②鼓励职业运动员组织结社，培育运动员协会对于劳方的补强功能不仅表现在对于集体合同的谈判与其他福利待遇的争取方面，还可以在劳资纠纷救济过程中发挥积极作用。③在这种量级的博弈中，个人权力的集合形成真正的社会权力，社会权力为各自所代表的个人（个体）权力争取与斗争，而个人权力与社会权力正是在这种综合博弈中实现某种意义上的纳什均衡，从而通过互相的妥协而达到一种动态的平衡。利用这种放大器和催化剂的方式，使得大多数微小的个体权力得到尊重和关注，化解了许多暗流涌动的社会矛盾，使得社会破坏性权力得到理性对冲。这种社会权力的功能实现是社会主体间的竞争关系语境下的，实际上这种模式也可以适用于社会权力与国家权力协调的过程中。这种社会权力的存在以及其运行机制的复制，能够使得社会的总体压力缓解，避免"可燃性"社会矛盾达到诱发社会动乱与革命的"爆炸极限"。从而避免破坏性权力的

---

① 王清忠、高颂平、吴冶：《关于建立我国职业运动员工会的研究》，《山东体育科技》，2006年第3期。

② 以美国职业篮球（简称"美职篮"）为例，1954年美职篮球员工会（NBPA）成立之前，美职篮球员工资报酬很低，养老金计划、生活津贴以及健康福利等更是付之阙如。20世纪50年代适逢美国工人运动蓬勃发展，美职篮球员工会利用拒绝参加1964年美职篮全明星赛为要挟，迫使资方承认球员工会是代表劳方利益的唯一合法主体及其参与劳资谈判的合法权利。此后，美职篮球员工会的实力不断提升，相关立法逐步建立健全，其通过20世纪90年代的三次"劳资大战"逐步确立了双方相对均衡的实力对比格局。参见陆在春、高升：《美职篮劳资合作稳定机制及其完善》，《南阳理工学院学报》，2013年第2期，第69—70页。

③ 陆在春、高升：《我国职业体育劳资纠纷的法律规制研究》，《河南大学学报》（社会科学版），2015年第3期，第62—63页。

过度使用所造成的社会撕裂及社会经济财富的大量浪费，对于在社会稳定及生产生活秩序稳定的情况下实现民主自由，以及对于社会个体的利益保护有着非常重要的意义。

然而，社会组织和社会团体的这种权力信托的放大器作用固然体现出其公共权力性质的一面，但是这种功能发挥的前提是它首先是一个私利益的收集器，当社会组织作为社会特殊利益诉求单元时，它所代表的是一群个体集合的特殊利益，是一种私权力的表达。正是由于权力本身的公私二重性的客观存在，导致了社会权力可能在对成员意志进行整合过程中由于代理失真或利益差序而出现异化的可能性。除此以外，"以新法团主义方式而谈判达成的政策，与保护人口中处于社会边缘、组织程度很弱的群体的基本利益之间，是存在这冲突的"①。社会团体与社会组织在这种权力信托的表达与争取过程中所能够达成的公共意志也只是反映了其组织或团体内部的个人利益，而无法做到社会所有个人利益的周延化关切，那些未惠及的处于社会边缘的其他个体的利益就会受到忽视或伤害。因而个人权力的存在不仅有合法的法律依据，也有组织群体社会权力所不能覆盖的特殊性，因而确认与巩固个人权力在社会权力中的地位具有重要的理论与实践意义。

马克思社会权力思想是一座唯物史观与科学方法论的宝库。充分发掘与细致研究马克思社会权力思想，有助于科学认识社会权力的存在样态、作用形式，有助于正确把握社会与国家、社会权力与个人权力之间的辩证统一关系。然而，他山之石可以攻玉，在考察马克思社会权力思想的基础上，以其为尺展开比较法视野，检视借鉴西方社会权力主要代表思想成果，为进一步分析与研究社会权力的作用形式与运行机制奠定基础。

---

① ［德］哈贝马斯：《在事实与规范之间》，童世骏译，生活·读书·新知三联书店，2003年版，第435页。关于社会权力小众性局限的相关探讨参见王晓升：《商谈道德与商议民主——哈贝马斯政治伦理思想研究》，社会科学文献出版社，2009年版，第307—309页。

# 四　西方主要社会权力唯物史观思想检视

通过前文对于马克思唯物史观权力思想的研究分析可知，权力的社会性与多元性决定了社会权力本身有广义与狭义之分，广义的社会权力包括国家权力，狭义的社会权力实现了与国家权力的区分。唯物史观认为，人民大众是历史的真正创造者，社会权力的架构不能简单遵循治理工具主义，而要在比较法视野中充分批判借鉴西方主要社会权力思想的基础上探索社会权力运行与规制的一般性规律。

## （一）西语中的权力与权利概念

在英语中，权力（power）与权利（right）概念具有高度的关联性。在法学与政治学中，两者的含义既有联系又存在明显的分殊。接下来我们将从词源上对二者进行梳理比较，以期厘清其辩证统一关系并结合我国国情进行检视与借鉴。

### 1.西方文化中的权力概念辨析

西方文化中的"权力"在表达方式与词性使用上都呈现多样态特征，学界对于"权力"属性的讨论主要包括"力量作用说""影响关系说""意志命令说"与"结构功能说"等。

#### （1）西语中的权力

"权力"在英语中直接对应的单词"power"来自法语的"pouvoir"，后者源于拉丁文的"potestas"或"potentia"，两者的共同词根是"potere"，即能力或能够。①这里对于"权力"的辞源释义，主要指对他人（客体）进行支配、影响和操纵的能力和权威。

在现代英语中，"power"有名词与动词两种词性。作为动词，"power"有提供动力与快速移动两重含义；作为名词，"power"含义较为丰富，除了引申意义上的"善或恶的精灵"和光学、数学概念上与本书无关的指代外，主要指能力、能量、影响与权威本身，或指拥有权势资源的主体如国家及对于权威的运用与操纵。②由此可见，"power"一词除了在数学、物理学等自然科学中的相关术语含义外，在社会科学中的含义集中表现为基于自身的权威或实力，对他方施加影响，使其顺从、妥协和屈服。这种影响力的运用，可以直接作用的方式体现，也可基于威慑力通过"磁场效应"以"非接触"的方式作用于客体。通过考察"power"的多重含义与用法，与之有相似意义的英语单词还有"force""influence""control""au-

① [英]戴维·米勒、韦农·波格丹诺主编：《布莱克维尔政治学百科全书》，邓正来译，中国政法大学出版社,1992年版,第595页。

② 作为动词,"power"有两种含义。1.提供动力(驱动、推动机器或车辆等);2.快速移动,快速前进(给……充电;使……启动)。作为名词,"power"的含义有:1.操纵(控制力、影响力、支配力,统治、政权);2.能力(能力、机会,身体、心智的某种能力,体力、智力);3.权威(权力、职权、权势);4.国家(专指有影响力的大国、强国);5.影响(某方面的力量、实力、势力或影响力);6.能量(力量、能、能量、功率);7.数学概念(乘方、幂);8.透镜(光学放大倍数、放大率);9.善或恶的精灵(正义或邪恶的力量)。参见[英]霍思比：《牛津高阶英汉双解词典》(第7版),商务印书馆、牛津大学出版社(中国)有限公司,2009年版,第1549—1550页。

thority""government"与"command"等，这些单词在不同的侧重点上对"权力"进行了阐释。

### （2）权力的属性辨析

权力概念在政治学与法学论著中普遍存在。有学者认为，权力问题历来是政治学研究中的圣杯（the Holy Grail），但人们至今也没有清晰地描述出这座圣杯的样式。[①]就像政治著述中所包含的许多概念一样，不同的学者对它有不同的界定和使用方式。英国学者罗德里克·马丁认为，权力是一个使用频率颇高，凭直觉去理解，很少有严格定义的词。[②]如同"正义"这一概念，"权力"有着一张普罗透斯（Proteus）似的脸，变幻无常得令人难以捉摸。通说认为"权力"是指行为主体影响其他客体的主观态度和客观能力。即便如此，"权力"仍是一个在本质上有争议的概念，学界对于"权力"的概念及其作用方式的讨论从未停止。这些争论归结起来主要包括"力量作用说""影响关系说""意志命令说"与"结构功能说"。

① "力量作用说"与"影响关系说"。

在通常意义上，权力指影响或控制他人行为的力量。[③]它是指权力的保持者在任何基础上强使其他个人屈从或服从于自己的意愿的能力。[④]这种"权力"的作用方式体现在对客体的"改造能力"上，这种能力是指能

---

① [美]曼瑟·奥尔森：《权力与繁荣》，苏长和译，上海人民出版社，2005年版，第2页。

② [英]罗德里克·马丁：《权力社会学》，丰子义、张宁译，生活·读书·新知三联书店，1992年版，第80页。

③ [美]塞缪尔·亨廷顿：《变革社会中的政治秩序》，李盛平、杨玉生等译，华夏出版社，1988年版，第107页。除此以外，力量作用说的拥趸学者很多，乔·萨托利（Giovanni Sartori）教授认为，权力永远是控制他人的力量和能力。参见[美]乔·萨托利：《民主新论》，冯克利、阎克文译，东方出版社，1993年版，第32页；孙英教授认为，权力是社会所承认的迫使人们不得不服从的力量。参见孙英：《权力义务新探》，《中国人民大学学报》，1996年第1期，第32页；卓泽渊教授认为，权力是指特定主体（包括个人、组织和国家）在其职责范围内拥有的对社会或他人的强制力量和支配力量。参见卓泽渊：《法理学》，法律出版社，1998年版，第114页。

④ [英]A.布洛克、O.斯塔列布拉斯：《枫丹娜现代思潮词典》，中国社会科学院文献情报中心译，社会科学文献出版社，1988年版，第453页。

够对一系列既定的事件进行干预以至于通过某种方式来改变它们。①而这种作用方式也集中表现为影响力，即 A 影响 B 在某些方面改变自己的行为或倾向的能力。②由此可见，"权力"作为影响力（influences）的度量（measurement）尺度，主要是通过其物质和情势的力量来体现。

从国家机器运行的角度上看，"权力"一词一直被用来指以强力或以说服来获得特定目的的能力。③它是指以法的形式固定的对社会各方面的管理关系，由此反映了一定社会政治生活的现状。④因而，"权力"往往作为政治斗争的结果，被一种法律的形式固定并巩固起来。权力是在个人或集团的双方或各方之间发生利益或价值冲突的形势下执行强制性的控制。⑤所以，这种力量的最终方向本身就是各种利益先期博弈后的一种妥协结果或者一种合力指向。这种"权力"并非为国家机器所专有，其实现方式和行使主体也是多元的。

英国哲学家托马斯·霍布斯受到机械主义科学观的启发，强调应从作用形式上把握权力的本质。这一观点认为权力是一种"行动者"主动利用自己的力量作用于"承受者"而产生效果的因果关系。霍布斯断言，"全人类共同的爱好，便是对权力永恒的和无止境的追求，这种追求至死方休"⑥。霍布斯的权力观带有强烈功利主义色彩，将人类对权力的欲望无限夸大。霍布斯对权力关系作出的机械因果论界定具有某种形象化或简单化效果，其所鼓吹的社会丛林法则将"权力"的动因与作用方式的简单化观点也得到了一些学者的响应与支持。

---

① [英]安东尼·吉登斯：《民族-国家与暴力》，胡宗泽、赵力涛译，生活·读书·新知三联书店，1998年版，第7页。

② [美]罗伯特·A.达尔：《现代政治分析》，王沪宁、陈峰译，上海译文出版社，1987年版，第36—37页。

③ [英]M.J.C.维尔：《宪政与分权》，苏力译，生活·读书·新知三联书店，1997年版，第12页。

④ 张循理：《利益论九讲》，中国青年出版社，1987年版，第29页。

⑤ [美]克特·W.巴克：《社会心理学》，南开大学社会学系译，南开大学出版社，1984年版，第420页。

⑥ [英]霍布斯：《利维坦》，黎思复、黎廷弼译，商务印书馆，1985年版，第72页。

②"意志命令说"与"结构功能说"。

"意志命令说"与"结构功能说"的争议焦点在于权力产生及发生作用的动因到底源于权力主体的主观欲望还是权力的结构功能本身。"结构功能说"强调权力发生是一种"非人格化"的社会结构使然，而非个体行为者目的或欲望的结果。罗素指出，权力可以定义为有意努力的产物。[①]彼德·布劳认为，权力是指一个人（或一群人）按照他所愿意的方式去改变其他人或群体的行为，以防止他自己的行为按照一种他不愿意的方式被改变的能力。[②]我国学者林喆认为，权力是特定主体将他的意志强加于他物，使之产生一种压力继而服从的能力。[③]可见，"意志命令说"直接描述了人们的一些习惯认知。这些认知的内容包括三方面内容：一是权力显示的是个人或组织的"野心""欲求"和"征服的渴望"；二是权力从表征意义上总是掌握在某些主体手中，而那些"无权者"往往只能忍受作为权力客体的痛苦和奴役；三是权力行使向度的单一性，权力总是以自上而下或自中心向四周发散的方式行使或发生作用。

## 2.西方文化中的权利概念分析

在西方语言尤其是欧洲大陆语言中，"法"与"权利"往往是同一个词，二者是处于同等序列的概念。[④]从词源上考察，"right（权利）"一词源于拉丁文"drectum"，与古典拉丁文中的"rectum"和"jus"通用。阿奎那（Thomas Aquinas）认为"jus"首要的含义是"公正（the fair）"[⑤]。14 世纪以后，奥肯的威廉（William Ockham）将"natural jus"看作"合乎正当理性、不受契约或约法约束"的个人权力（power）[⑥]。至此，"jus"

①［英］伯特兰·罗素：《权力论》，靳建国译，东方出版社，1988 年版，第 23 页。

②［美］彼德·布劳：《社会生活中的交换与权力》，孙非、张黎勤译，华夏出版社，1988 年版，第 135 页。

③ 林喆：《权力腐败与权力制约》，法律出版社，1997 年版，第 1 页。

④ 公丕祥：《法制现代化的理论逻辑》，中国政法大学出版社，1999 年版，第 252 页。

⑤ 夏勇：《人权概念起源》，中国政法大学出版社，1992 年版，第 137 页。

⑥ 夏勇：《人权概念起源》，中国政法大学出版社，1992 年版，第 138 页。

一词逐步同"义务"相脱离，与现代英语中的"right"词义趋同。直到霍布斯以后，"jus"才与现代意义上的"权利"即"right"的指代相当。

由于在法学与政治学理论中，"权力（power）"与"权利（right）"概念具有高度的关联性，"权利（right）"除了表达"右""完全""立即"和感叹语气以外，"right"无论是何种词性，总是与正当、公正、正义、正确相关联，[①]或表达一种合乎常理的诉求与肯定，或是对事物按照主流的标准或价值观进行校正。霍菲尔德（Wesley Newcomb Hohfeld）将"权利"划分为四种法律关系形式：第一，特权（privilege），指个人有做某事的权利，而这种权利的行使不需要有相对人承担相应的义务，但是却可能受到法律和其他人利益冲突的限制；第二，权利（right），就是一种有相对人的请求或主张（claim）的权利，相当于民法中的请求权，需要相对人配合履行相对应的义务（duty）才能够实现；第三，权力（power），指个人有权依法创设或改变与他人之间的法律关系，比如订立遗嘱或行使留置权；第四，豁免（immunity），指主体按法律规定存在法定义务却因为特别令状得以豁免，如某一类收入的纳税义务减免或对于某些一般禁止的解除。[②]如上分析可见，即便是在民事法律关系中，"权利"内涵中也含有"权力"的支配与形成权功能，但是人们更熟知并关注的往往就是一般意义上的权利（right）概念，即一种权力主体对相对人的请求或主张。以下我们对权利本质的不同理解中有代表性的观点做一一梳理。

---

① right 的词性比"power"复杂，除名词与动词外还有形容词和副词两种词性。作为名词，right 的释义如下：1.正当的事（正当，公正，正义，正确）；2.正当、合法的要求（权利）；3.书籍、电影等版权，发行权；4.右边（右方、右，右边的路，右转弯）；5.政治意义上的右派组织或政党，政党内的右派、右翼；6.拳击运动中的右手拳。作为动词，right 的释义主要包括：1.回到正常的位置（把……扶正；使……直立）；2.改正（纠正，使恢复正常）；3.感叹（呼喊，惊叫）等。作为形容词和副词，right 语法适用上有所差别，但是释义较为接近，主要包括：1.正好、妥当（恰好，直接的）；2.完全（一直，径直）；3.立即（马上，毫不耽搁）；4.正确（正确的，确切的）；5.满意（顺利，正常）；6.右边（在右边，向右边）。参见［英］霍思比：《牛津高阶英汉双解词典》（第7版），商务印书馆、牛津大学出版社（中国）有限公司，2009年版，第1717—1719页。

② ［英］戴维·米勒、韦农·波格丹诺主编：《布莱克维尔政治学百科全书》，邓正来译，中国政法大学出版社，1992年版，第661—662页。

（1）自由说

有学者认为，法定的权利，不论是私人的或是国家、市镇等公共的，原先就称之为"自由"，第一个真正的权利就是一种自由。[1]还有人认为，权利就是由自由意志支配的，以某种利益为目的的一定的行为自由。[2]这里的自由即一种选择的任意性，无论是对于某种利益或者资质，权利主体的自由体现在其可以选择保有，也可以选择放弃。然而，某些法定的权利同时也是义务，比如劳动是一种权利，但同时也是任何一个有劳动能力公民的应尽义务。作为反例，其不能任意取舍的性质也使得权利"自由说"难以实现理论的周延。

（2）资格说

格老秀斯将"jus"理解为某人对某物宣示所有权或者进行某种行为的一种道德资格。米尔恩认为，"权利概念的要旨是'资格'。说你对某事享有权利，就是说你被赋予某种资格，例如选举，领取养老金，坚持自己的看法，享受隐秘的家庭生活"[3]。由此，资格说肯定了权利主体依据法律获得的资格是一种可能性。这种权利与"现实权利"尚有一定的距离，而建立在道德基础上的"应有权利"由于尚未得到法律的认可和保障，仅处于一种主张或要求的不确定状态。

（3）利益说

新功利主义法学派的创始人耶林[4]是权利利益说最有代表性的鼓吹者，他的研究侧重于从物质基础与利益诉求等方面去解读权利。利益说将人们对于权利本质的认识提升到一个新的维度，但是我们也必须看到权利行使

---

[1] 周辅成：《从文艺复兴到十九世纪资产阶级哲学家政治思想家有关人道主义人性论言论选辑》，商务印书馆，1966年版，第681页。

[2] 程燎原、王人博：《赢得神圣——权利及其救济通论》，山东人民出版社，1993年版，第31页。

[3] [英]A.J.M.米尔恩：《人权哲学》，王先恒、施青林、孔德元等译，东方出版社，1991年版，第165页。

[4] 鲁道夫·冯·耶林（Rudolph von Jhering，1818—1892），德国法学家，其代表作《为权利而斗争》在世界范围内有较大影响。

与利益获得并非单纯的因果关系。例如，权利往往是义务的对称，但是交通规则义务的遵守也会回报我们交通安全利益，利益回报仿佛并非权利行为所专有。再比如，有权签署保险合同的主体未必一定是保险合同的受益人，抚养权的获得可能意味着更多的物质、精力和情感的付出。有人可能要说权利主体此时获得的是一种情感利益的回报或言此种利益可能在本质上是一种超物质的自我价值之彰显。这些关于利益样态的多元化和权利行使多样性的争论是对权利"利益说"自洽性的挑战。

权利概念确实难以准确界定，人们若执念于某一个视角的研究都会陷入片面，而兼容并包所有可能又有失简练而令人无从捉摸①。除上述介绍外，学界关于权利还有"意志说""可能说""法力说"与"多元说"等，这些观点又都存在一定的局限。从以上分析可见，在古希腊哲学和罗马法中，权利似乎等同于正确和正义。在法理学或现存法律渊源上看，权利是指由特定的法律制度规定的赋予某人的好处或利益。权利往往看作是以意志自由为起点，针对人们之间的法律关系，由法律予以确认与保护的一种现实利益，暂时未被特定法律制度的规则所承认。权利仅仅是道义上的要求，或者仅是愿望、渴望或主张。②本著认为必须正视权利的多元属性，以综合的方式加以考察，才能得出相对客观的结论。为了更好地理解权力概念，下面将从权力与权利关联与分殊的多重视角展开分析。

### 3.权力与权利的矛盾统一

权力与权利这两个概念在词源的演变中存在密切关联。与此同时，二者含义的历史演进也有着互动与转化。在二者含义的实际运用中，所存在的龃龉与牵制同样也反映了这两个概念的矛盾统一性。

---

① 夏勇教授曾用"利益""主张""资格""权能"和"自由"五要素来描述权利的基本属性。参见夏勇：《人权的概念的起源——权利的历史哲学》，中国政法大学出版社，2001年版，第46—48页。

② [英]戴维·M.沃克：《牛津法律大辞典》，李双元等译，法律出版社，2003年版，第970页。

### （1）权力与权利在词源上的关联

前面谈及，直到欧洲中世纪末期，"jus"一词逐步同"义务"相脱离，与现代英语中的"right"词义趋同。但是这一时期的思想家在使用"jus"时，并没有将"right"与"power"进行区分，而是将两者合并使用。直到霍布斯时期，"jus"才完全具备了现代意义上"权利"的含义，与"right"的指代相当。前文提及霍菲尔德将"权利"划分为四种法律关系形式，其中第三种权利关系形式即是"权力（power）"，指个人有权依法创设或改变与他人之间的法律关系，比如订立遗嘱或行使留置权。

《牛津法律大辞典》中直接将词条"power"界定为"民法上的权力"，认为权力只是广义的"权利"的含义之一。通常除个人行使抵押权以外，甚至包括监护人、受托人、遗嘱执行人及董事的权力在内的个人权利，都可以通过"个人授予当局、又由当局授予"实现转换，以公共权力的形式实际运行。同时，这一术语也特指授予某人享有处理不属于他所有的财产的权力。权力可以是管理性质的，如授予终身土地保有人、买卖受托人的权力，也可以是处分权或指定权——授权被授权人处分财产中受益人权益的权力。①另一方面，某些权利在一定的生产关系背景下也可能成为一种权力，如财富的保有是一种权利，但是当其作为资本使用时，便不再只是一种个人的力量，而是一种社会力量和权力的体现。马克思认为权利中的"公民权"指的就是公民的政治权利，这一权利与国家机关的政治权力通过民主体制进行互动和转化。如民众行使选举、罢免、批评建议和控告等政治权利能够直接影响国家机关人事任免权力、行政权力甚至司法权力的行使，而人大代表的提案权、质询权和监督权的行使既体现了人大作为权力机关的职权履行，也彰显了公民政治权利通过代议机关等民主机制的行使。

权利可以分为"应有权利""习惯权利""法规权利"与"现实权利"，

① ［英］戴维·M.沃克：《牛津法律大辞典》，李双元等译，法律出版社，2003年版，第884—885页。

后两者还衍生出"客观权利""推定权利"与"主观权利"等概念。①实际上这种"应有权利"所指就是自然法学派所谓"天赋权力",虽然这种权利观带有浓郁的超验假定色彩,但其也体现了人们对于自身安全的保护及对于自我价值实现的良好愿景和正当诉求。这种"应有权利""习惯权利"游离在法律制度以外,因而往往是不确定的和脆弱的,只有将这种"天赋权利"存入社会的"公股"中集合成为国家权力,才能得到制度与法律的确认和巩固,进而实现这种天赋权利和公民权利的保护。②然而,这种由权利到国家权力的转变并非都是通过理性的会商或者自然而然的"身份到契约"的文明演进,而是通过民众不断地依法斗争甚至通过暴力革命才能实现。恩格斯认为,"从某一阶级的共同利益中产生的要求,只有通过下述办法才能实现,即由这一阶级夺取政权,并通过法律的形式赋予这些要求以普遍的效力"③。资产阶级通过与封建统治阶级的不断斗争才得以争取到一定国家权力,并利用这些国家权力(如立法权和司法裁判权)确立和巩固了包括财产权、选举权、公平竞争权和劳动保障权在内的基本权利。由此可见,国家权力是由公民享有的"应有权利"或"习惯权利"所产生,后者经前者的确认、巩固和保护转化为"法规权利",从而使得

---

① 张文显认为,应有权利是权利的初始形态,它是特定社会的人们基于一定的社会物质生活条件和文化传统而产生出来的权利需要和权利要求,是主体认为或被承认应享有的权利。广义的"应有权利"包括一切正当的权利,即法律范围内外所有的正当权利。狭义的"应有权利"特指应当,而且能够,但还没有法律化的权利。习惯权利是人们在长期的社会生活过程中形成的或从先前的社会承袭下来的,表现为群体性、重复性自由行为的一种权利。习惯权利也是法外权利。法规权利是通过实在法律明确规定或通过立法纲领、法律原则加以宣布的,以规范与观念形态存在的权利。它是统治阶级的主观权利意志客观化的结果,所以也称作"客观权利"。法规权利不限于法律明文规定的权利,也包括根据社会经济、政治和文化发展水平,依照法律的精神和逻辑推定出来的权利,即"推定权利"。现实权利即主体实际享有与行使的权利,亦称"实有权利"。这种权利是通过主体的主观努力而实现的,所以也称为"主观权利"。参见张文显:《法学基本范畴研究》,中国政法大学出版社,1993年版,第106—110页。

② [美]托马斯·潘恩:《常识》,载自西方法律思想史编写组:《西方法律思想史资料选编》,北京大学出版社,1983年版,第388页。

③ 《马克思恩格斯全集》第21卷,人民出版社,1965年版,第567—568页。

"客观权利""推定权利""主观权利"成为可能。

（2）权力与权利功能上的差异

①自由度与强制性。

霍布斯认为，"权利乃是自由的范式"。在"应有权利""习惯权利"概念中，公民的权利范围最为广泛。即便是在"法规权利"的条件下，根据"人们保留原则"，立法上的"剩余权利"即使未被法条明确列举，只要未加以禁止，都可作为"推定权利"而为民众依法享有和行使。但是对于国家权力（特别是行政权力）而言，则需要遵循"法律保留原则"，即所谓"法无授权皆禁止"。当然，在服务行政和能动司法的公共权力的改革趋势下，在"行政指导"和"行政合同"等新型行政行为不断出现的大背景中，对于国家权力特别是行政权力的运行过程中允许在不与宪法、法律相冲突的前提下进行一定的扩充性解释，这对于克服懒政和不作为的风气也具有重要的实践意义。即便如此，无论从法理上或实践中观察，权力与权利的自由度是不可同日而语的。除此以外，权利主体在大多数情形下都可以行使选择权，决定是否或何时实现"客观权利"到"主观权利"的飞跃。对于国家权力而言，绝大多数权力往往与"职责"同质化，无论是以积极作为还是以消极不作为的方式行使，都需要严格受到实体法和程序法约束，否则将面临效力瑕疵的风险甚至导致法律问责的后果。

从强制性的角度考察，国家权力的行使虽然也强调相对人的主动配合来提高效率，但是这种权力的推行无疑是以国家机器的强制力作为后盾和保障的。权力依法行使一旦遇到非法阻却，可能会激发间接强制或者直接强制手段的运用。反观权利，其作为一种特权行使时不需要有相对人承担相应的义务，而作为一种请求或主张时则需要相对人配合履行相对应的义务才能够实现，当这种合法主张无法得到相对方义务履行的响应时，大多数国家往往考虑到社会秩序的维护而对于私力救济（self-help）行为加以限制，进而要求权利受害主体通过申请国家公力救济（public remedy）的方式（提起诉讼、申请强制执行或向相应机关举报控告等）来维护或保全自身的合法权利，其强制性由于间接达致而被制度性弱化。

②对抗与牵制。

权力与权利的对抗体现在特定历史条件下双方的相互否定和遏制。对于公民滥用权利的行为，国家权力以法令或判决的方式予以否认并加以惩罚。此一现象虽为权力与权利的对抗，但是由于其符合正义的观念和现行法律的规定，往往被认为是法治国家的应有之义。但是，从历史角度观察，这种权力与权利的对抗有时也表现为代表落后生产力、既得利益者或是因循守旧的统治阶级国家权力与民众进步权利诉求之间的一种遏制与反遏制的对抗斗争过程。以美国宪法修正案演进为例，目前27条有效的修正案中最初的10条修正案被统称为"权利法案"，其主要原因是规定了人民的权利和对政府的限制。然而，此后接续的17个修正案则是在两百多年来权力与权利的角逐过程中不断斗争和妥协的产物。从19世纪20年代末开始，美国北部开始兴起废奴运动，经过数十年的努力，直到1865年南北战争结束，美国才以宪法第十三修正案的形式正式废除奴隶制和强迫劳役。同样，1870年生效的美国宪法第十五修正案确定了选举权不能由于种族、肤色或以前曾服劳役而遭受剥夺时，依然未考虑到妇女选举权的保护，直到女权运动风起云涌多年之后的1919年，美国才以宪法第十九修正案的形式规定了"公民的选举权不因性别而受限"，即确立了女性的选举权。当然，这种权力与权利的对抗有时也可能随着力量的对比和时代观念的变迁而出现反复。比如1919年生效的美国宪法第十八修正案确立的禁酒令却在1933年被美国宪法第二十一修正案废止。

权力与权利间的互相牵制体现在二者的博弈与制衡关系上。权力限制权利主要从两个方面发生作用，其一是具体的禁令式限制。如在重大集会的过程中对局部道路进行交通管制或者限制部分号牌机动车辆上路，这必然造成了对于民众的出行选择权利的限制，但是这种权力行使实现了维护特定时空内交通秩序的井然与高效的行政目的，这种正效应稀释了权利限制带来的负效应。如果符合比例原则和相应交通管制程序，权利主体应当对权力的约束表现出理解与配合，承认行政权力的优先性。其二是抽象法令式限制。比如我国基于自身特殊国情的考虑对于劳资关系中代表资方的用工单位变更或解除劳动合同权利的行使设置了较为严格的限制条件，又如我国出于对社会治安综合治理风险的评估，对于公民持枪权的行使条件规定得较为谨慎与苛刻。①这种权力对于权利的限制不是对于主体现实违法行为的惩戒，而是在更广阔视域里对法律价值权衡所作的取舍。

对于上述两种权力干预权利实现的样态，权利主体可以就具体权力的作用依法请求复议、听证或者通过政策或法律制定过程的提前介入来对相关权力行使的合法性和必要性进行监督性制约。除此以外，权利主体基于自身阶层代表性、社会财富的掌握及专业知识技术话语权等所体现出的社会影响力，对于国家权力主体决策本身的反牵制作用也日渐为人们所重视。

## （二）西方主要社会权力思想及其困境

社会权力结构功能说并不否认权力保有者的相对集中性，但是其更关注权力运行中复杂社会单元和要素间的相互作用，权力的运行和效果不再是一种单向度的因果关系，而是一种复杂系统结构的交往与沟通。从社会权力主导力、内生机制与社会效能等关切点出发，精英主义、多元主义、全景敞视主义与微观交往等社会权力结构观对权力结构的争论一直没有停止。各种理论皆有各自的困境与不周延性，但是这种理论结构与争议本身对于社会权力性质与功能的廓清有着重要的借鉴与指导意义。

---

① 2016年8月至10月间，赵某某在天津市河北区李公祠大街海河亲水平台附近摆设射击摊位进行营利活动。被告人赵某某一审于2016年12月27日被天津市河北区人民法院以非法持有枪支罪判处有期徒刑三年六个月。2017年1月26日二审法院综合考虑赵某某的各种情节，仍以非法持有枪支罪判处上诉人赵某某有期徒刑三年，缓刑三年。"摆摊打气球入刑"这一与日常生活常识和一般是非认识相去甚远的刑事追诉，导致该案在一审期间特别是一审宣判后引起舆论与广大网民关注。本案引起的社会大众与学界的讨论及两审结果的差异本身直观地反映出权力与权利的互动博弈关系。从本著主旨上看，本案可以被视为以一种基于社会意识、道德情感、习惯法或传统观念，以及一般社会生活体验所组成的社会权力影响国家刑事政策权力与司法审判权力运行的一个标本性案例。

### 1.精英主义社会权力结构观

与马克思阶级分析和阶级斗争的理论观点不同，精英主义（elitism）是从现实主义出发来理解和阐释社会政治权力结构及其发展规律。"精英"一词最早于1823年出现在英语中，最初形容质量精美的商品，后指代优越的社会集团。早期精英主义代表人物帕累托（Vilfredo Pareto）通过设计一种个人能力指数，将各自活动领域中获得最高指数的人称为精英阶级。并将全体居民分为两个阶层，即对于政府影响不大的非精英阶层和高级阶层，后者又可以划分为统治精英与非统治精英。[1]早期的精英主义者以莫斯卡（Gaetano Mosca）、帕累托、拉斯韦尔（Harold D. Lasswell）为代表，反对大众民主，极力鼓吹个人主义的英雄史观，但使精英主义陷入孤立与非议；第二次世界大战后，以韦伯（Max Weber）、熊彼特（Joseph A. Schumpeter）为代表的精英主义理论思想家提出精英民主理论，论证了精英民主的政治合理性；而以米尔斯（Charles W. Mills）等人为代表的当代精英主义者从经济和制度的角度论证了精英主义。主要的政治、经济和社会的决定……都是由极少数人做出的……在大型政治系统中要想以其他方式来取代它是困难的，也是不可能的。[2]这种精英主义与多元主义的竞合嫁接理论便是米尔斯与罗伯特·达尔各自观点的中和。多元精英主义认为社会中广泛存在的多个利益集团掌握话语权和权力信托者的精英们之间存在互动和博弈关系。

精英理论家戴伊（Thomas R. Dye）和齐格勒（Harmon Zeigler）认为精英理论的主要观点可以概括为以下要点。第一，社会分为有权的少数和无权的多数，民众无法决定国家的大政方针；第二，统治人的少数不代表被

---

① [英]巴特摩尔：《平等还是精英》，尤卫军译，辽宁教育出版社，1998年版，第2页。

② 纯粹的精英主义者把社会看作一个单一的金字塔，其顶部是一小撮精英。纯粹的多元主义者把社会看作互相碰撞的台球的集合，它们与政府的撞击产生政策。但是这两种观点都过于夸张。更准确地反映现实的综合也许是一系列的金字塔，每个塔的顶部都是一个精英集团；或者是一个小行星的集合，每个行星的北极都有一个巨大的山峰，其顶端是一个精英集团。参见[美]米切尔·罗斯金等：《政治科学》，林震等译，华夏出版社，2001年版，第83、95—96页。

统治者的多数；第三，精英阶层可以缓慢而有序地向庶出阶层开放，但是必须保证基本价值观的认同，这一机制仅仅是为了保障社会的稳定和活力；第四，精英们在基本社会治理理念上一致，仅限在细枝末节保留争议；第五，国家政策稳定地体现精英价值观，民意往往被忽略；第六，消极冷漠的民众总是受到积极行动的精英阶层的影响与鼓动而不是相反。[①]传统的民主理论中要求每个人对社会政策都有权参与和尊重，每个人都平等地享有以言论、出版、集会或结社的方式表达意见参与政策制定的权利。早期的精英主义有一种贵族倾向，把身份、地位、财产作为衡量精英的标准，认为社会政策即精英的意志，民主不过是低效的程序掣肘。我们认为，精英与民众并非两种毫不相干或者存在绝对冲突的权力结构。两者不仅存在互相流动的孔道，也存在着彼此竞争与合作的必然性。因此，精英阶层与普通大众是辩证统一的关系，从这个意义上讲，权力结构也可能是多元的。

## 2.多元主义社会权力结构观

不容否认，民主政治从古希腊城邦民主到中世纪的自由城市，再到西方文艺复兴后资本主义的民主实践和两次世界大战的沉痛反思，民主自由观念在世界范围内深入人心。此时，精英主义逐渐接受并融合了民主的某些要素，发展成为精英民主。达尔的多元民主主义（Pluralist Democracy）理论就是其中具有代表性的一种。为了应对民主失灵与"多数人暴政"，达尔试图设计一种"多重少数人的统治"的民主模式，而这种模式的主要机制就是要将组织力嵌入民主运行之中，并通过组织之间的多重竞争达致"社会制约权力"的效果，这一社会制衡思想构成了其多元主义民主理论的实质。达尔借鉴了托克维尔民主理论的主要观点，同时批判地吸收了麦迪逊式民主理论与平民主义民主理论，指出有效的参与、投票的平等、充分的知情、对议程的最终控制、成年人的公民资格是衡量政治过程是否民

---

[①] [美]托马斯·戴伊、哈蒙·齐格勒:《民主的嘲讽》,孙占平、盛聚林、马骏等译,世界知识出版社,1991年版,第6—7页。

主的五项标准。①达尔认为，包括意见、利益、冲突与权力多元化的多元主义才是民主社会的重要特征。在《民主及其批评者》一书中，达尔进一步论述了多元社会的三个本质特征。一是现代性（modernity）特征，包括史无前例的高水平财富、收入、消费及教育、高度分化的职业、大量的城市人口、农业人口比例和农业经济的重要性降低。二是社会动态（dynamic）特征，包括经济增长与民众生活水平的提高。三是多元主义（pluralism）特征，包括大量经济领域自治团体的产生与有效运转。达尔将具备上述特征的社会称为 MDP（modern dynamic pluralist society）社会，即现代动态多元社会。

戴维·赫尔德（DavidHeld）在其著作《民主的模式》中探讨了 20 世纪引起激烈政治争论的四种民主模式，即竞争性精英民主（competitive elitist democracy），多元主义民主（pluralism democracy），合法型民主（legal democracy）和参与型民主（participatory democracy）。②其中"竞争性""参与型"都反映出"多元性"的现代社会特征与民主运行的一般规律。熊彼特对于民主的参与性给予务实的强调，他认为"民主方法是这样一种达到政治决定的制度安排，这种制度安排使人民通过选举将集合起来表达他们的意志的人，自己来决定争论的问题，从而实现公意"③。由于现代西方主要资本主义国家社会组织和民主制度较为成熟，民众的政治自觉意识较高，国家和社会通过精英与民众的多元化互动来实现沟通与妥协。利益集团具有对社会一般民众的诉求和利益选择有"过滤"和"遴选"的作用，防止出现极端的、非理性的无效主张。除此以外，大众传媒和社交网络，专家学者与民间智库，以及普通民众或者选民通过"用脚或用手投票"、参加各种政策咨询听证会、直接提案、请愿示威等形式，实现国家与社会多元化的互动。

---

① ［美］罗伯特·A.达尔：《论民主》，李柏光、林猛译，商务印书馆，1999年版，第43—44页。

② ［英］戴维·赫尔德：《民主的模式》，燕继荣等译，中央编译出版社，1998年版，第5页。

③ ［美］熊彼特：《资本主义、社会主义和民主主义》，绛枫译，商务印书馆，1979年版，第312页。

无论是现代动态多元社会和"竞争性""参与型"的民主模式，还是精英与民众通过技术或机制的多元互动来实现沟通与妥协的具体方法，都体现出现代性所带来的权力主张简便化所带来的权威分散的社会结构。在这种背景下，社会权力多元既是一种社会事实，也是一种时代趋势。

### 3.全景敞视主义社会权力结构观

功利主义哲学家边沁（Jeremy Bentham）于1791年提出"全景敞视式监狱"[①]（即"圆形监狱"panopticon）这一概念。对于边沁而言，"圆形监狱"实现了管理成本的最小化和管理效率的最大化，犯人们的一切生活起居及顽抗或忏悔都毫无例外地无所遁形。"权力应该是可见的但又是无法确知的。"[②]全景敞视主义的核心原则就在于此，犯人们始终生活在观念的强光中，无论是否有人真正注视这一强光。

作为功利主义学派创始人，边沁为19世纪英国政治、经济与社会的变革提供了具有普遍指导意义的哲学原则。功利主义滥觞于古希腊哲学家伊壁鸠鲁（Epicurus）的快乐哲学。"快乐就是有福的生活的开端与归宿"，相关各种学说至18世纪末叶才"被法国的哲学家们复活了"，以后又被"边沁及其后学们传到英国来"。[③]边沁与密尔的"最大多数人的最大幸福"原理等功利主义的形成，也得益于意大利贝卡里亚（Cesare Beccaria）的启发。贝卡利亚在其著作《论犯罪与刑罚》中谈到的所谓"最强有力的威慑力量"是在预见到严刑峻法可能导致刑法失灵的规律中，强调了刑法的特殊教育与规劝意义。当然，这种威慑力也依赖于"天网恢恢疏而不漏"的确定性信念，而这些充分必要条件在边沁的"圆形监狱"场域理论中得以强调。刑罚作为一种必要之恶，边沁认为只有当其"以最小的人类痛苦代

---

① 全景敞视式监狱是一座瞭望塔被四周环状分布的小囚室所包围的基本结构的监狱，这些囚室里的犯人可以被随时观看和一眼辨认。参见[法]米歇尔·福柯：《规训与惩罚：监狱的诞生》，刘北成、杨远婴译，生活·读书·新知三联书店，1999年版，第224—225页。

② [法]米歇尔·福柯：《规训与惩罚：监狱的诞生》，刘北成、杨远婴译，生活·读书·新知三联书店，1999年版，第226页。

③ [英]罗素，《西方哲学史》（上册），何兆武、李约瑟译，商务印书馆，1963年版，第319页。

价去防止由犯法行为引起更大的邪恶或损害时，才是正当的"①。从刑事政策或者刑罚基本原则而言，也是一个刑罚措施带来的伤害与获得的收益是否符合比例原则来判断规则是否恰当，是否能够增进社会的总体幸福。这种功利主义观点类似于黑格尔关于"有用性"的提法，"有用是启蒙的基本概念……人，就其直接性而言，作为一种自然的意识，他是自在的、好的，作为一种个别的意识，他是绝对的，而别的一切都是为他的……一切都是为了他的愉快和欢乐而存在的"②。如果说个体的人的趋利避害性是功利的本质规定，那么作为群体甚至社会的选择也是如此，只是在这种比例考量中的利益要在国家权力与社会（个人）权力中做一个权衡。

福柯通过对权力的研究阐述主体如何在强制实践的层面上进入真理的游戏之中③，并以此实现其对于人类主体命运的关怀。他所提出的"全景敞视理论"远超"圆形监狱"的物理意义甚至制度意义。在福柯看来，监狱不仅是权力践行的众多表现方式之一种，而且是权力最赤裸裸地、最肆无忌惮地表现出来的地方。"圆形监狱"只是一个隐喻，它实际上影射西方现代法律制度与主流意识形态对个人自由的禁锢。

作为后现代思潮的重要代表，福柯认为启蒙时代的理性并未给人类带来一个更人道、更自由的社会。虽然在人道的指引下将对于人犯的惩罚方式由对身体的酷刑演变到对身体（自由）的监管，但是同样按此机制设计的现代资本主义社会也不过是一种规训社会，一个由各种机构、制度和意识强制而形成的监管网络。在这种无孔不入的目光下，个体的人连"慎独"的道德修养的实践机会都付之阙如。资本主义社会即"监视的社会"，而这种监视的权力并非都来自国家权力。在资本主义企业现代管理制度中，这种具体的惩罚措施也无处不在。无论迟到、缺勤、早退与出言不逊

---

① [英]边沁：《道德与立法原理导论》，时殷弘译，商务印书馆，2000年版，第33页。

② [德]黑格尔：《精神现象学》（下卷），贺麟、王玖兴译，商务印书馆，1979年版，第97页。

③ 莫伟民：《莫伟民讲福柯》，北京大学出版社，2005年版，第214页。

等常规行为瑕疵，还是那些通过各种监控体系①对于个体人的约束都是一种社会权力的作用方式，这种监视逐渐成为一种大数据的归集，个人在这种"天眼之网"的监督下实际上毫无隐私可言，最终意志消磨，精神孱弱者成为被驯服的成果，从而在技术上迎合了高效、稳定与和谐的时代要求。唯一遗憾的是，人们生活在一种规范的普遍统治之下，人本身从社会的主体沦为管理和监视的客体，而这种监视机制本身成为实现这一目标的工具。

### 4.微观交往社会权力结构观

受阿伦特关于把社会区分为三个领域观点的影响，哈贝马斯认为人类社会不像自由主义者所鼓吹的是由政治国家和市民社会两个简单领域构成，实质上还存在着一个容易被忽视的政治公共领域，这个领域介于市民社会和政治国家之间。②它以市民社会为基础，而又超越了市民社会，是市民社会与政治国家之间互动的中介。

哈贝马斯强调，公共领域既不是一种组织也不是一项制度，而是一种交往的网络。③哈贝马斯认为，法律和交往权力作为权力运用的两根支柱，必须依赖一个合法理性源泉来弥补"神灵法的拱顶坍塌之后"的主体缺位问题。然而阿伦特认为没有人可以真正占有权力，因为权力如同酒精一样，一旦开启容器就会挥发着随风而逝。因此政府的权力必须建立在一种

---

① 例如资方使用后台软件对于员工办公电脑浏览网页的种类、社交软件的使用频率、电话传真的呼叫与接听对象、内容，甚至包括一些涉及个人隐私的家庭成员与主要社会关系信息的搜集和监控来判断员工工作是否勤勉，评估其是否有进一步开拓客户资源的潜力，甚至是通过其性格分析评估其薪酬标准的预期及潜在竞业竞争的危险指数。

② [德]哈贝马斯:《公共领域的结构转型》,曹卫东等译,学林出版社,1999年版,序言第28—33页。

③ [德]哈贝马斯:《在事实与规范之间》,童世骏译,生活·读书·新知三联书店,2003年版,第446页。

具有立法作用的交往权力的基础之上。①与韦伯把权力视为社会关系中不顾反抗而贯彻自己意志的可能性不同，阿伦特抵触这种权力"暴力性"或"强制性"的提法，认为权力是自愿交往中形成的"一种共同意志的潜力"。②如此，阿伦特认为代表国家的政治权力不是仅仅代表形式上的自身利益或诉求，而是一种表现在合法之法的制定、建制的创立之中的授权力量。而这种力量之源实际上就是被冠以"交往权力"的社会权力。不仅仅政治权力的合法产生源于此，为既有权力的保持而进行的竞争都取决于这种权力交往性的形成与更新。③由此可见，代表国家权力的狭义的政治权力是由公共领域中的自由商谈所体现的交往权力转化的结果。④个人和社会组织基于自身的社会资源通过自愿的有组织的商谈过程形成较为统一的影响力而对议会的立法行为产生压力，从而以民主输入的方式影响立法过程。除此以外，上述主体的交往权力也体现在对于行政系统权力的执行过程的影响中，由此实现民主意志的输出。⑤"在诸子系统横向分化并且网络化的复杂社会中，基本权利所提供的保护必须不仅涉及国家的行政权力，而且也要涉及所有大型组织的社会权力。"⑥按照这种机制，将政治权力的合法性建立在社会权力的影响力基础之上，这实际上就是一种主张用权力来制衡权力，若把政治权力看作交往权力转化的结果的话，那么这实

---

① [德]哈贝马斯:《在事实与规范之间》,童世骏译,生活·读书·新知三联书店,2003年版,第180页。

② [德]哈贝马斯:《在事实与规范之间》,童世骏译,生活·读书·新知三联书店,2003年版,第181页。

③ [德]哈贝马斯:《在事实与规范之间》,童世骏译,生活·读书·新知三联书店,2003年版,第182—183页。

④ [德]哈贝马斯:《在事实与规范之间》,童世骏译,生活·读书·新知三联书店,2003年版,第180页。

⑤ [德]哈贝马斯:《在事实与规范之间》,童世骏译,生活·读书·新知三联书店,2003年版,第410页。

⑥ [德]哈贝马斯:《在事实与规范之间》,童世骏译,生活·读书·新知三联书店,2003年版,第305页。以上关于哈贝马斯交往权力的相关内容参见自王晓升:《商谈道德与商议民主——哈贝马斯政治伦理思想研究》,社会科学文献出版社,2009年版,第303—331页。

际上就是用社会来制约权力。[①]

1968年法国"五月风暴"[②]对于福柯的权力观产生极大的影响。当时，以法国为代表的欧洲工业化国家在历经战后经济发展的"黄金三十年"后，经济增长速度放缓，人们开始逐渐关注到之前被经济浮华所掩盖的诸多社会问题。同时，20世纪60年代是革命浪潮席卷全球的10年，法国学生深受毛泽东精神及古巴格瓦拉革命的感召，使得大学成为此次运动的导火索和先遣队。紧跟其后，法庭、监狱、医院、精神病院、医学行业、杂志社等这些不同形式的机构都被卷入了这场风暴。[③]这场被誉为"巴黎公社革命的继续"的风暴向世人展示，权力不仅出自一个核心，社会力量也并非只有单一的表现形式。这场群众政治运动虽然也难免存在暴力、流血，也造成了社会秩序的短期混乱和社会财富的破坏，但是其所代表的反抗权威的精神却得到了诸多知识分子的声援与支持。各种文化艺术、哲学流派与政治主张在这次运动中激烈地碰撞，无论是存在或虚无、解构或重构、保守或激进，主流意识形态并没有利用国家机器对各种"异端"进行整齐一律的镇压或噤声。"禁止'禁止'"的响亮口号颠覆了西方自启蒙时代便奉为经典的一系列社会价值观，开启了一个崇尚个性，尊重多元的新时代，由此推动了法国乃至整个欧洲文化思想领域内的后现代进程。

福柯在学术观点上属于后现代派，却积极评价和参与了法国1968年"五月风暴"。他加入过法共却由于反感其对于同性恋的保守态度而愤然退

① 顾昕：《以社会制约权力——达尔的多元主义民主理论与公民社会理念》，载自[美]达尔《民主理论的前言》，顾昕、朱丹译，生活·读书·新知三联书店，1999年版，第205页。

② "五月风暴"是1968年5月—6月间在法国爆发的一场学生罢课、工人罢工的群众政治运动，造成短时间内国内大学关闭和法国全境的陆海空商业交通中断，生产、通信等国家经济生活基本处于停摆与混乱状态。这次运动被称为群众政治运动是因为参与者众多且界别复杂，既有标榜"正统毛派"的"洋红卫兵"组织，也有"托派"的"第四国际"参与，还包括以"红毛邦迪"为代表的无政府主义者。他们的主张从反对主流社会、反对种族歧视与性别隔离（指男女不准同校同班）到反对美国越南战争与对华政策；从女权主义到环保主义；从思想自由到性开放，五光十色，不一而足。即使如此，运动中所体现出的对资本主义的批判、对既有社会结构的叛逆和对精神空心化的当代社会的反思成为这次运动的主旨诉求。

③ 刘北成：《福柯的思想肖像》，上海人民出版社，2001年版，第247页。

出。从某种意义上讲，福柯是一个随性的无常派，但是却能在其学术理论和政治主张上形成一套自己的完整体系并实现逻辑上的基本自洽。"经常有一种说法，认为父亲、丈夫、雇主、教师代表了国家的权力，而国家权力本身又'代表'了阶级的利益。这种说法没能考虑到全部运行机制的复杂性、特殊性，他们之间的互相依赖、互相补充和互相阻挠……那种以为国家必须作为权力的源泉为所有组织权力的机器负责的观念，在实际上并不是很有效的，或者是它的有效性已经被穷尽了。"[1]福柯认为权力不是如传统观念那样为有限的人与机构所掌握，它实质上呈现一种弥散状态，它是社会中各种力量关系即团体之间和个人之间社会关系互相作用的结果。"每当我想到权力的结构，我便想到它的毛状形态的存在，想到渗进个人的表层，直入他们的躯体，渗透他们的手势、姿势、言谈和相处之道的程度。"[2]因而，权力没有统一的主体与稳定的核心。"如果我们在看待权力的时候，仅仅把它同法律和宪法，或者是国家和国家机器联系起来，那就一定会把权力的问题贫困化。权力与法律和国家机器非常不一样，也比后者更复杂、更稠密、更具有渗透性。"[3]权力的形式与各自表现的社会关系类型相匹配，每一个个体人与组织之间既行使权力又服从权力。福柯所谓"哪里有权力，哪里就有阻力"中的"阻力"，指的就是一种对于权力行为的反抗与抵制。既然权力不会为某人或机构所专有，那么只要社会权力结构不发生实质改变，争夺权力在形式上的话语权或掌控权的斗争只能是醉心于权力好斗者们此消彼长的游戏。正如阿兰·谢里登（Alan·Sheridan）所言，福柯的这种权力观的锋芒还直指"那些为了自身权益而要夺取政权的人……每场权力斗争都有三个而不是两个派别：不仅有那些掌权者和将

---

① [法]福柯：《权力的眼睛——福柯访谈录》，严锋译，上海人民出版社，1997年版，第176-177页。

② [英]阿兰·谢里登：《求真意志——密歇尔·福柯的心路历程》，尚志英、许林译，上海人民出版社，1997年版，第281页。

③ [法]福柯：《权力的眼睛——福柯访谈录》，严锋译，上海人民出版社，1997年版，第161页。

要掌权者，而且还有那些受权力压迫者。"①在福柯看来，政治的目标是各种力量在各种权力关系中对特殊问题分别做出反应，是各种力量的冲突、平衡与合力。权力不只是压抑性的，它还是创造性的。

通过对于具有"文化革命"意义的这场政治运动的反思，福柯对现代权力有了全新的认识。他开始研究弥散在社会生活方方面面甚至具化入每个社会个体自身的"微观权力"，这种权力存在于每一个人的身上，遍及社会的每一个角落。他开始怀疑曾经被奉为现代权力主流的"法权模式"（juridical model），因为这种模式是以一元的、作为万物根基的主体为逻辑基础。如福柯所言，"犹如在18世纪末叶古典思想的根基上所发生的那样……人类的形象必将像画在海边沙滩的图画一样，被完全抹掉。"②"主体的死亡"（death of the subject），也即被奉为"实在与历史中心"的"人的终结"（end of man）③最终不可避免。通过对于20世纪60年代欧洲各国女权运动、同性恋解放运动以及形形色色的地区性运动的观察以及自身监狱调查与改革实践，福柯开始全面解构与批判这种最具代表性的传统权力理论即"法权模式"④。"法权模式"以自然法学社会契约和权力让渡为基本假设，论证了国家最高统治权的合法性。福柯不认同宏观结构之中（macro structures）权力的压迫性属性及唯一性的出处，他所宣扬的"微观权力"正是弥散于整个社会之各个领域中的非中心化的权力形式。这种权力其实就是一种社会权力的性质，它的运作无需依赖国家力量，而是凭借其所掌握的社会财富、知识技术或习惯观念，通过各种规范、纪律和组织机制对人们的精神施以鼓动，对人们的行为进行引导，从而表达出多种主

---

① [英]阿兰·谢里登：《求真意志——密歇尔·福柯的心路历程》，尚志英、许林译，上海人民出版社，1997年版，第286页。

② 王治河：《福柯》，湖南教育出版社，1999年版，第136页。

③ 这里的"人的终结"，指的不是正活生生地生息在地球上的人类的终结，而是指以"人类中心论"作为假设性理论前提，奉人为至尊，将人和主体放在实在和历史的中心的一种"自大狂"的心理所造就出来的"人"的终结。福柯之所以提出这一观点是为了把人从虚假的神的位置放到真实的人的位置。

④ 赵晓峰：《福柯的"权力理论"分析》，《理论学习》，2003年第10期，第56页。

张，展示出多元力量，从而参与并共同规制国家权力的运转。福柯进一步指出，现代权力是毛细血管状的，它不是从某个核心源泉中散发出来的，而是遍布于社会机体的每一微小部分和看似最细小的末端，谁也无法逃避。①正因为如此，福柯用"微观权力"概念渐次取代了"宏观权力"的概念。微观权力显示了人类社会生活的丰富性和复杂性。福柯对社会微观权力的揭示，为人们更好地理解社会权力的运行与本质提供了独特的视角。

### 5.多维社会事实社会权力结构观

社会经济制度似乎具备自洽和修复调整的结构，社会大机器中的个体或单元有条件互相转换或者互相作用。在这一过程中，就权力的维度所展开的论战格外令人瞩目。彼得·巴赫拉赫（Peter Bachrach）和莫顿·巴拉兹（Morton S. Barats）认为多元论者的观点是片面的即所谓"一维"论。他们认可权力能够以公开和可以看见的形式得到使用。但是"一维"论者忽视了权力运行还可能以一种隐蔽的方式进行，比如C也可能利用既有的政治体制中对自身有利的规则来营造压倒R的利益优势，这种类似于利用不公平竞争所实现的权力倾轧往往是以一种秘而不宣的方式在后台运行，但是通过情势分析能够感知它的存在。这场"一维"与"二维"权力论战尚未结束，斯蒂文·卢克斯（Steven·Lukes）提出"三维"权力论的观点。他在其著作《权力：一种激进的观点》一书中指出，"二维"权力论对多元主义的批评未中要害，因为二者观点都一致假定只要C能以违背R利益的方式影响R，它便对R拥有权力。但是，这种假设的前提是R实际上知道他们的真实利益是什么。卢克斯认为，无法排除R可能会错误地认识自己的利益。C对R常用权力最有效的途径是弄清楚R的主张中哪些是其真实的利益所在，哪些则不是。比如，提高工资待遇与打破资本主义生产关系的局限若是摆在雇佣工人面前的利益选项，资产阶级政府通过意识

①［法］福柯：《关于监狱的对话》，载自杜小真：《福柯集》，上海远东出版社，2003年版，第209页。

形态宣传鼓励雇佣工人选择加薪的短期利益，从而实现了对于资本主义生产关系本身的维护和巩固。所以，当C误导R对自身客观利益进行了错误的判断和选择，C的权力才会完全实现。而这种鼓吹现状最优的意识形态宣传是以潜移默化的意识形态宣传使得R遭到权力倾轧却浑然不觉。卢克斯以一种康德式"先验的真理"去描述人类这种"自由意志中的客观利益"，因而其"三维"权力论中的核心概念也遭到了其他学者的批评。[①]卢克斯的"三维"权力论在分析意义上比过往的理论更为丰满，但是其在权力作用的模型上依然是权力主体在更为理智的意识下支配的结果，其理论框架并未超越行为主义的范畴，只是其对于"客观利益"的认识更加接近唯物史观。

涂尔干（Emile Durkheim）也谈到了类似于"客观利益"的"社会力量"的存在及其作用方式。他认为这种社会力量往往是以一种"社会事实"的方式存在。如同商业往来中的信用手段或职业活动中的惯例，这些都是不以人的意志为转移而独立发生作用的。这种客观的"行为方式""思维方式"和"感觉方式"带有强制的力量，这种强制未必是以一种现世报的方式通过国家机器来实现，有时也未必以一定的社会舆论或道德评价来约束，这种约束力有时就是一种规律发生作用的确定性预期。因而涂尔干将其与"依靠个人意识而存在的心理现象"严格区分，从而用"社会事实"这样一个特别概念来描述。涂尔干这种观点实际上是认识到某种社会存在产生了不以个人情感意志为转移的社会力量（影响力），而这种"社会存在"是以团体而非个人的形式，譬如"教派、政治派别、文学流派或同业公会"等为基础。涂尔干认为，"法律、道德、教义与金融制度属于既有的信仰和惯例"[②]，这些规则并非凭空臆造，而是来源于客观的

---

① [英]戴维·米勒、韦农·波格丹诺主编：《布莱克维尔政治学百科全书》，邓正来译，中国政法大学出版社，1992年版，第595—596页。

② [法]E.迪尔凯姆：《社会学方法的准则》，狄玉明译，商务印书馆，1995年版，第23—30页。此处作者E.迪尔凯姆（Émile Durkheim）又译为杜尔凯姆、涂尔干与杜尔干等，是法国犹太裔社会学家、人类学家。

"社会存在"，正如儿童的成长过程也是一个不断社会化的过程一样，无论是习惯还是规则都经历了一个输入与输出的过程。这种社会力量具有导向性作用，每位个体都能感受到这种潜移默化的影响。从社会角度考察，个体人的个性与群体人的社会性都是客观存在的，后者代表了集体的目标，它能够在人群中产生一种固有的团结。涂尔干将之称为"机械团结"，并将其导致人群行为选择一致性的特征称为一种"压制法"①的作用力，这种压制力最终表现为一种公序良俗或者成为法律与道德本身。

### 6.西方社会权力结构理论的困境

在政治理论上，精英主义主张精英治国，否认古典民主理论中"公意""共同福利"等价值取向，对于大众（mass）民主态度消极，甚至认为民主只能是笼络人心的幌子或者是精英统治合法性自证的工具，大多数人的利益的无序主张往往会导致"暴民政治"。精英主义推崇政治现实主义，整合包括统计学、经济学与社会学等多学科的方法论来阐释社会结构与社会政治发展的一般规律。虽然现当代的精英主义理论家吸收了民主主义的相关理论，但是精英决定论和个人英雄主义历史观还存在无法克服的缺陷。在权力主体多元化或者作用关系系统化的情形下，权力运行其实是一种在物质情势的基础上多元意志在复杂系统内的博弈关系。

#### （1）多元社会权力博弈修正精英遴选机制

卡尔·波普（Karl R. Popper）也认识到精英群体本身也存在缺陷，在人的至善与制度的向善分途上，波普选择了后者。"我们需要的与其说是好的人，不如说是好的制度……我们渴望得到好的统治者，但历史的经验向我们表明，我们不可能找到这样的人。正因为这样，设计出一种即使是坏的统治者也不会造成太大的损害的制度是十分重要的。"②可以看出，波

---

① ［法］埃米尔·涂尔干：《社会分工论》，渠东译，生活·读书·新知三联书店，2000年版，第68页。

② ［英］卡尔·波普尔：《猜想与反驳——科学知识的增长》，傅季重、纪树立、周昌忠等译，上海译文出版社，1986年版，第491页。

普的精英民主理论认为一个精英遴选制度和运行效率，比精英本身更具有稳定性，也更值得信赖。而对于被认为民主机制的代议制度和选举制度是否能够有效运转，戴伊认为还必须具备四个条件：参加竞选的候选人应当提出明确的政策选择；选民应当关心政策问题；选举结果应当反映多数人对这些问题的偏好；当选官员应当信守选举中的诺言。①由此可见，精英主义本身的缺陷与西式民主选举制度的瑕疵是共同存在的，这一点在最近的英国脱欧与美国大选中表现得十分明显。

2016年6月23日，英国就是否脱离欧盟进行全民公投。公投结果显示同意脱欧的选票占51.9%（1570万人），反对脱欧的选票占48.1%（1458万人）。"脱欧"结论意外通过后，首相戴维·卡梅伦宣布辞职，特雷莎·梅当选英国保守党新党魁并作为英国历史上第二位女首相上台执政。然而，在英国公投结果公布当天就有人在英国议会网站发起二次公投请愿，到了2016年7月9日，请愿签名累积到了412.5万人，虽然官方以"必须尊重此前公投的结果"为由最终拒绝。但是此次公投过山车似的民意反转确实令人唏嘘。无独有偶，2016年11月9日，美国大选结果揭晓，共和党候选人唐纳德·特朗普以276张选举人票的成绩爆冷，当选美国第四十五任总统。而其对手希拉里，曾作为第一夫人、纽约州联邦参议员与国务卿，从政30年并有过总统参选经验，民调领先一整年，电视辩论中体现出法律人出身的压倒性优势，且在此次选举中所获得的普选得票数超过特朗普280万张，但是没有赢得足够的美国政治中特殊的选举人票数，成为迄今普选领先优势最大的败选总统候选人。

政治生活的不确定性似乎司空见惯，但是作为西方主要资本主义国家的英美在2016年表现出的非常政治动向，需要我们认真揣摩其现象背后的规律。首先考察英国此次脱欧公投。根据英国国家统计局发布的数字，2016年英国人口总数为6564万8000人。而此次参与全民公决投票的人口还不到一半，排除因为年龄与其他客观阻却因素，民意代表覆盖范围有限。从地方投票率比差看，小城市或更基层社群的投票意愿高于精英所在

---

① ［美］米切尔·罗斯金等：《政治科学》，林震等译，华夏出版社，2001年版，第89页。

的大城市，也许是因为精英阶层对于政治的主张更倾向于保持现状，而下层民众更希望积极改变自己并不满意的眼前的一切。从投票的民众分布和教育水平上看，民调显示脱欧派别大多集中在英国南部，而留欧派相对集中在伦敦、曼彻斯特、利物浦等少数几个大城市，而高等学府集中的牛津地区也是留欧派的主要阵地，这些都是精英阶层的聚集地。"在这一天，人民成了政府。"获悉此次英国脱欧公投意外成就，英国前首相托尼·布莱尔感慨万分。这一事件值得精英阶层的英国绅士们深思的是，排除公投这一民主形式本身的瑕疵（比如情绪化和短视化）外，必须承认平民大众的政治热情和政治主张完胜精英人士的事实，也标志着代议制民主这种精英主义体制在英国的一次结构性溃败。

如果说英国脱欧是民主机制选择方面纯技术上的失误，情绪化尝试不同选项的公民一旦有机会在单一问题上公投，他们往往倾向于做出与精英人士相反的选择。那么代议制民主作为西方政治制度的精髓却是拥趸十足，一般认为其是精英主义与民主结合的典范。但此次美国大选似乎又突破了这一规律。唐纳德·特朗普获得276张选举人票从而击败资深政治家希拉里当选美国第四十五任总统的结果确实令人意外。但是只要回顾特朗普的参选过程就会发现，其在获得共和党初选提名时就已经定型的参选风格和步步为营的竞选策略已经在为最后的结果铺垫。一般认为，美国精英集中在华盛顿、纽约等东海岸政治文化中心，既包括掌握社会财富的华尔街金融大亨，也包括享有"文化资本和话语权"的大牌记者、常青藤院校联盟里的教授或公知。特朗普自称身价一百亿美元却有意标榜自己白手起家，语言直白甚至粗俗，性格形象不修边幅。这样一副有别于传统精英的形象出现，使得中下阶层虽然认为其"腹内草莽人轻浮"，却出于对传统精英阶层空洞政治套路的反感而觉得这种特立独行反而显得"骨格清奇非俗流"。然而，"而这些保守而失意的草根民众却往往又兼为社会关注的失语者，他们的沮丧和无奈往往转化成了带有'反智'色彩的叛逆，尤其表现在对精英阶层的不屑与叛逆"①。

从社会权力结构角度考量，多元弥散的权力结构对于社会精英系统代谢遴选机制有着天然的阻却力，而全景敞视式主义权力结构在国家权力与社会（个人）权力中的权衡选择中显然更倾向于前者。"监狱是一个华丽的工具，用这个工具，我梦想着革新世界。"②边沁晚年对于圆形监狱理论的权力结构设想明显出于国家工具主义的考量。"全景敞视式监狱"作为一个隐喻，直接反映了西方现代法律制度与主流意识形态对个人自由的禁锢。在这种权力结构中，社会主体的权力伸展受到了前所未有的监控与限制。同时，由于权力本身的公私二重性的客观存在，多元主义权力结构使得社会权力可能在对于成员意志进行整合过程中，由于代理失真或利益差序而出现效率降低与功能迟滞。这种建立在法团之间的商谈基础上形成的公共意志所能保护的也只能是社会团体中的个人利益，而无法普遍惠及处于社会边缘的所有人的利益。由此，哈贝马斯认为"以新法团主义方式而谈判达成的政策，与保护人口中处于社会边缘、组织程度很弱的群体的基本利益之间，是存在这冲突的"③。由于民主制度的目标就是要达到平等地保护所有人的权利和利益，社会权力运行机制中的这个小众利益不能有周延性的缺陷，所以社会权力无法在国家权力的缺位下单独承担起兼顾团体利益、个人利益以及团体外个人利益的使命。达尔也客观地分析了多元民主和独立的组织可能存在的缺陷，其主要表现包括使得非正义稳定化、扭曲公民意识、使公共议事日程不正常及让渡对于议事日程的最终控制四

① 张翾：《特朗普完胜，精英们该反省了》，http://daily.zhihu.com/story /8276501，知乎日报，2016年5月7日，访问时间2016年12月25日。

② [英]韦恩·莫里森：《法理学：从古希腊到后现代》，李桂林、李清伟、侯建译，武汉大学出版社，2003年版，第206页。

③ [德]哈贝马斯《在事实与规范之间》，童世骏译，生活·读书·新知三联书店，2003年版，第435页。关于社会权力小众性局限的相关探讨参见王晓升：《商谈道德与商议民主——哈贝马斯政治伦理思想研究》，社会科学文献出版社，2009年版，第307—309页。

个方面。①这种社会阶层和社会资源占有的结构固化与公民意识的扭曲如果疏于有效规制与防控，将对于整个社会运行成本的追高造成沉重负担。由此可见，合理的社会权力结构的构建对于其性质功能的充分发挥有着至关重要的作用。唯物史观告诉我们，历史不是由个别英雄人物创造的，人民大众才是历史的真正创造者。正是由于我们忽视了对于那些客观存在却往往被繁芜具体历史事件所掩盖的社会权力进行细致的考察，阻碍了我们对一般社会发展规律的认识与把握。

（2）社会权力运行是意志欲求与结构均衡的辩证统一

马克思指出，人类自己创造自己的历史，但不是随心所欲地创造，而是在直接碰到的、既定的、从过去承继下来的条件下创造。②唯物史观认为人类历史有其自身发展规律。在历史发展规律面前，任何时代精英无法左右或者阻挡历史的进程，同样任何权力的主导者也不可能逆潮流而为。根据唯物史观的理论，社会存在决定社会意识。社会存在运行系统中的权力也是社会结构所具有的特定功能，这为权力的结构功能说开辟了道路。结构功能说并不否认权力保有者的相对集中性，但是其更关注权力运行中复杂社会单元和要素间的相互作用，权力的运行和效果不再是一种单向度的因果关系，而是一种复杂系统结构的交往与沟通。哈贝马斯也主要是从功能结构方面来研究公共领域的权力关系。在他看来，政治公共领域是一个"交往结构"，是人们就他们所共同关心的政治问题交换意见并展开讨论的领域。哈贝马斯所指的"公共领域（public sphere）"并非一种组织或制度，而是一种"交往的网络"③。在他看来，社会权力在法律的框架中受到控制，转化为一种交往权力，并通过交往权力来影响政治权力。代表国家权力的法律、制度和政策的正当性前提是其历经了在公共领域的商

①［美］罗伯特·A.达尔：《多元主义民主的困境——自治与控制》，尤正明译，求实出版社，1989年版，第32、41页。

②《马克思恩格斯文集》第2卷，人民出版社，2009年版，第470—471页。

③［德］哈贝马斯：《在事实与规范之间》，童世骏译，生活·读书·新知三联书店，1998年版，第446页。

谈程序，而这种"交往"本身也是一种权力结构性的博弈过程。

福柯则更侧重于从权力运行的视角研究权力现象及其结构功能，他提出"规训权力"（disciplinary power）是社会生活中的一种微观的权力，与那些成建制的国家权力相区别。惩罚制度不仅作用于肉体，也对人的精神产生强制。福柯认为，权力不应当仅仅理解为狭隘的政治权力，以否定或消极的范式通过元首威望、国家暴力、法律禁令和意识形态的手段来实现社会管束，这种国家利维坦的治理方式被认为是单向度的和压制性的模式。权力应当是积极的（positive）而且是"一种被行使的而不是被占有的"①，并非存在一个"权力池"的垄断及权力势能倾泻的假设，权力实际上是一种具有非国家机构形式的可能性，可能来自社会，以一种弥散的、螺旋的非线性方式发挥作用，只有通过对于日常生活中的微观范式的"规训权力"的关注和研究，才能把握其结构功能的运行原理，即以一种网络和栅格的存在形态，以一种技术和策略为运行机制的方式来发挥作用。福柯关于权力的观点与马克思的历史唯物主义在具体的模式结构和分析角度存在明显的差异，但是其权力运行的微观分析对全面理解权力现象还是具有重大的理论意义。

实际上，力量作用与影响关系（或言关系影响）是辩证统一的关系。力量主体的能量或情势的悬殊导致一种势能的指向，如由于万有引力与水平落差，流水从高处倾泻而下将势能转化为动能，这必然导致对于某些客体大浪淘沙般的影响与改造。即便按照亚里士多德"万物都有自己的目的性"的观点，这种"意志"的实现，也是"行为者把自己的意志强加在其他行为者之上的可能性"②。这种可能性包含了这种"影响力"作用的效果和客体反作用的情形。

如前分析，"意志命令说"侧重于从主体欲望扩张角度来理解权力的

---

① ［法］米歇尔·福柯：《规训与惩罚：监狱的诞生》，刘北成、杨远婴译，生活·读书·新知三联书店，1999年版，第28页。

② ［美］E.博登海默：《法理学——法哲学及其方法》，邓正来、姬敬武译，华夏出版社，1987年版，第341页。

动因，将权力欲望和支配欲望绝对化，将其视为与人的"饮食男女"相同的主观诉求，但它至少存在两个方面的不周延性。其一，是这种关乎人性的权力欲过于武断，没有考虑到"理性经济人"之外伦理、道德和法律的约束和教化功能；其二，片面强调了意识的作用力，没有看到任何一种权力的存在和运行都必须在给定的时空条件下进行。随着"三维"权力观的引入，我们可以察觉 C 对于 R 施加权力影响未必与 R 的客观利益相悖，C 也可能通过既定的社会制度结构所营造的优势地位或话语权通过"不作为"的方式对 R 施加权力影响。从这个意义上说，"意志命令"和"结构功能"并不矛盾。"结构功能说"强调权力发生是一种"非人格化"的社会结构使然，而非个体行为者及其目的或欲望的结果。这种结论也存在片面性，辩证唯物主义也承认意识的能动作用对于社会实践的意义。还套用那个比拟，即便是飞流直下的瀑布是水流受到重力作用影响下的势能转换是一种客观规律的体现，那么其遇到岩石与堤坝所溅起的浪花恰证明后者在受到冲击后的应激反应。

综上，权力概念及其作用方式的多样性决定了社会权力结构的多元化，权力与权利概念的密切关联也决定了社会权力与社会权利的矛盾统一。权力的运行不是一种单向度的因果关系，而是一种复杂系统结构的交往与沟通。基于比较法视野与唯物史观，从社会权力主导力、内生机制与社会效能等关切点出发，充分批判借鉴西方精英主义、多元主义、全景敞视主义与微观交往等社会权力结构思想，探索社会权力运行与规制的一般性规律，对于社会权力性质与功能的廓清有着重要的借鉴与指导意义，也为社会权力的一般运行规律研究奠定基础。

# 五　唯物史观社会权力思想的中国启示

随着人们对于国家与社会各自运行机制认识的深入，社会权力作用的发挥在全球范围内已经初步显现。由于历史与现实的原因，社会权力发展的意义无论在我国的政策法律层面还是在相关理论研究中一直未受到应有的重视，社会权力功能的二重性还使得相关政策的顶层设计相对谨慎和保守。通过对于马克思唯物史观社会权力思想的深入研究，我们发现社会权力的积极价值不仅十分显著，而且在中国的语境下还有较大的潜力等待发掘。我们必须认清社会权力的作用空间与基本机制，通过正确的政治引导和积极的分类指导来确保社会权力的正确政治方向，发挥社会权力积极功能的同时注意预防社会权力异化，增进社会权力的民主活力从而化解社会矛盾与促进社会和谐。

## （一）认清社会权力的作用空间

如果说人类文明的发展是一个从身份关系到契约精神演变的过程，政府的权力就不可能是无限制与无边界的。社会权力先于国家权力存在，在国家权力产生后逐渐被取代、被吞噬并被限制发展。公民社会在中国的发展经历了一个漫长而曲折的过程，社会权力与国家权力也在反复的弥合与紧张过程中进行博弈。社会权力的自治功能与自助能力的发挥能够对国家权力进行必要的补充与监督，因而正确把握社会权力的作用空间与其基本作用机制十分重要。

### 1.社会权力与国家权力的弥合与紧张

历史唯物主义认为，国家是人类社会发展到一定历史阶段的产物，当剩余产品出现，作为"罪恶之源"的私有制逐渐产生，国家才最终诞生并依附其权力机器凌驾于社会生活之上。此时，源于社会的国家权力出现异化，渐渐吞噬和统治了社会权力。在国家垄断一切社会资源的封建时代，社会权力无从谈起。中国封建社会的皇权统治与欧洲中世纪的神权统治虽然有各自的特点，但是在国家对于社会权力碾压和宰制特点上极其相似。在西方，随着资本主义萌芽和发展，资本逐渐成为一种新兴社会力量。随着生产力水平的提升和社会重要资源逐步分化占有的趋势拆解了国家权力的垄断地位，资本成为国家与社会二元分化的主要推动力。

近代中国社会权力发展较为迟滞。虽然居"庙堂之高远"的乡绅阶层与为数不多的城市小工商业者，通过家族式生产或作坊式经营积累了一定财富，以及基于此生成了一定的人脉渠道等社会权力单元。但是这种社会权力的积累仍然受到封建国家重农抑商政策，以及对于盐铁等重要物资官营、专营等不利因素的严重影响。新中国成立后，短期内通过"一大二公"的社会主义改造，国家与社会的二元界限被强制抹去，国家政权与政党意志实际上渗透进入社会生活的每个角落，个人只是被当做国家与社会这一机器上的螺丝钉，个人的作用和功能取决于国家的需要和安置。社会中没有个体的人，因为他或她总是依附于单位或者组织，而这些单位与组织也毫无例外地与国家同质化。改革开放后，随着政治上的解放思想与经济上的开放搞活，我国的社会结构产生了相应的变化。起初，社会结构从总体城乡二元结构转变为城乡、体制内外的双二元结构。①伴随着经济体制改革的深入，市民社会与传统国家不具有生成意义上的依附关系，而是自发形成不同于"国家社会一元化"的建构模式与运行机制。萧功秦教授认为，当代中国非政治领域的有限多元化、私域自由空间的扩大、意识形态的世俗化，以及执政党体制为基础的社会动员能力与命令机制的存在，构成中国社会转型时期政治体制的最重要特征。②而这种特征的合力也导致国家与社会的最终分裂，这种国家与社会的分殊发展同时激活了多元社会细胞的活力，个人和团体开始尝试一种非体制内的运行机制，虽然此时国家对于社会力量的动员与整合能力依然强大。在这种大背景下，多元社会主体间的信息交流或贸易往来不再依赖国家指令性计划的指挥，而主要是在市场化调配的基础上遵循某种宏观的社会经济发展方向的指引，体制内的精英聚集效应逐渐转变为发散性的体制外机遇的争取和拓展模式。多元的社会评价机制与价值实现机制催生了一大批新兴社会阶层。高级职业经理人、专家型公共知识分子、自主创业的高级技术工作者，逐步积累了一定的社会财富和智力资源，他们通过经济交往和社会活动，在社会生活中的影响力已经逐步显现。多元社会主体利用自身的影响力表达自身的诉求与关切，并逐步与国家权力间产生互动，社会主体通过参与国家权力的运行实现对后者的监督。同时需要注意的是，体制内外不再有不可逾越的藩篱。随着宪法地位的确立和巩固、经济参与意义上的国退民进，以及体制内外人员的有序流动机制的尝试形成，体制内外二元化差异逐渐模糊，社会力量与国家之间不再是那种互相提防和此消彼长的零和博弈关系，而是呈现一种为了效率与秩序综合效益实现的协作与配合关系。从这个意义上讲，国家和社会在二元分化的大趋势中也存在某种形式上的逆转与耦合，这种二元分化不是线性的，而是一种在新形势下通过互相借鉴、互相

---

① 时宪民：《中国社会转型期的结构分化与双二元社会结构》，《中国社会科学季刊》，1993年11月，第55页。

② 萧功秦：《中国的大转型：从发展政治学看中国变革》，新星出版社，2008年版，导言第1页。

补强发展后的新的二元界分。然而，新中国成立后特别是改革开放以来我国社会权力的自发生长，而相关理论研究与政策法律规制相对滞后，社会权力在发展之初就不得不面对发育不良、定位模糊与枯荣周期等现实问题。

无可否认，中国社会结构转型的"渐进与演化"模式尝试时间毕竟有限，从高度集中统一的一元化国家社会状态逐渐分化出来的社会在自身发育上具有种种先天不足。譬如，在文化习惯层面上的民主自觉意识的缺失，会导致人们在社会心理上对于精英治国或者权威统治的幻想与依赖；而社团组织能力和社会协调机制的羸弱会造成社会问题的解决过分依赖国家机构的功能与国家权力的规制。除此以外，由于法律法规框架的不健全，导致社会经济、政治与文化力量的运行总是难免发生偏差而造成无序。比如过度捕捞所造成的渔业资源退化，民营工业项目的逐利性导致环境承载压力的紧张，社会文化的快餐化和娱乐化拉低了文化市场的格调与品位，诉讼信访有时呈现为滥诉与缠访，自力救济行为往往演变为群体性暴力事件等。这种社会力量的"走偏"或无序爆发，也是社会权力未得到充分重视与妥善对待的体现。虽然这种状态符合我国社会力发育的一般阶段性规律，属于社会培养过程中一个无法回避的"蹒跚学步"阶段，但是我们也必须清醒地看到其存在的现实风险。

全能国家体制促使国家意志实现的高效性与社会统筹力向心趋势明显，这样的社会结构往往通过主流价值观的推送，以及社会资源的政策性分配强化自身体系的稳固性。反观一般社会主体，虽然他们在通过市场经济的竞争积累了一定的财富，但是经济社会权力并非能够直接等价置换政治权力与文化权力，总体上看这种高度特征化的"极强国家-极弱社会"架构是有明显的一元化倾向。历史经验告诉我们，社会需要向前发展就必须激发全体社会成员的主观能动性，那种纯粹的强力驱使只会带来整个社会运转的低效能。然而，更好的激励机制与更优的权力（权利）分配，以及更宽松的社会环境就是激发社会活力与潜能的强心剂。按照生产要素进行分配的合法化，以及多元社会评价机制在促使激励机制优化的同时，会带来社会财富分配的差异化甚至导致尼基系数的增长与社会阶层的分化；社会权力主体以经济权力为基础的社会政治权力的诉求也会令国家权力感到一种竞争带来的紧迫感；相对宽松的社会环境会带来多元思想意识和文化艺术的繁荣，这很自然地会带来主流意识形态的对冲与讨论。虽然百花齐放百家争鸣的思想活力从总体上是推动一个国家与民族的文化成长与文化自信的必由之路，但是思想文化艺术的多元化所带来的政治宣传效率意义上的成本增加和主流意识形态的竞争压力也会使得国家权力在社会力量培育过程中犹豫踌躇。

由于全能主义国家体制内的自我约束与监督机制的确较难形成与巩固，加之"极弱社会"现状所决定的自身社会权力的赢弱性使其难以担纲外部监督的重任。由此造成的权力配置的非平衡化导致国家权力的恣意性与变异的可能性显著增大。社会权力在自我生长与发育中一旦显现某种冲突，无论这种冲突是社会权力之间竞争关系导致的，还是社会权力触碰了国家权力自我设定的边界或红线，都会引起后者的警觉和采取压制政策的冲动。"极强国家"利用已经渗透进社会生活每一个角落里的国家权力触角，自我设定对于社会权力管控的松紧周期，如此就会引导社会自助行为一直处于一种合法性的边缘地带，社会事务的讨论与处理对于国家权力始终处于依赖状态，社会权力的培育与社会活力的激发始终在政策的两极收放中徘徊。不过，近年来我国执政党与中央人民政府也逐渐认识到社会权力主体的组织存在与发展对于发展国民经济、繁荣社会事业、创新社会治理与扩大对外交往等方面所起到的积极作用。另一方面，社会组织工作中还确实存在着法规制度建设滞后、自身建设不足等问题。综合来看社会组织积极作用发挥尚具潜力，某些社会组织由于自律不利和监管阙如导致的违规违法负效应还不容小觑。执政党和政府对待社会权力的基本态度确定为积极引导与依法管理，实现这种政策稳定性的基本路径就是加强专项立法，把这种对于社会组织与社会权力的行政指导与规范约束真正纳入法治轨道上来。

## 2.社会权力对国家权力的监督与补充

一个没有公共（民间）生活的民族是没有民主秩序的民族，国家这一社会公共权力即使在公域中也不是无限的，我们不仅需要以权力制约权力，还需要以社会制约国家。①托克维尔认为，"一切社会为了求得生存也不得不服从于某种权威，而没有这种权威，社会就会陷于无政府状态。"②但是，正如前述分析，权威政治是基于特殊时代与国情的政治路径实践，它是一种对于秩序、安全和效率价值的优先选择。因而，权威政治的终点未必一定是民主宪政，对于权威的法治规制与限制不可或缺。"一个国家，一般用两种方法来削弱权威的力量。第一是剥夺当局在某些情况下的自卫权利或自卫能力，以便从根本上减弱当局的权力……第二是缩小权威的影响：不去剥夺当局的某些权力或不去使当局的权力瘫痪，而是把社会权力分给许多人掌握，增设官职，使每一官职只有履行职务时所必要的权限……用这种方法分散权威之后……权威本身并没有被破坏。"③权威政治更需要民主的监督与法治的保障，"没有社会制约的国家权力总是危险的和不可取的,它是对专制主义的放纵。"④中国政法大学法治政府研究院发布的《中国法治政府评估报告（2016）》显示，地方人民政府在重大行政决策过程中主动公开的勇气与具体制度不足，这一现象必然导致社会力量公共参与的社会监督渠道不畅，传统媒体与新兴媒体舆论监督形式没有得到充分的重视与运用，再加上制度化的人大监督、政协监督和审计监督基本处于封闭状态，最终导致社会监督合力未能有效形成，大量社会意见与社会矛盾被延后到政策与法律实施阶段后才集中爆发，导致维稳和综治压力增大与成

①高兆明：《公共权力:国家在现时代的历史使命》，《江苏社会科学》，1999年第4期，第80—82页。

②[法]托克维尔：《论美国的民主》，董果良译，商务印书馆，1988年版，第78页。

③[法]托克维尔：《论美国的民主》，董果良译，商务印书馆，1988年版，第78—79页。

④邓正来、[英]J·C.亚历山大：《国家与市民社会———种社会理论的研究路径》，中央编译出版社,1999年版,第120页。

本提高。①评估报告也针对上述突出问题提出了若干建议，其中重点谈到需要构建有效工作机制，提高决策的科学性、民主性；落实执法责任制，强化执法监督平台的功能，着力解决行政执法不作为；全面推进政府信息公开，加快数据开放进程；加强信息化手段的应用，提高便民性等。②

社会舆论的产生大致有三个过程，即精英阶层自上而下的煽惑，普通群众舆论的向上蒸腾，以及在这一过程中相关团体的认同。舆论的根基在

① 2016年1月至8月，中国政法大学法治政府研究院通过网络检索、信息公开、实地调查等方式，针对100个地方政府（包括4个直辖市、27个省府所在地市、23个国务院批准的较大市和46个其他城市）开展了2016年地方法治政府评估。评估总体显示，地方法治政府持续进步，但是全国仍然处于较低水平且东西部地区差异明显，某些指标上还不尽如人意。在此次评估的九个一级指标中，得分率最高的是达到77.14%的"政府信息公开"，而得分率最低的是仅为49.24%的"法治政府建设的组织领导"。被评估的100个城市中，只有19个市政府按照《法治政府建设实施纲要（2015—2020年）》的要求，公布了上一年度法治政府建设情况报告；有3个市政府在2016年第一季度后延迟公布上一年度法治政府建设情况。项目组在评估其他几项制度实施情况时发现重大行政决策过程存在公开不充分的现象。一是公众参与意见采纳情况公开不足，二是专家论证意见公开不足。这直接导致公众参与热情的消减，在公众与决策主体之间造成恶性循环。重点领域的信息公开得不够主动，更勿论全面与及时，这种情况直接拉低了治理效果与社会认可度。人大监督、政协监督和审计监督基本处于封闭状态，社会监督渠道不畅，难以形成监督合力。人大代表意见和政协提案办理情况报告的公开程度不高。群众举报投诉和媒体监督的新兴渠道不够畅通。虽然绝大多数的城市为群众举报和媒体监督提供了多种渠道，但一些新兴渠道（如网络留言、电子邮件）不够畅通，且部分城市的回复率较低。例如，有些城市在其政府官网上设有固定、专门的媒体舆论监督栏目或市长信箱，但有的栏目点击无效或者链接错误，如"某某市政府网站"的"信访接待""政务微博"等板块均无法打开。同时，虽然设置了网络监督平台，但是对网络监督的回复率与办结率并不高，比如通过曲靖市网上信访平台可知，各区县的信访办结率只有45%。从群体性事件的发生情况上来看，社会矛盾化解的制度建设并未发挥其应有的作用。过半数的被评估城市在2015年都发生了1起以上的群体性事件，占51%，有13个城市发生过暴力性质或有伤亡的群体性事件。这反映出2015年度群体性事件仍然呈现出一种数量高发、规模大、分布广、性质恶劣的态势，并未因各城市社会矛盾化解制度的建设工作而得到明显改善。从社会矛盾化解渠道的通畅程度和解决方式上来看，目前的社会矛盾仍然较多。参见中国政法大学法治政府研究院：《中国法治政府评估报告（2016）》，http://fzzfyjy.cupl.edu.cn/info/1021/5945.htm，法治政府网，2016年10月30日，访问时间2017年2月12日。

② 史兆琨：《〈中国法治政府评估报告（2016）〉发布》，《检察日报》，2016年10月31日，第二版综合新闻。

于思想，处于社会底层的团体、智囊的增多会扩大沸腾的程度与作用力，舆论的力量不容小觑。舆论来自家庭、同业、行业、宗教、宗族团体的党派认同与阶级认同。但是也容易被界别认同、宗教情感、意识信仰和种族归属感等非理性或弱理性因素裹挟和操纵，而忽视事实与信息的梳理。公众舆论可能存在被国家权力挟持而无法反映真实的人民共识。这种状况或是官方垄断了传播渠道或者是左右了发声规则。相对独立的公众舆论至少需要两个条件，即并非灌输的教育制度与多元的社会结构及多元主体之间的竞争互动。①被各种各样的社会权力主体占有并凭借其发挥作用的社会资源包括金钱、土地等物质财富与包括知识、信念等社会意识在内的精神财富。从对于国家权力发生作用的效能来说，即便是个人占有多么可观的社会资源，与系统和专业组织或利益集团相比也是显得羸弱且容易被淹没的。"社会组织的功能在于使政府的强制最小化、保障政治自由、改善人的生活。"②建构严密且独立自觉的社会组织的合法存在与运转，能够产生一种不同于国家权力内部分权制衡意义上的权力制衡的机制，从国家权力外部对其依法运行产生影响。譬如被称为"无冕之王"的新闻媒体以及新近社交软件所营造的"自媒体"平台，逐渐成为真正意义上的新兴权力单元并逐步走向"最显著的和新的权力核心"。③在市民社会发育相对成熟的民主化的国家或多元化的社会，许多社会组织已经逐步在包括经济、政治、文化和社会生活领域具备较大的影响力。一些国家通过立法确立了一种国家权力与社会组织在社会政策指定和重大经济决策乃至市政规划和城市发展方向等方面的交流、对话与咨询平台，并将这种交流互动机制化和常规化，这对于国家职能的转变和政府服务功能的塑造起到了积极的推动作用。

---

① ［美］乔·萨托利：《民主新论》，冯克利、阎克文译，东方出版社，1998年版，第104—105、107—108、111页。

② ［美］罗伯特·A.达尔：《民主理论的前言》，顾昕、朱丹译，生活·读书·新知三联书店，1999年版，第225页。

③ 郭道晖：《论社会权力与法治社会》，《中外法学》，2002年第2期，第213页。

## （二）确保社会权力的政治方向

在我国现阶段，社会权力的培育与规制工作中坚持党的领导是宪法法律的要求，也是民主实现的保障。执政党对于社会组织等社会权力载体的领导主要通过思想引导、政治把关、加强宣教与组织嵌入等方式来实现。

### 1.坚持党的领导是社会权力发展的宪法要求

《中华人民共和国宪法》①（下简称《宪法》）在序言中论证了中国共产党在我国作为执政党的历史渊源和历史依据，规定了中国共产党将继续领导中国各族人民在富强、民主、文明、和谐的社会主义国家建设道路上不断迈进。《宪法》还同时明确规定了马克思列宁主义、毛泽东思想、邓小平理论、"三个代表"重要思想、科学发展观、习近平新时代中国特色社会主义思想为我国政治社会生活的指导思想，这些一脉相承的指导思想也明确指出了中国共产党主导中国社会革命与建设的理论基础与哲学依据。至此，在我国社会建设与政治生活中，中国共产党的领导地位具有宪法权威。

《宪法》指出，在长期的革命和建设过程中，已经结成由中国共产党领导的，由各民主党派和各人民团体等参加的最广泛的爱国统一战线。虽然这里的"各民主党派和各人民团体"在具体范围上有所特指，但是"广泛代表性的统一战线"的范围是相当广泛的，几乎涵盖本著之前所列举与讨论的所有社会权力样态或形式，而"中国共产党领导的多党合作和政治协商制度"反映了宪法对于中国社会组织与社会权力发展的政治方向把控。由此，中国共产党在我国社会建设与政治生活中的领导地位具有最高的法律效力，要求中国共产党本身依法履行领导职责，要求包括各参政党、各社会团体在内的所有社会力量对此予以认真遵守与笃行。为此，无

---

① 现行《中华人民共和国宪法》即1982年12月4日颁布的第四部宪法，第五届全国人大第五次会议通过。

论是 2015 年 9 月中共中央办公厅印发《关于加强社会组织党的建设工作的意见（试行）》，还是 2016 年 8 月中共中央办公厅、国务院办公厅印发《关于改革社会组织管理制度促进社会组织健康有序发展的意见》都明确指出要发挥好社会组织党组织的政治核心作用。加强党对社会组织的领导，促进社会组织健康发展，既是宪法的明确要求，也是相关法律法规与党章的明确规定。

### 2. 坚持党的领导是社会权力实现的权威保障

中国共产党在我国社会主义革命和建设过程中领导权的宪法法律依据决定了其在当代中国的合法权威地位。然而，中国共产党的领导权威的最终目的，是为了每个公民民主自由的充分实现。

恩格斯在《论权威》一文中，阐述了"权威"概念的意志强制性与服从性的客观逻辑基础。恩格斯指出："革命无疑是天下最权威的东西……获得胜利的政党如果不愿意失去自己努力争得的成果，就必须凭借它以武器对反动派造成的恐惧，来维持自己的统治。"①然而，恩格斯的本意并非为了渲染这种暴力革命的胜利为权威统治自然合法的单一价值，他也从辩证视角论证了权威的两面性及其与自治之间的关系。正所谓"把权威原则说成是绝对坏的东西，而把自治原则说成是绝对好的东西，这是荒谬的。权威与自治是相对的东西，它们的应用范围是随着社会发展阶段的不同而改变的。"②

西方社会在战后历经一段高速发展后陷入了凯恩斯主义乏力症，人们在文化信仰上对于后工业时代文化采取"大拒绝（great refusal）"的普遍态度。20 世纪 70 年代以后，西方的古典自由主义重新回归，一些西方学者复兴了源自 17 世纪的经济自由主义与政治保守主义，试图为资本主义制度继续辩护。哈耶克、弗里德曼和布坎南三位诺贝尔奖获得者试图超越过度技术化的经济学，以传统政治经济学眼光论证市场经济对政治体制的

①《马克思恩格斯文集》第 3 卷，人民出版社，2009 年版，第 338 页。

②《马克思恩格斯文集》第 3 卷，人民出版社，2009 年版，第 337 页。

价值。按照这个思路，研究的旨趣也从民主取向的统治主体转为自由取向的统治技术上来，这与早期欧美自由主义思想家边沁、康德、洛克及美国联邦党人倾向于开明专制的思想形成暗合，尔后达尔的多头统治、亨廷顿的权威主义发展思路也与之有相似之处。①艾克斯坦在其1966年出版的《稳定民主理论》中认为，要获得民主体系的稳定，政府的权威模式与社会中主导的权威结构形式就必须保持一致，即政府的模式不能是"纯粹"的民主模式，权威模式必须保持"各种不同因素之间的平衡"，必须包含一种"健康的权威主义的因素"。艾克斯坦提出了支持后一种因素存在的两个其他理由：第一个与"稳定"的定义有关，有效的决策只能发生在存在权威主义因素的地方（即政府稳定的条件是自身权威模式与社会权威模式相一致）；第二个是心理方面的，人民需要坚定的（权威的）领导者及其领导，如果政治体系要维持稳定的话，这种需要必须被满足。②艾克斯坦的民主理论似乎存在民主叛逆的悖论，但是这种理论本身又包含着深邃的历史经验。纯粹的民主并非完美正义的化身，人类的历史发展就是在民主与权威的两极中徘徊、探索与权衡。

中国改革开放的总设计师邓小平同志反复强调在解放思想的同时，要坚守四项基本原则。这种思路实际上抵御了激进的自由主义与保守主义的左右掣肘，选择一条更为稳健的开明权威政治发展路径。从拉开改革开放大幕的"真理检验标准大讨论"，到邓小平同志南方谈话对于"警右防'左'"的思想匡正，再到与之一脉相承的"三个代表""和谐社会"和中国梦思想的倡导和践行，中国在政治经济文化领域的全面进步与跨越式历史发展，证明了发展中国家把握自身发展的路径选择是正确的。同时，这种社会发展的成功实践也不断为中国共产党执政的先进性与合法性提供证明。萧功秦将这种开明权威政治发展路径称为"后全能主义的权威政治"，

<hr />

① [美]乔·萨托利:《民主新论》,冯克利、阎克文译,东方出版社,1998年版译者说明。

② [美]卡罗尔·佩特曼:《参与和民主理论》,陈尧译,上海人民出版社,2006年版,第12页。

通过这种"改革者执政"①的国家动员与控制能力的优势，来弥补社会自助力量的羸弱，通过行政主导来推动社会市场经济的发展模态。应该说，在中国社会当下，公民社会发展与社会权力作用还相对弱势的情形下，需要一种权威的力量来对于现有的资源进行有效的整合，对于内部、外部两个社会秩序的大环境进行营造与维护。

但是，我们也必须清醒地认识到，经济的巨大繁荣并非必然自发地带来民主政治的比肩发展。一方面，经济繁荣会使得权威政治结构出现巨大的寻租心理，过度的经济发展的行政主导力往往成为市场主体争相收买的稀缺品。此种趋势下，若缺少信仰层面的社会发展伦理的教化与预警、缺乏有效的民主监督与强大的监察与司法系统的各司其职，那么整个社会就有可能滑向低效、腐化甚至动乱或解体的深渊。由此，权威主义政体必须要明确自身的历史使命，在实现经济的高速稳定发展阶段性目标后，要着力培育与鼓励社会民主的生成与发展。一个成熟的社会不可能总是在襁褓中等待哺育，如果不能勇于放手给予其锻炼与自理的机会，那么最终的后果只能致使其体弱多病或者心智不全。培育民主的基本路径只能是着力培植公民社会，通过社会组织的建立与服务社会的实践，使得公民自身在权力意识与权利主张中习得自治能力与自觉品质。这种现代社会的契约精神、参与意识与包容妥协的和谐精神与政治理念正是塑造公民社会与民主国家的基本要素。在当前中国，培育这些要素显然无法离开中国共产党的有力领导。

### 3.加强党的领导的基本环节和重点方向

政党力量，特别是体现在党与工会和农民协会这样一些社会、经济组织的联系方面。对于较强大的政党，工会或其他职能组织的领导要服从党

---

① 萧功秦:《超越左右激进主义——走出中国转型的困境》,浙江大学出版社,2012年版,第116—119,122—123页。

的领导。①在我国现阶段，执政党对于社会组织的领导主要的直接任务是思想引导与政治把关；执政党对于社会组织领导的间接任务是鼓励民主与培育社会，主要通过加强政策扶持与立法规制来实现。由于后者主要是通过党的文件纲领指导推进行政部门的政策指定与立法部门的专项立法来间接实现，这里我们主要讨论前者的实现方案。

政党不是通过规范和制度对社会进行机械性的组织和整合，而是通过信念、信仰和政治影响力对社会进行有机性的深度组织和整合。②党组织应坚持针对社会组织发展政治方向的必要引导，大力宣传贯彻党的路线、方针及政策，发挥一些先锋模范人物与先进思想的正能量感染力与核心价值导向作用，增加民间组织对于我国经济和社会发展的战略目标的认同感与参与感。2016 年 8 月《社会团体登记管理条例（修订草案征求意见稿）》（简称《条例意见稿》）通过民政部网站向社会发布，其中第四条明确规定了在社会团体中设立中国共产党的组织并开展组织活动的基本原则，还规定了社会团体为此提供必要条件的义务负担。③这里所称社会团体指的就是非营利性社会组织，虽然该条例尚未正式生效，但此次立法层面将执政党的组织嵌入领导模式作为党对于社会组织领导模式的首次

---

①［美］塞缪尔·P.亨廷顿：《变化社会中的政治秩序》，王冠华、刘为等译，生活·读书·新知三联书店，1989年版，第378—379页。

② 林尚立：《党与社会：从组织整合到政治整合》，载自冯小敏：《党建研究内部文稿：2000—2004》，上海交通大学出版社，2004年版，第328页。

③《社会团体登记管理条例(修订草案征求意见稿)》第四条规定，在社会团体中，根据中国共产党章程的规定，设立中国共产党的组织，开展党的活动，发挥党组织政治核心作用。社会团体应当为党组织的活动提供必要条件。

尝试。①

长期以来，由于社会权力的发育与生长一直游离于体制系统以外，执政党对其的组织领导一直没有具体的抓手，而现有的社会组织合法准入机制又异常严苛，导致大量的实际存在而又未取得合法身份的社会力量一直处于野蛮生长的状态，虽然它们中大多数在各自的领域内对于我国经济社会发展和社区服务在客观上起到了一定的积极与推动作用，但是由于其与主流价值体系与组织体系的分殊，导致其在政治是非和价值导向方面容易出现偏差与摇摆。社会团体作为一种特殊的社会权力的载体或主体，其在整合社会资源与提供社会服务方面的功能不容小觑，其作为一种民间组织随着其不断发展壮大所积累的社会认同感与资源归集力使得社会团体可能在其认为合适的时刻华丽转身，以一种政治权力的方式对传统的既有的社会权威提出挑战与进行竞争。

从社会权力结构视角观察，政党本身也是社会团体的一种，政党是一种政治团体，政治参与和政治主张是其使命之所在。民主制下的政党通常发挥利益表达功能、利益综合功能、政治录用功能和政治社会化功能。②所谓政治录用功能就是党通过一定的体制机制把具有共识的人员吸收到党内作为人才储备，可以分为政治吸纳与精英推荐。由此看来，若实现"在

---

①"嵌入"（Embeddedness），一般意为牢固树立或主客体间扎实的镶嵌。由于其形象的作用关系描述，在生物学中指放线菌素、氨基吖啶等分子插入并结合到DNA链中相邻的碱基对之间。作为社会学或政治学学术概念，是由卡尔·波兰尼（Karl Polanyi）首先使用。马克·格兰诺维特（Mark Granovetter）也运用"嵌入"（embedded）概念解释多元社会因素对经济运行造成的决定性影响；彼得·埃文斯（Peter Evans）将格兰诺维特"嵌入"理论进一步衍生发展，提出"嵌入自主性"（embedded autonomy）概念来描述政治经济学中的国家、社会与市场间的关联互动关系。彼得·埃文斯认为国家与社区之间的关系存在互补性与嵌入性两种关系模式，前者指国家以提供多重公共物品换取社区公民的缴税自觉与政治合作，后者指的是公务人员以社区融入与社区成员身份共谋的方式提供体验式的公共服务，显然，后者的工作体量增大但权力认同度与社会效果也大大提升。参见[英]卡尔·波兰尼：《大转型：我们时代的政治与经济起源》，冯钢、刘阳译，浙江人民出版社，2007年版，第53页。受此启发，在我国语境下执政党通过嵌入方式参与融入社会团体共同发展的新思路有望在理论上实现二者零和博弈现状的改观与突破。

②王长江：《现代政党执政规律研究》，上海人民出版社，2002年版，第20、51—53页。

社会团体中设立中国共产党的组织并开展组织活动"①的组织目标，首要必备条件是在社会团体内部培养与吸收社会精英进入组织中来。"政党是运作现代政治的中心力量，而政党的命运掌握在民众的手中，民众的认同和支持是政党生存、发展与执政的基础。"②这种社会民众的认同来源于执政党自身的着力建设与路线方针政策的民主决策。除此以外，要发挥执政党的政治录用功能，注意在社会团体负责人与管理核心团队中培养和发展党员，以此创造进一步党建的可能性与政治组织基础。

林尚立认为，中国共产党的领导力体现在领导的合法性、纲领的科学性、组织的整合性与制度的合理性四个方面。③民间组织客观上是具有内在独立性的组织，所以从领导力的科学性与合理性出发，建构党的组织与民间组织之间的关系，不能单纯功利地从实现党对民间组织的控制为出发点。④2016年8月中共中央办公厅、国务院办公厅发布的《关于改革社会组织管理制度促进社会组织健康有序发展的意见》（简称《促进意见》）中明确提出，在社会组织建设发展过程中，要发挥党组织的政治核心作用，加强社会组织党的建设，注重加强对社会组织的政治引领和示范带动，确保社会组织发展的正确政治方向。要通过完善领导体制来增强社会团体对于执政党执政理念的认同感；通过建立多渠道、多元化投入的党建工作基础保障，实现社会组织党的组织和工作有效覆盖；通过加强对社会组织负责人的思想政治教育与"党建进章程"的倡导，充分发挥党组织的

①《中国共产党章程》第三十条规定，企业、农村、机关、学校、医院、科研院所、街道社区、社会组织、人民解放军连队和其他基层单位，凡是有正式党员三人以上的，都应当成立党的基层组织。

②赵永红：《政党认同的嬗变与重建：基于社会治理结构变迁的分析》，《经济社会体制比较》，2013年，第4期，第146页。

③林尚立：《中国共产党与国家建设》，天津人民出版社，2009年版，第282页。

④林尚立：《民间组织的政治意义：社会建构方式转型与执政逻辑调整》，《云南行政学院学报》，2007年第1期，第8页。

战斗堡垒作用和党员的先锋模范作用。①在尚不具备建立党的基层组织的社会团体中，要发挥工会、共青团、妇联等群众组织的帮扶和群建作用，在职工权利保护、青年工作开展与妇女权益维护等方面，利用多种多样的形式，保持执政党工作触角与群众和社团的密切接触，反映群众的呼声与关切。这样一来，不仅践行了执政党的群众路线，也为现阶段党建与社会团体培育实现了民主增量。

## （三）发挥社会权力的积极功能

新中国成立后特别是改革开放以来，我国在对于社会权力的培育与规制不断探索试错过程中逐步摸索出一条在分类指导前提下鼓励扶持的基本思路，通过对于社会权力资本投向、教育服务、社会化 ADR 等功能激活，最大限度地发挥社会权力的积极功能，防控其负面效应力对于国家统一与社会发展的影响。

### 1.探索试错

1949 年以来，中国社会历经两次不同类型的社会建构体系的演变。首先是以新中国成立初政党为主导的组织化社会建构过程，其次是 20 世纪90 年代后以市场经济力为主导的社会组织化的社会建构体系。两种建构模式虽都以组织为核心要素，但是组织在第一种模式中是社会建构的约束手段，在第二种模式中成为社会建构的伸展目的。②换言之，这两种建构模式恰反映出国家权力与社会权力在不同时期的国家发展中的独特功能，而以社会组织为代表的社会权力的短板的组织网络恰是国家权力的优势，而

---

① 中共中央办公厅、国务院办公厅印发《关于改革社会组织管理制度促进社会组织健康有序发展的意见》，http://www.gov.cn/xinwen/2016-08/21/content_5101125.htm，中华人民共和国中央人民网站，2016 年 8 月 21 日，访问时间 2017 年 1 月 24 日。

② 林尚立：《民间组织的政治意义：社会建构方式转型与执政逻辑调整》，《云南行政学院学报》，2007 年第 1 期，第 5—6 页。

国家权力的科层化与官僚化也需要社会权力的倒逼才能实现改良与完善，二者之间实际上形成一种互相依存的竞争关系。

现阶段，社会组织的发展状态始终水平不高，组织结构不完备，工作开展不规范。这些自身建设瑕疵具体表现为如下几个方面。社会组织遵法守法意识不强；内部制度阙如或粗糙，自觉自治能力水平尚待提高；与政府关系暧昧，或主动依附或受其掣肘；内部民主机制缺失导致常务决策一言堂，经费与人事等内部管理缺乏透明品质与监督意识。[1]社会组织的发展已经给国家与执政党的组织网络的纯化与社会资源的垄断带来冲击与挑战，再加上社会组织发展的起步较晚与自身缺陷，使得国家权力总是倾向于以一种谨慎与提防的态度来检视社会组织的权力伸展。改革开放近40年来新中国经济社会发展取得的伟大成就与非公经济和社会组织的巨大贡献再一次证明，"惧怕民间组织的发展，千方百计为民间组织的发展设置障碍而不是提供方便，实质上只会把公众推到对立面上去，是典型的计划经济思维的表现"[2]。然而，在新中国成立后相当长的历史时期，我国对于社会组织的发展总是依据社会形势松紧政策法令，社会力量的发展也在这种周期性的枯荣周期中前行。随着党的十三大、十四大与十五大对于社会主义市场经济的深化认识使得同属于社会权力的非公经济得到了长足发展并成为国民经济中的重要组成部分。比较而言，社会组织发展的政策环境要曲折得多。20世纪70年代末中国改革开放拉开序幕，随着解放思想实事求是的锐意改革理念逐步深入人心使得国家权力逐步廓清自身定位，相对宽松的政治法律环境使得社会团体迎来发展的春天，社会团体数量急剧膨胀。直到1989年初，我国全国性和地方性的社会团体数量分别达到1800个与近20万个，分别比1966年增长16倍与33倍。[3]

改革开放以来到20世纪末，我国对于社会组织的类型未做明确区分。进入21世纪以来，逐渐有了"民办非企业单位""基金会"与一般社会组

---

① 王名、刘培峰等：《民间组织通论》，时事出版社，2004年版，第157页。

② 王长江：《王长江讲稿》，中共中央党校出版社，2013年版，第40页。

③ 黄晓勇：《中国民间组织报告（2008）》，社会科学文献出版社，2008年版，第68页。

织的法定分类。现行《社会团体登记管理条例》的颁布实施以来，确立了对于民间组织的"双重负责"和"分级管理"的并行模式。所谓"双重负责"指的是"登记主管部门"与"业务主管单位"对于社团的双重负责与监管。前者的行政许可以后者"归口管理"为前提，而业务主管单位在作为"相关单位"既无明确的法律依据确认其归口对象，也无强行法规定其对某社团组织的业务主管义务。因此从法理上讲，即便是2004年《行政许可法》颁布后，"登记主管部门"在某拟登记的社会团体未取得"业务主管单位"的"归口管理"材料时，可以直接拒绝其登记申请而不用承担违法行政不作为的法律后果。因而"这种管理模式的主导原则是以政府或政府管理部门的立场为出发点，既限制社团的数量，同时也限制社团的活动，通过适当限制社团的发展以及彼此之间的竞争，期望以此来消解由竞争所引起的各种社会不安定因素，体现的是限制竞争、抑制发展的政策导向。"①这种设置了过高的程序门槛较为严苛的社团登记准入模式，与当下鼓励社会力量参与补强国家权力服务功能不足的大趋势并不协调，政策调整势在必行。

### 2.鼓励扶持

2016年8月，中共中央办公厅、国务院办公厅印发《关于改革社会组织管理制度促进社会组织健康有序发展的意见》（以下简称《促进意见》），提出了改革社会组织管理制度、促进社会组织健康有发展的重要性和紧迫性。《促进意见》共有十个部分的内容，其中第三与第四部分提出了着力培育发展社区社会组织具体意见与完善扶持社会组织发展的具体措施。与此同时，中华人民共和国民政部也在其官方网站上公布了《社会团体登记管理条例（修订草案征求意见稿）》（下简称《条例意见稿》），并在全国范围内向社会公开征求意见。《促进意见》与《条例意见稿》明确表达了我国党和政府高度重视社会权力培育与社会组织发展工作。《条例意见稿》主要通过降低社会组织合法登记准入门槛与强化培育社会组织

---

① 林修果：《非政府组织管理》，武汉大学出版社，2010年版，第118页。

的社会服务功能与优化社会组织发展的许可、财税与组织人才建设大环境等措施，来对于过往的严苛抑制政策加以修正，从而拓宽社会组织与社会力量的自治范围与发展空间。《条例意见稿》明确规定，地方性质的行业协会商会、科技类社会团体、公益慈善类社会团体与城乡社区服务类社会团体，可以依照该条例的规定免于"归口管理"证明文件提供而直接进行登记。同时明确经本单位或者基层群众性自治组织同意成立，在本单位、社区内部活动的团体不属于该条例登记范围，也即明确了单位社区内部服务为宗旨的社团组织可以免于登记直接获得合法身份。由此，利用财税杠杆鼓励公民与社会组织积极参与公益向善的同时减轻了社会组织的涉税负担。

实际上，虽然《条例意见稿》对于社会组织的扶持力度较以往有大幅度提升，然而对比作为执政党指导方案的《促进意见》，后者的政策利好导向更为积极与具体。《条例意见稿》要求拟申请登记的社会团体应当达到法人的法定要件。而《促进意见》考虑到基层服务功能的社团即使在登记条件放宽的条件下也可能存在自身资质不足的客观情况，为了使得鼓励效果最大化，对达不到登记条件的社区社会组织，要求基层人民政府或者同级别相应的地方人民政府的派出机关实施具体管理，按照不同规模、业务范围、成员构成和服务对象以成立社区社会组织联合会等多种方式加强分类指导和业务指导，从而最大限度地发挥其管理服务协调作用。

### 3.功能激活

随着社会主义市场经济的进一步发展，社会财富已经有相当规模的积累，其中民间资本占有相当可观的比例，相应的民间资本进一步发展的产业结构也在悄然改变。继劳动密集型制造业、资本金融业、房地产业与"互联网+"概念产业后，具有一定的社会服务性质的第三产业的发展逐渐走向民间资本投资的风口。《中华人民共和国民办教育促进法》在2016年11月最新修订后明确将之前民办学校的盈利禁止修改为选择性方案。除了义务教育学阶外，民办学校的举办者可以自主选择设立非营利性或者营利性民办学校。若选择以后者宗旨注册，其举办者可以依照公司法等有关法律、行政法规取得办学收益与结余。这样的修订足见国家立法层面对于社会利益与国家利益的权衡与兼顾的务实选择。

这种趋势一方面体现了经济基础夯实后社会文明的发展的必然性，然而在中国当下行政主导型的市场经济的条件下，执政党与政府的政策导向力也是改革的关键因素。虽然我国经济体制改革无论是起步还是速率领先于政治体制改革已经是一个不争的事实，但是近年来我国政府也在摸索中逐步对于自身在社会发展中的认识有了更清晰的定位。对于经济生活的调控，政府需要尽可能地通过间接的财税和利率手段来实现，直接准入功能的行政许可也需要考虑逐步为更加软性的行政指导或行政合同等新型行政行为所代替。随着社会功能的逐步成熟，政府可以更多地以一个"冷峻的检视者"的角色在市场主体自运行时减少发声，也可以以一个导向性较强的消费者的身份去有选择地向社会主体购买社会服务，以此来对于社会主体对于公共服务产品的生产进行默示指导。这两方面如能同步契合，便有望实现政府转型与民资转向的无缝对接和同步演进。

随着社会单元逐步从单位向社区转变，基层综合服务中心和城乡社区服务站等设施的软硬件缺口逐步增大，但是由于相关项目的公益性，市场机制一时间较难有效形成。这就需要政府为新兴社区社会组织工作的顺利开展提供活动场地、活动经费等方面的输血与支持。这种输血实际上具体指采取政府采购服务、项目补贴与经费募捐等形式加强支持，其最终目的在于激活造血功能。随着我国人口老龄化现象的加剧和社会弱势群体或特殊群体帮扶的社会化要求提高，针对妇老残幼、下岗失业人员、留守儿童、特困家庭与缓刑假释等社区矫正人员等提供特别帮扶服务的社区社会组织的可持续运转机制亟待开发。

另一方面，和谐社会的营造需要高效的纠纷解决机制。虽然司法救济是最终救济途径，但是其较高的成本和较长的程序周期及司法系统的工作压力，导致在数年前曾经视为公民法律意识增强提高标志的诉讼救济途径需要在当下须进行重新考量与评价。一些来自基层且权利义务关系明确的简单纠纷实际上可以采取非诉方式进行处理，其中包括替代性纠纷解决模式①。从社会组织功能的开发视角来看，鼓励社区社会组织开展多元纠纷解决机制，将矛盾化解在基层，从而增进社区和谐与稳定。同时，鼓励行业协会商会类的社会组织在制定行业标准与规范市场秩序、开展行业自律与有效监督、调解贸易纠纷与维护正当权益等方面发挥积极作用，使之在消解消极纠纷与正能量输送方面提供更多的服务选择。

### 4.防止异化

截至2015年底，全国已登记社会团体共32.9万个，不断发展壮大的社会团体在发挥积极作用的同时也出现一些新问题。需要我们特别注意的是，除去每年民政部门或公安、国安机关所定期披露的山寨社团或打击取缔的非法社团组织的信息，在中国实际存在并实际运行的社团数量可能是这个统计数字的数十倍之巨。这样一个庞大的社团基数不在法律和政策的直接监管中的现状本身就是一个令人担忧的问题。在这些可能异化了的社会权力中，除了较为极端的涉黑、涉恐、涉暴和一些带有反社会与鼓吹民族、国家分裂的反动社团外，还存在一些不良社团，它们宣扬封建迷信、发布虚假信息、假借公益名义敛财诈骗等违法违规行为给社会公众带来损失，给国家与社会秩序造成危害。可见防范社会权力异化，完善立法保障已经变得非常迫切。

#### （1）极端社会权力遏制

2018年1月24日，中共中央、国务院发出《关于开展扫黑除恶专项斗争的通知》，决定在全国开展扫黑除恶专项斗争，强调既有力打击震慑黑恶势力犯罪，形成压倒性态势，又有效铲除黑恶势力滋生土壤，形成长效

---

① 这一模式源于美国，现在已引申为对世界各国普遍存在着的、各种诉讼制度以外的非诉讼纠纷解决方式或模式(主要有仲裁、调解、复议、申诉等方式)的总称。参见范愉：《非诉讼纠纷解决机制研究》，中国人民大学出版社，2000年版，第10页。

机制，不断增强人民获得感、幸福感、安全感。恐怖主义组织与相关犯罪近十来年内在世界范围内逐渐出现并呈蔓延之势，这对于我国部分地区的影响也开始引起广泛的重视。一般认为，恐怖组织是指三人以上以长期实施一种或多种恐怖犯罪活动为目的的犯罪组织。[①]由于恐怖组织在国内出现较晚且并非典型，因此我国对恐怖组织事实上采取了司法认定和行政认定并存的多头模式，这种模式缺乏明确的法律依据与分工。为达成刑法与反恐怖法无缝衔接之目的，有学者主张我国应对恐怖组织采取行政认定模式来保证其依据统一性与识别高效性。[②]

正如整治黑社会性质组织犯罪行为需要研究其发生机制，有针对性地强化公共服务并提升治理能力，完善专项立法并严格整肃贪腐，鼓励民意表达并加强舆论监督。针对暴力恐怖犯罪组织形成的社会基础与文化差异因素，应进一步加强对于少数民族同胞特别是未成年人的爱国主义教育与民族统一主义教育，在贯彻宗教信仰自由和尊重其语言文化和民族习惯的同时，加强对于少数民族地区的经济扶持和科技文化宣传，使其真正认识到民族团结与国家统一对于自身幸福生活的因果关联。另一方面，要针对恐暴组织蔓延发展的国际大环境，加强国际司法合作与地区性组织的专项反恐机制的长效性与制度性建设[③]，遏制恐暴组织这一变异了的社会权力对于社会政治经济文化生活的恶劣影响，坚决抵制其负面社会离心力对于国家统一与社会发展的破坏力。

---

① 高铭暄、王俊平：《恐怖组织界定》，《国家检察官学院学报》，2006年第4期，第86页。

② 赵秉志、杜邈：《恐怖组织认定模式之研究》，《现代法学》，2006年第3期，第106—111页。

③ 当地时间2016年9月13日，上海合作组织地区反恐怖机构理事会第二十九次例行会议在哈萨克斯坦阿拉木图市举行，地区反恐怖机构中方理事、中国公安部副部长率中方代表团出席会议，哈萨克斯坦共和国、吉尔吉斯共和国、俄罗斯联邦、塔吉克斯坦共和国和乌兹别克斯坦共和国代表出席会议。会议决定进一步加强各领域务实合作，共同打击威胁成员国安全的"三股势力"组织和团伙，应对"三股势力"利用因特网开展破坏活动，加强边防合作。会议批准了《防范恐怖主义行为联合措施》和《极端宗教意识形态在成员国境内传播联合措施》。参见《人民公安报》2016年9月14日第001版。

### （2）违规社会权力整饬

违规社会权力在现阶段组织形态上往往表现为三种模式：第一，不具有合法社团资格未从事违规行为；第二，具有合法资格从事违法违规行为；第三，不具有合法社团资格从事违法违规行为。这三种情形的社会危害性是依次递增的，各自在原因关系与主观过错方面也大相径庭，因而在处理和规制上要注意区分。

首先，对于不具有合法社团资格未从事违规行为的社团，要检视现行的准入与管理制度，争取精细区分筛选，扩大社会权力的培育口径的同时拓宽社会权力监督的范围。根据有关单位开展的社会调查数据统计显示，在接受调查研究的公益性质的艾滋病防治领域的53个非营利组织中，正式注册登记的占26.4%，未注册登记的占62.3%，未注册的社团中另有11.3%挂靠在其他非营利组织下。①而另一项更广义的调查数据也显示，进行过法定社团登记的非营利组织的数量只占该组织实际数量的8%至13%，②换言之，有相当多实际运作的"山寨社团"存在，这些社团可能并未从事一般意义上的违法行为甚至没有超越其宗旨之外的越界行为，但是由于其本身的法定登记程序未完备，其自身的存在就是一种广义的违法状态。从比较法视野观察，美国与日本等发达资本主义国家在对这一问题上的立法尝试都历经了一个由紧到松的过程，如美国《统一非法人非营利社团法》（UUNAA）③实际上有条件地承认了"非法人社团"社团身份的独立的法律主体资格。诚然，社会团体法人化有利于其本身治理结构的规

---

① 牛彩霞：《中国参与艾滋病预防控制的草根非政府组织调研报告》，《中国性科学》，2005年第11期，第10页。

② 谢海定：《中国民间组织的合法性困境》，载自黄晓勇：《中国民间组织报告（2008）》，北京社会科学文献出版社，2008年版，第137页。

③ 根据该法的有关解释，该法适用于非法人的关于慈善事业、教育、科学和文学的俱乐部、协会、商会、政治团体、合作社、教会、医院、共同管辖区协会、小区协会和其他非法人非营利社团。它们的成员可以是自然人、法人、其他法律主体或者这些法律主体的混合体。参见金锦萍：《社会团体备案制引发的法律问题——兼论非法人社团的权利能力》，《求是学刊》，2010年第5期，第80页。

范化，但是从其社会功能的微观性与服务性角度考察，既然在民商事领域中介于法人与自然人之间的非法人组织依法大量存在并允许其合法经营的同时对其也进行必要的监管与规制，那么，对于处于新生后发的社会团体的社会单元，基于对其孵化与培育的政策导向，大可不必在其基本成熟之前对其作整齐划一的高要求。

其次，对于具有合法资格从事违法违规行为的社团，要根据其违规违法情节性质做出区分，如果仅仅涉及行为主体对于法律法规的不同理解或者是对于某些法律空白领域的投机，应通过细化法律解释和修补法律缺陷等方式解决；若行为主体涉嫌故意违规，则应按照相关法律对其问责。以行业协会（Business Association）①为例，2016 年 8 月民政部公布的《社会团体登记管理条例（修订草案征求意见稿）》对于地方性质的行业协会商会可以免于"归口管理"证明文件提供而直接享受登记服务。这就意味着行业协会商会的注册可能因此而大大简化，行业协会商会类有望在制定行业标准、规范市场秩序、行业自律与纠纷调处等方面具有进一步作为的空间。针对类似具有合法资格从事违法违规行为的社团，应通过进一步健全社团内部治理机制来推动其民主管理品质，减少一言堂和家长制所造成的监督乏力；通过加强社团非营利性监管，切断其利益共享与输送链条，防止其服务功能的退化；通过明确法律责任与加强监督管理力度，将信用丧失，功能虚无的僵尸社团逐步清理出局，实现社团内部的新陈代谢与优化循环。

最后，对于不具有合法社团资格从事违法违规行为的社团，要首先区分其违法行为的性质，注意可能存在的一般法与特别法的冲突规则，应按照相关法律对其问责。《条例意见稿》第五十七条规定，未经登记，擅自

---

① 美国《经济学百科全书》将行业协会定义为"一些为达到共同目标而自愿组织起来的同行或商人的团体"。国内学者一般认为，行业协会是一种主要由会员自发成立的会员制的、在市场中开展活动的、以行业为标识的、非营利的、非政府的、互益性的社会组织。参见翟鸿祥:《行业协会发展理论与实践》，经济科学出版社，2003 年版，第 3 页;贾西津、沈恒超、胡文安等:《转型时期的行业协会——角色、功能与管理体制》，社会科学文献出版社，2004 年版，第 11 页。

以社会团体名义进行活动，以及被撤销登记、吊销《社会团体法人登记证书》后继续以社会团体名义进行活动的，由登记管理机关予以取缔，并进行相应的财产罚处罚，若社团存在其他治安违法行为或者刑事犯罪行为，则由相关部门对其进行治安管理处罚，甚至对其进行刑事问责。这种山寨社团往往利用民众对于社团组织公益性的理解与组织架构认知方面的信息不对称，利用一些浮夸的概念和似是而非的逻辑骗取信任，从而方便其骗取钱财、进行思想控制与人身伤害、甚至与境外敌对势力勾结危害国家安全与社会秩序。[1]

一些非法社团宣扬封建迷信、发布虚假信息、假借公益名义敛财诈骗等违法违规行为给社会公众带来重大损失，给国家与社会秩序造成极大危害。今后，国家要进一步加大对于此类不具有合法社团资格从事违法违规行为的社团打击力度，普通公民也需要提高防范意识，避免被其煽动、迷惑或欺骗。

## （四）增进社会权力的民主活力

列宁指出，民主制是一种国家形态。民主制在形式上承认公民一律平等，承认大家都有决定国家制度和管理国家的平等权利。[2]多元社会权力的培育与发展有助于促进民主能力的习得与民主习惯的养成，在增进社会民主活力的同时促进和谐社会的营造。

### 1.充分实现民主体现社会主义优越性

人民民主是民主的最高形态。马克思主义认为，民主也是一个历史范

---

① 2004年，袁某通过私刻公章、伪造证件等方式组建所谓"中国国防基金会"的非法社团，其以国防教育为名，在主流门户网站上以一些国家和军队领导人的名号为幌子招摇撞骗，在社会上从事非法融资活动。由于其宣传具有极大的迷惑性，许多群众不幸中其圈套，其最终被北京市民政局依法取缔，相关责任人被追究了刑事责任。

② 《列宁全集》第25卷，人民出版社，1958年，第459页。

畴，人民民主是人类历史上最高阶段的民主。人民参与民主生活的直接性程度和多样化水平，直接体现出社会主义区别于资本主义的优越性。社会主义建设在中国共产党领导下将民主集中制与群众路线相结合，坚持人民代表大会制度的基本政体，实行间接民主与直接民主相结合，取得了丰硕的理论和实践成果，真正践行"主权在民"与"人民民主"。

在西方，政治冷漠情绪普遍存在，人们似乎对事实上与自身相关联的政策制定过程都提不起兴趣。只是在执法者直接限制或剥夺自身的权利或者被某一司法判决直接约束时才开始积极主张，甚至是以一种极端的方式来表达自己的不满情绪。参与式民主似乎是治疗政治冷漠症的一剂良药。[①]当然，除了广泛的参与制度以外还需要更充分的信息提供与更普及的教育水平和教育层次，否则在规则和程序阙如的情况下的所谓民主参与容易演变为一场暴民的革命，狂热的民主情绪宣泄不仅无法进行理性的博弈，民主权力的滥用也会给社会和公民本身造成巨大的危害。这些民主的失灵与制度异化的经验教训值得发展中国家充分汲取与借鉴。

社会主义民主是在之前人类历史发展阶段民主实践的基础上积累起来的。现代民主中已经包含"社会权力制约国家权力"的基本思想内核，比如托克维尔和达尔等代表人物的民主理论中都强调社会权力对国家权力的反馈与制约。由此，作为民主高级形态的人民民主也应将这一民主运行的基本形式批判地继承并加以优化。主要原因在于，在社会主义国家中，间接民主的实践使得国家权力行使与社会生活始终保持一定的距离，虽然这种国家权力的产生和运行依然遵循民主授权和民主规则，但是人民依然有权对其运行进行必要的监督、约束和检视。

## 2.促进民主能力习得与民主习惯养成

托克维尔认为防止与限制专政的方式，必须通过处于国家机构直接控制以外的市民社团的成长和发展才能得到加强，而市民社团中诸如学校、出版社、酒馆、工厂企业、宗教组织、市政团体以及独立的家族等

---

① ［美］乔·萨托利:《民主新论》，冯克利、阎克文译，东方出版社，1998年版，第117页。

多种形式，正是抵御国家专制的重要屏障。他指出作为"社会的独立之眼（independent eye of society）"的市民社团，其惯常性交互影响的真正作用未必在于维护与巩固民主革命的成果，那些针对每一个普通个体权益实现的社会关怀对于社会民主的增益作用，丝毫不逊色于类似于选举公决或参与陪审等政治权力行使的功能与效果。①托克维尔甚至还认为社团的功能对于个人社会同情心的陶冶，对于民主能力的习得，以及对于民主习惯的养成等都有着积极的推动作用。社团的存在与发展并非意味着对于国家权力的拒斥与反制，客观上二者之间存在着唯物史观意义上的统一性。即便是在当下的人类历史发展阶段，二者之间的互动作用也并非一种非黑即白的零和博弈关系。缺少国家权力的规制，野蛮生长的社会权力可能会在丛林法则中陷入盲目的混战与无谓的消耗，而缺少社会力量制约的国家权力必然会无限膨胀，从而戕害民主，走向封闭与异化。

如上所述，人民通过间接民主（代理制）产生国家机构进行治理，这种类似于"信托"的授权行为本身就是人民行使社会权力的一种方式。但是这种周期性的授权在防止权力滥用的目的性实现效果看是不自足的，还需要通过某些直接民主的间接方式去对于合法授权周期内的公权力运行施加影响和约束。时代车轮滚滚向前，随着社会发展和改革开放不断深入，当代社会主义中国发生了巨大的变化。社会主义市场经济的确立，非公有制经济在国民经济中的比重不断提高，以及新的产业结构、生产模式所催生的新的社会阶层不断出现，传统社会的简单阶级对立模式已经发生了改变。因此，必须从制度设计上高度重视新的阶层、社会组织或团体甚至于新的商业模式等新的社会力量的整合，发挥其积极作用，引导其与国家权力良性互动和检视约束公权力运行的恣意性。这种监督、约束和检视主要是通过新闻媒体的监督、社会团体与行业组织等在各自领域里的关切和呼吁来实现。同时，也要规制其负面效应，防止非理性

---

① 邓正来、[英]J·C.亚历山大：《国家与市民社会———一种社会理论的研究路径》，中央编译出版社，1999年版，第119页。

和无序宣泄的社会权力对于社会生活乃至国家稳定的影响。由此，要求我们在政策与法律上检视与改革现行社会组织管理制度体系，真正鼓励社会组织依法自我组建与自我发展，正视他们在发展过程中可能遇到的问题并给予建设性的矫治与宽容。只有这样，才能找准政府与国家的定位，理顺市场、社会与国家之间的关系，通过积极培育与服务管理，激发社会组织的主观能动性，发挥其完善自我、服务社会、助力民主与促进和谐的积极作用。

### 3.多元化的社会权力发展助力社会民主增量

民主理论在政治学领域是极为重要的一个政治术语，也极其容易被误读与滥用。各种民主理论色彩纷呈，其中共和主义与自由主义之争成为论战主流。按照古典民主理论的传统，民主应理解为人民主权、公民自治等大众化的权力行使；而源于英美等老牌资本主义国家的现代民主制度则将民主视为实现某种稳定的政制安排的选举、或代议等具体制度。

古希腊雅典的直接民主制度是民主理论田园诗般的初始理想模式。但是它只是在小国寡民时期的一种城邦治理的泛宗教与道德的政治混合体，并非适应具有全球关联、辽阔疆域、多元社会与市场经济为特征的现代国家。在这种思路下，民主不再被视为一种哲学情怀与道德准则，而是被后来的政治家与思想家设计为一种稳定的政治规则与权力实现，代议制与选举制应运而生。约翰·斯图亚特·密尔设计的这种代议制政府模式就是为了试图弥合精英统治的理性安排与民众参与的道德要求之间的差距。由于代议制与选举制修复了原始的直接民主种种短板，而逐渐成为当代西方国家民主理论与民主实践的主要形式，甚至被美誉为"现代性的伟大发现"。由此，民主的重心从强调初始状态的公民参与转向代议制的选举与竞争，民主的实际操作者从公民本身变为精英政治家。

尽管如此，我们认为民主与参与密不可分，这里不仅仅指选举、代议制度中公民的直接投票与间接监督的参与形式。共和民主主义所主张的参与民主的范畴远不止于自由主义民主对于间接民主的故步自封，这只能算作是民主的底线或者民主的入门。首先，卢梭所谓的民主参与是公民以一种主体身份对于决策过程的介入，在这一过程中体现出公民对于社会事务与政治事务的关切与控制力。这种能力与品质的习得与获取不同于熊彼特将参与民主仅仅定性为一种竞争代议民主机制对于公民民主情感的保护。因此，二者之间有广义与狭义的差别。

20世纪后期西方世界经济发展的繁荣也带来一些新的社会问题，精英主义的社会固化效应与一般公民政治权力架空后的极端冷漠并存，纯粹市场经济的丛林法则与平等正义的政治价值出现抵牾，自由主义在鼓吹个人主义价值实现最大化的同时未能兼顾公益与社会效果的实现。这一切催生了参与民主重回公众视线，与其说这是共和主义对于自由主义的否定，不如说是对于过往矫枉过正的西方主流政制的一种反思与修正。在西方，思想领域对于广泛民主参与的戒心主要来源于人性理性的推测与历史失败的教训，前者主要是担心来自社会底层的民众欲求改变境遇的情绪化的宣泄会导致民主参与的滥用，从而给政策与法律带来非理性的不稳定性；后者主要是基于魏玛共和国的兴衰与二战前后一些带有民主参与色彩的极权统治的出现所带来的民主悖论的恐惧。

客观地说，上述对于广义民主参与种种瑕疵的细数与担心不无道理，但是各种现象与理论中和实践上对于狭义参与民主制度的依赖互为因果关系。在偏重制度建设与精英治国的理念指引下必然忽视对于民主参与能力的培养与民主参与意识的塑造。参与民主需要注重公民民主意识与民主素养的培育，而民主过程的参与本身也是民主能力的习得过程，这种参与社会事务的管理与决策乃至执行所得到的锻炼不仅仅是技能和技巧上的提高，也是民主情感的陶冶与国民自豪感与自信心的巩固与升华，这种参与不仅仅是一种公民政治权力的伸展与实现，也是通过提高社会参与意义与能力，提高整个社会参与效率。

习近平指出，实现中华民族伟大复兴的中国梦，就是要实现国家富强、民族振兴、人民幸福。[①] "中国梦归根到底是人民的梦，必须紧紧依

---

① 习近平：《习近平谈治国理政》，外文出版社，2014年版，第56页。

靠人民来实现，必须不断为人民造福"①。从这个意义上讲，人民群众既是民族复兴的受益者，也是这一伟大工程的创造者。既然是中国梦的创造，就必须立足中国国情，解决中国问题。中国特色社会主义建设，要求"领导者要深入了解国情，了解人民所思所盼，要有'如履薄冰，如临深渊'的自觉，要有'治大国若烹小鲜'的态度。"②更为重要的是，中国梦的创筑，不能迷信于照搬西方经验。如前分析，西方的社会治理模式特别是民主实现方式尚不能做到与自身的体制完全自洽，因而也不可能成为放之四海而皆准的治理模式被直接移植。只有结合中国国情的广泛参与民主的实践，我们才可能避免西方业已存在的民主失灵与政治精英独角戏的尴尬。中国特色社会主义，"是科学社会主义理论逻辑和中国社会发展历史逻辑的辩证统一，是根植于中国大地、反映中国人民意愿、适应中国和时代发展进步要求的科学社会主义。"③只有立足中国现阶段基本国情，顺应时代发展规律，通过积极培育与扶持中国特色的社会权力，使得在多元社会力量的培育与规制中激发民主活力，从而在整合社会资源的同时克服国家单一主导模式的诸多不足，为中国梦的最终实现凝心聚力。

### 4.社会包容参与营造和谐社会

国家对民间组织的宽容和容忍的程度，既反映着一个国家的社会发展水平，也标志着一个国家的人权保护程度。④无论在我国的传统文化中还是在当下的政治理念中，都将社会包容与协商民主视为一种和谐善治的基本要求。

---

① 习近平:《习近平谈治国理政》,外文出版社,2014年版,第40页。

② 习近平:《习近平谈治国理政》,外文出版社,2014年版,第409—410页。

③ 习近平:《习近平谈治国理政》,外文出版社,2014年版,第21页。

④ 王名、刘培峰等:《民间组织通论》,时事出版社,2004年版,第68页。

### （1）社会包容

包容作为社会发展的一种理念[1]，在社会学意义上的包容性发展可概括为"机会均等""参与共享""分配公正"等关键词。许多学者已经从不同的视角展开对于社会包容性发展必要性与可能性的探讨。[2]法国学者Claude Didry认为，"社会包容"并非"社会排斥"的对应概念，那样理解只会将其狭隘化理解。"社会包容"是以一种社会关联的动态视角，涉及全体社会成员个体之间社会关系的转变或强化的过程。其相关政策重点关注的是如何进一步加强个体的社会参与能力，主要包括公共服务、民主参与、参与交换的自由、独立的司法机构与安全网的存在及完善等五个方面。[3]

中国传统文化中包含着丰富的关于包容社会营造的理性智慧与伦理资源。如中国文化强调"老吾老以及人之老，幼吾幼以及人之幼"与"己所不欲，勿施于人"的道德知行观念，有着"各美其美，美人之美，美美与

---

① 2007年，亚洲开发银行首提"包容性增长"（inclusive development）)概念。2010年9月16日，时任国家主席胡锦涛在第五届亚太经合组织人力资源开发部长级会议开幕式上做了题为《深化交流合作实现包容性增长》的主旨发言，胡锦涛在发言中首次代表中国提出"包容发展"的概念，并进一步指出，包容性增长的根本目的是让经济发展成果惠及所有国家和地区与所有人群。2011年4月，中共中央政治局会议的公报中指出，我国的经济社会发展"必须是遵循社会规律的包容性发展"。包容性治理是一种强调社会治理的多元主体参与，主张关注包括弱势群体在内的所有社会成员的实际需求与发展机遇，追求政治、经济与社会全面协调发展的发展理念和模式。以上观点参见胡锦涛：《深化交流合作 实现包容性增长——在第五届亚太经合组织人力资源开发部长级会议上的致辞》，http://theory.people.com.cn/GB/12748954.html，人民网，访问时间2017年2月25日；中共中央政治局召开会议决定召开十八届四中全会讨论研究当前经济形势和下半年经济工作[N]，人民日报，2014年7月30日第一版；高传胜：《论包容性发展的理论内核》，《南京大学学报》（哲学·人文科学·社会科学），2012年第1期。

② 相关讨论可以参见虞满华：《包容性发展：和谐理念的实践之维》，《内蒙古社会科学》（汉文版），2012年第7期；倪明胜：《包容性发展的核心要义及其政策指向》，《中国党政干部论坛》，2012年第9期；李金龙、孙翊锋：《构建服务型政府：实现包容性增长的根本途径》，《湖南师范大学社会科学学报》，2012年第2期。

③ [法] Claude Didry：《"共和构想"是社会包容性政策的核心思想》，《社会科学》，2012年第1期，第65—66、68页。

共，天下大同"①的包容胸怀，尊崇"经夫妇，成孝敬，厚人伦，移风俗"的教化理想，这些都是中国独特的文化优势。②除此以外，儒家的"和而不同"，墨家的"兼爱"，道家的"天地与我并生，而万物与我为一"都体现出有容乃大的兼收并蓄精神。社会的和谐之音的谱写一方面需要容得下各种声音的虚怀若谷，另一方面需要将这些社会元素做到恰如其分的编排组合。历史一再表明，哪里百花齐放、百家争鸣，哪里文明就繁荣兴盛；而不能容忍与自己意见相左的人，并不能与之合作，文明便衰落。③有学者认为，排他性增长模式必然导致社会贫富分化，而一个高度分化的社会，必然导致各社会群体之间的冲突。善治是公共利益最大化的社会治理过程，"民主""效能"与"包容"是衡量善治的三大核心标准。④"在一个共同体中，信任水平越高，合作的可能性就越大，而且合作本身会带来信任。"⑤国家政策应当以一种包容性的方式合理配置公共资源，剔除那些带有歧视性或排斥性的准入门槛，鼓励公民进行广泛的社会参与。缺乏运行经验的中国服务性非政府组织的培育更需要政府有针对性地引导与激励。

2015年，国家发展改革委社会发展司课题组对我国社会包容的基本状况在全国范围内通过问卷调查、专项调研、专家群众走访等形式进行了一次调研，具体按照量表编制方法，运用项目与因子分析，设置了公共服务、社会安全、就业发展、社会参与、机会均等5个子项目与下级细目。

---

① 1990年12月，日本著名社会学家中根千枝教授和乔健教授在东京召开"东亚社会研究国际研讨会"，以此庆贺费孝通教授80华诞。费老在研讨会上做"人的研究在中国——个人的经历"主旨演讲时总结出此十六字"箴言"，主张社会个体间乃至世界民族国家间应互相包容、互相学习，唯有如此，方可创造一个多彩的文化、多元的社会与大同的世界。

② 汪行福：《复杂现代性与社会包容》，《教学与研究》，2014年第8期，第12页。

③ ［意］L.L. 卡瓦利·斯福扎、F. 卡瓦利·斯福扎：《人类的大迁徙——我们是来自于非洲吗?》，乐俊河译，科学出版社，1998年版，第344页。

④ 李春成：《包容性治理：善治的一个重要向度》，《领导科学》，2011年第7期，第4—5页。

⑤ ［美］罗伯特·D.帕特南：《使民主运转起来——现代意大利的公民传统》，王列、赖海榕译，江西人民出版社，2001年版，第199—200页。

调研数据处理分析后显示，社会包容度评价总体为及格以上，有近四分之一的受访者认为状况良好，有近五分之一的人认为状况堪忧。从数据细目上看，社会安全指数得分率较高，达到89.1（百分制，下同），"社区参与"与"公共服务"得分为及格以上，其中"关照残疾人"等三项涉及弱势群体救助帮扶的得分超过了90。与之形成反差的是，"机会均等""就业发展"等社会公平与个人发展指标的满意度都在及格线以下。令人诧异的是，上述综合评价指数中，东部发达经济区、中部发展经济区与西部欠发达经济区的评价指数分别为65.3、66与67.6。①如此不平衡现象既反映了社会包容性并非与经济发展同时增加，却可能与调查区域内群体间收入水平差距成反比关系。

不容回避的是，在过去相当长的一段时期，市场垄断与行政垄断的结合，使相关垄断行业以合理或不合理手段、市场与非市场手段乃至合法与不合法手段牟取部门利益的能力进一步加强。在城镇劳动力市场上劳动者

---

① 国家发展改革委社会发展司课题组:《进一步加强社会建设　不断提升社会包容度》,《宏观经济管理》,2015年第1期,第26页。

因户籍身份而被区别对待的现象时有发生。①由于必要的社会服务资源的
匮乏与常规救济机制的乏力,进城农民的迁徙自由权、就业平等权、经济
自由权等社会权力主张存在较大阻力,权力(权利)的贫困必然加剧物质
与精神的贫困,这也给当下的包容发展政策的延续性与有效性提出了新的
挑战。

(2)参与协商

民主是一种政治方法,即未达到政治立法与行政决定而做出的某种形
式的制度安排。如果把"决策"与"统治"等同起来,那么我们才可能得
出民主的定义是民治。②强势民主鼓吹民众对于政治的直接参与,发挥社
群与共识的组织优势与道德工具,以人的结合取代精英的垄断。而社群主

---

① 以 2015 年以来网约车的发展为例,滴滴出行、Uber、神州专车等为代表的网约车平台通过
C2C 或 B2C 模式和互联网及其终端普及化所提供的及时信息网络,使得许多车主与车辆可以绕
开传统行政许可壁垒,直接进入商业出租车服务这块城市交通的蓝海。有数据显示,到 2014 年
年底,我国小型载客汽车达 1.17 亿辆,其中私家车达 1.05 亿辆,占 90.16%。而全国的出租车数量
尚不足三百万辆,如此悬殊的比差在市场准入门槛方面,因网约车的冲击而彻底洗牌。与其说
网约车对出租车的市场造成威胁,不如说互联网+新业态对于传统保守的出租车管理模式展开
挑战。在网约车的便利性导致市民的用脚投票的民意倾向与城市交通拥堵、交通服务资源的有
限性的压力下,2016 年 7 月 28 日,交通运输部等部门正式对外发布《关于深化改革推进出租汽车
行业健康发展的指导意见》《网络预约出租汽车经营服务管理暂行办法》,标志政府对于网约车
新事物所代表的新兴业态与新兴商业群体的政策包容性规制。但是随后北、上、广、深等城市出
台的地方细则却在许多方面提高了网约车的准入门槛,使得这种政策包容与普惠打了折扣。典
型的限制表现为京沪两地都要求网约车必须是本地牌照,联想到北京的摇号概率与上海的牌照
竞价,网约车 C 端的服务几乎萎缩绝大部分。北京市交通委曾在 2016 年 12 月约谈滴滴、易到、神
州等 5 家网约车平台公司,被约谈公司反映了其合规网约车数量整体锐减。其中,滴滴北京注册
司机数量为 110 万,活跃司机数量逾 20 万,但只有 10.7% 符合京籍规定。参见芯艾:《网约车再难
出"新贵"》,《中华工商时报》2017 年 2 月 15 日第 008 版;王静:《中国网约车的监管困境及解决》,
《行政法学研究》,2016 年第 2 期;侯登华:《网约车规制路径比较研究——兼评交通运输部《网络
预约出租汽车经营服务管理暂行办法(征求意见稿)》,《北京科技大学学报》(社会科学版),2015
年第 6 期;冯苏苇:《网约车细则落地不会引起打车难》,《第一财经日报》,2017 年 1 月 25 日,第
A11 版。

② [美]约瑟夫·熊彼特:《资本主义、社会主义和民主》,吴良健译,商务印书馆,1999 年版,
第 359、361、395—396、400 页。

---

义（communitarianism）更为关注的是公民个人在家庭、社区、工厂与宗教场所等通过广泛民主参与所取得的公益价值与善的实现。

亚里士多德认为，具有美德的城邦并不是牺牲普通人，人们所追求的不是一种在观念上完美的政体，而首先是一种生活方式。①所谓的强势民主是参与型民主的一种新的现代模式，这种机制所依靠的是教育所塑造的公民共同理念和自觉的政治义务而非单纯的共同利益的趋向或是宗教意义上的利他精神，是基于对精英政治的虚幻性民主的修正而提出的一种民主新模式。沟通是民主的关键，大众传媒的新技术发展能够为民主的实现提供便利，政治对话将取代政治暴力，电子通信技术的发达将大大拓宽集会的规模。②在当代中国，网络即时通信技术与大数据采集与分析水平的空前提高使得需要更多想象力的空间留在了制度层面而非技术层面。在一个民主制还没有建立的国家中，如果没有受过教育的、积极参与公共事务的公民，那么权利法案只是一堆写在纸上的东西。③即使从全球治理的角度来看，广泛的国际NGO组织④所起到的积极作用与响应效率甚至可以比肩或超过政府间国际组织的功能。强势民主所强调的公民参与也并非对代议制民主的否定与试图取代，而是主张在现有的政制巩固的情形下修补弱势民主的缺陷，积极推动多元包容、社会宽容与竞争开放等核心信念和参与认同机制在社会运转和民主实践中的运用与笃行。

非政府组织并非一律反对政府，应将其视为一种新型治理模式中的组成部分，而这种模式的特征就是政府与非政府组织合作共同解决一些公共

---

① ［美］本杰明·巴伯：《强势民主》，彭斌、吴润州译，吉林人民出版社，2006年版，第145页。

② ［美］本杰明·巴伯：《强势民主》，彭斌、吴润州译，吉林人民出版社，2006年版，序言第6页。

③ ［美］本杰明·巴伯：《强势民主》，彭斌、吴润州译，吉林人民出版社，2006年版，序言第9页。

④ 这些组织包括近年来非常活跃的无国界医生（Doctors Without Borders）、透明国际（Transparency International）、国际美慈组织（Mercy Corps）、国际行动援助（Action Aid International）与福特基金（The Ford Foundation）等。

问题。①鼓励更多的社会成员通过各种形式合法行使社会权力，能够激发和培育民众的社会主体意识、民主意识，实现其参与管理社会公共事务的正当诉求，提高公共事务和国家管理的社会参与度和认可度，从而降低了政策制定的主观性，减轻了政策推行的阻力。正因为"民主关乎价值目标和制度选择取向，它要求主体的广泛性。"②所以广泛的民意表达和社会参与也培养和训练了民众的自我管理、自我服务的能力，达到了社会主义特色民主建构和巩固的良性循环。

### （3）营造和谐

和谐社会的营造离不开社会的自助意识与自治能力的提高。社会权力的培育有助于社会本身的自我调适与纠纷自理，这对于化解社会矛盾、减轻社会依赖与促进社会和谐有着重要的推动作用。

私权不再是绝对的私领域，有些私权因为具有某种共同的关系，个性越来越少，社会性越来越多。③如现代社会中所有权就很难说是绝对的权力，权利人在占有使用收益与处分物权的时候必须考量强行法的公益性限制和相邻权、地役权的约束。再如受教育权本应是公民个人自由享有或者监护人行使亲权任意为之，但是稍有法律常识的人都知道国家已经对于义务教育做出限制性规定，这里的权利（权力）亦为义务之谓。社会权力的产生是当代中国社会市场化转型的产物。社会物质和文化资源部分地从国家垄断中剥离出来，归公民和社会组织所拥有，开始发挥其对社会和国家的影响力和支配力。因此，二者之间的关系应当是一种互动关系。④社会权力存在的主要意义就在于实现有效的自治自助，服务于社团成员乃至社会中每一个人权力实现的最大化。

社会权力作为一种"非官方的力量"，能够成为危机管理中国家权力

---

① 中国现代国际关系研究院课题组：《外国非政府组织概况》，时事出版社，2010年版，第49页。

② 程同顺：《当代中国农村政治发展研究》，天津人民出版社，2000年版，第298页。

③ 江平：《社会权力与和谐社会》，《中国社会科学院研究生院学报》，2005年第4期，第33页。

④ 郭道晖：《社会权力与公民社会》，译林出版社，2009年版，第68页。

不可缺少的有益补充。①在缺乏充分沟通的传统乡村社会中，宗族是村民分享政治生活、集体抵御国家权力渗透的公共领域。规范宗族组织与国家权力之间的互动关系，对于培育村民自治的社会基础，更有效地改善乡村社会经济发展的软环境具有一定的现实意义。②而随着城市化的进程发展和农村人口结构的变化，传统宗族势力的式微的趋势下，以尊重"三农"基本权力的"农民的公民化"才是解决农村问题的根本途径。③必须充分重视社会权力与国家权力之间的互动关系及其机制选择，促使农村社会的基层治理走上法治化的道路，是解决当前农村发展的制度性问题。

人类社会的发展是按照一定的规律不断演进的，从原始社会到奴隶制国家的产生，直至未来共产主义社会国家消亡，可见国家是一个历史的产物，而人类社会在人类发展史上却是一个永恒的主题，这也是作为人的本质规定性使然。当国家完成其历史使命归于消亡，或言消解于社会之中，社会力量的作用便无所谓针对某个对象，而是在其自身内部实现某种自治与和谐。国家权力终究回归社会权力，人类社会也正是以这种方式实现了螺旋上升与辩证发展。

---

① 顾林生、刘静坤：《论危机管理中的国家权力和社会权力》，《福建公安高等专科学校学报》，2004年第4期，第10页。

② 宋宝安、赵定东：《乡村治理：宗族组织与国家权力互动关系的历史考察》，《长白学刊》，2003年第3期，第85页。

③ 翟庆海、于承良：《农村家族势力与国家权力的相关性思考》，《太原城市职业技术学院报》，2004年第6期，第16页。

# 六　结　语

中国社会权力理论研究尚处于起步阶段，相关政策立法规制也不完善。通过本书全篇的论证与分析，我们可以得出如下结论。

## 1.社会权力的研究需要以马克思唯物史观社会权力思想为指导

马克思社会权力思想是一座唯物史观与科学方法论的宝库。充分发掘与细致研究马克思社会权力思想，有助于科学认识社会权力的存在样态和作用形式，逐步洞悉社会权力的本质；有助于正确把握社会与国家、社会权力与个人权力之间的辩证统一关系。

首先，唯物史观社会权力思想科学地揭示了社会权力的存在样态和作用形式，对于社会权力的培育方向的选择具有指导意义。马克思认为，国家权力"作为思维着的人，作为思想的生产者"总是试图通过控制、教育与引导"调节着自己时代的思想的生产和分配"①。国家权力总存在着拒斥一切可能与其抗衡或制约的社会力的冲动，即使这种社会力是以社会意识、社会文化甚至于科技力量等较为柔性形式表现出的。因此，马克思认

①《马克思恩格斯文集》第1卷，人民出版社，2009年版，第551页。

为国家在社会教育干预上应遵循的谦抑态度，至少不应任意抢滩社会权力的自治范围。以激烈的革命斗争形式表现出来的社会权力必然带来巨大财富消耗和社会撕裂的负效应。所以，应引导社会权力以一种经济和文化渗透力和感召力的形式缓慢释放与平衡运行，发挥其社会服务性与群体黏合性功能。

其次，马克思社会权力思想有助于我们以历史唯物主义视角洞悉社会权力本质，揭示国家与社会的辩证统一关系。国家产生之前的人类社会即存在社会权力，社会权力孕育了国家权力并为其发展做了必要的尝试与开辟了道路。国家是无数社会权力本着契约精神凝聚而形成的，其本身就是一种战略妥协的产物。国家作为脱离社会的"超自然的怪胎"终究要在社会发展一般规律支配下随着阶级的消亡而归于消灭，国家权力终将回归社会权力，人类社会也正是以这种方式实现了螺旋上升与辩证发展。一方面，国家"与社会分离而独立于社会之上"，二者的竞争与对立的关系显而易见；另一方面，二者的统一性表现在以下两个层次上。其一，在阶级社会中，社会权力融合在国家机器之中，也存在着正义性的瑕疵与缺陷，成为一种异化了的国家权力；其二，国家权力随着国家的本身的解体而重新回归并消弭于社会生活之中，从而在更高的层次上实现了国家与社会的融合以及各自力量的同质化。

最后，马克思社会权力思想有助于我们正确处理社会权力与个人权力的关系，认识社会权力的服务本体和汇集功能。马克思认为个人权力由于其分散性和羸弱性，容易被强大的环境力淹没，其必须联合起来以社会权力的形式运行。马克思在《资本论》中指出，"单个骑兵分散展开的进攻力量的总和"与"骑兵连的进攻力量"有着本质的区别。前者是一种个体力量的简单相加，后者则是一种能够产生几何级数效应的"集体力量"或"社会力量"。个体权力想要实现这种超越和升华并在社会大生产中获得"一袋马铃薯"所无法奢望的利益主张、利益实现和利益保障，不仅需要积极的观念变革，也需要进步的组织机制。

## 2. 要在广泛借鉴的基础上厘清社会权力本质结构与运行规律

通过社会权力和交往权力与微观权力的比较能够发现，如果将政治权力视为由交往权力转化而成的话，那么这实际上就是用社会来制约权力。[①]福柯认为权力是作一种弥散状态分布，它是社会中各种力量关系即团体之间、个人之间社会关系互相作用的结果。权力不只是压抑性的，它还是创造性的。虽然精英主义、多元主义与全景敞视式主义权力结构观都有各自的理论缺陷与实践困境，但是这些具有代表性的社会权力结构观点对于社会权力的构成特征与运行机制的研究具有直接的借鉴意义。

改革开放四十年来，我国社会主义市场经济发展为社会物质积累奠定了深厚的基础，民主法治建设不断进步为社会主体的权力伸展提供了必要的制度保障，而科学技术的创新与多样文化的兼收并蓄为社会权力的发展自觉与准确定位提供了充分的精神动力与理念引导。法治与民主前提下的社会权力运行必然要求遵循合法性原则与整合性原则，前者强调社会权力运行中的法律优位、运行谦抑与非法排除规制，后者侧重于社会权力多元主体在避免两个极端的前提下发挥其监督、填充与公益的实质功能。社会权力所具有的自治力与自觉力是其存在的应有之义与基本品质，社会权力之间或者社会权力与国家权力之间不仅是竞争的博弈关系，也存在功能互补的合作关系。在现代社会中，公民通过政党等社会政治团体对于民主的聚合力与表达力实现自身的政治权力；通过自由交易与工会组织等经济争取力与拒斥力实现自身的经济权力；通过文化产品的生产与精神家园的守护去实现自身的文化权力。

## 3. 我国社会权力的培育与规制必须结合中国国情依法稳健推进

由于历史与现实的原因，社会权力发展的意义无论在我国的政策法律层面还是在相关理论研究中一直未受到应有的重视。社会权力功能的二重

---

① 顾昕：《以社会制约权力——达尔的多元主义民主理论与公民社会理念》，载自[美]达尔《民主理论的前言》，顾昕、朱丹译，生活·读书·新知三联书店，1999年版，第205页。

性使得相关政策的顶层设计显得相当的谨慎和保守。近年来，我国执政党与政府逐渐认识到社会权力在对于国家权力的制约、对于民主法治的促进，以及对于个人权利的保障等多方面的积极作用。社会权力的自治与自助功能既可以对国家权力进行监督与补充，也有助于和谐社会营造。除此以外，多元社会权力的培育与发展有助于促进民主能力的锻炼与民主习惯的养成，在增进社会民主活力的同时体现社会主义制度的优越性。然而，由于社会权力运行机制本身主张多元利益诉求充分竞争与协调，民主政治在实现正义与自由诉求时必然需要让渡一定的效率与秩序价值。所以，社会权力的运行也会带来社会运行效率降低、社会运行成本提高等消极影响，极端条件下由于社会权力异化还可能带来市场无序竞争的风险。正确认识与对待社会权力作用的两面性，对于把握社会权力在我国社会发展中的基本规律显得尤为重要。

新中国成立后特别是改革开放以来，中国对于社会权力的培育与规制在不断探索试错过程中逐步摸索出一条分类指导与鼓励扶持并重的道路。国家通过对于社会权力资本投向、教育服务、社会化 ADR 等功能激活，最大限度地发挥社会权力的积极作用。国家对民间组织的宽容和容忍的程度，既反映着一个国家的社会发展水平，也标志着一个国家的人权保护程度。①无论在我国的传统文化中还是在当下的政治理念中，都将社会包容与协商参与视为一种和谐善治的基本要求。在我国现阶段，社会权力的培育与规制工作中坚持党的领导是宪法法律的要求，也是民主实现的保障。执政党对于社会组织等社会权力载体的领导主要通过思想引导、政治把关、政策宣教与组织嵌入等方式来实现。我们应当通过正确的政治引导与积极的分类指导来鼓励与培育社会权力的成长与伸展；通过加强专项立法，规范社会权力与国家权力之间的良性有序互动；通过严格防控社会权力异化或者国家权力的越界，在发挥民主自治的同时保障社会的和谐稳定。

最后，由于文章篇幅与学术积累等方面的限制，本著未能对于社会权

---

① 王名、刘培峰等：《民间组织通论》，时事出版社，2004年版，第68页。

力在中国的纵向历史发展过程做出详尽的梳理分析，在横向的比较视野考察中也难免存在疏漏。文章对于社会权力的具体存在样态、类型化载体及其运行现状研究还不够深入，多学科研究视域与方法还难以做到融合与自洽。以上种种不足与遗憾希冀在日后的进一步研究中予以弥补与加强，争取为中国语境下社会权力研究创造更多有价值的学术成果。

# 附 录

## 论人性能力与文化自觉

文化是人类创造活动的产物，是对人类社会生产方式具体特征的反映。人类创造文化的过程是人化与非人化的统一。这一过程与人性能力的养成和沉沦并生共举。通过对人性能力结构、人性能力的获得，以及人性能力与欲望关系的探讨，我们可以对传统的抽象人性论做出较为彻底地改变。[①]文化源自人的创造，因而反思文化自觉的历史使命必然与人性自觉相关联。人性自觉就是对人性能力的全面而崭新的认识。人性能力的提高、拓展，就是文化自觉的不断实现的过程。

### 一、人性能力结构三层次

人性是一种能力结构的产物。人性是人的实践智慧的基础。有人提出

---

① 有学者已经从本体论、认识论和价值论相统一角度对人性能力做出过讨论，(参见杨国荣：《论人性能力》，《哲学研究》，2008 年第 3 期。)本文则是从文化创造的角度对人性能力展开分析。

人性是心理本体。①这种看法虽然注意到人类心理的漫长积淀和发展过程，但是依然没有摆脱对人性的抽象。根据人性结构论，人性就是人的实践智慧的能力系统在社会历史发展过程中的积淀和洗汰。积淀的过程是正面的、积极的，洗汰的过程则是负面的、消极的。人性形成的过程就是一个人能力的成长过程，能力成长得越充分，并及时得到积淀和洗汰的双重过程的作用，则人性就越显发，人性就趋于张扬和激越。相反，如果一个人的人性能力无法获得良好的成长通道，遭遇各种压抑和挫折，其人性能力的构成体系就会变得不健全，甚至于残缺，以至于自暴自弃。这种情况下的人性能力就无法得到施展，其积淀和洗汰的过程也就不够完全，人性也就归于沉寂和失落。人性在人类成长全过程的显现是个体人性形成的基础，个体人性是人类人性全息化的反映。

伴随着人的能力的生成，人性也就获得成长的空间。因而一切人性都是个体的、历史的、社会的、变化的。这是人性的最高本质。从唯物史观的角度看，每个人的生存和发展都离不开既有的社会条件。在这个意义上说，每个人的自我发展都是一定社会历史条件的产物。就人的能力目标来看，多数人是为了人的自我完善而发展自己的能力，当然也不排除少数人并不朝向这样的目标发展自己的能力，甚至于践踏自己的能力，或者保持某种原状。就人性的实践价值层面而言，我们更关注的是多数人的人性，而非少数人的人性。价值层面之外的就是能力的操作层面，或者说人的生存的技术层面。人的具体谋生的手段也直接关乎其人性能力的形成与发展。谋生的具体方法体现了一个人人性能力最为公开的方面，由此我们甚至可以判断一个人的一切行为和主张。"鸡鸣而起，孳孳为善者，舜之徒也；鸡鸣而起，孳孳为利者，跖之徒也。"（《孟子·尽心下》）。"天下熙

---

① 李泽厚在其主体性哲学中提出对主体性的建构包括外在的工具社会的建构与内在的文化心理的建构，并将心理本体、情感本体看作是真正的本体，历史社会则是外在的。参见李泽厚：《李泽厚哲学文存》下编，关于"主体性哲学"的五篇论文，安徽文艺出版社，1999年版。虽然李泽厚在后来的《历史本体论》中有将二者综合的倾向，但还是没有很好地解释心理本体、情感本体如何与社会工具活动相互融合的问题。参见李泽厚：《历史本体论》，生活·读书·新知三联书店，2002年版。

熙，皆为利来，天下攘攘，皆为利往。"（《史记·货殖列传》）人们逐利的实践活动是满足人生存的基本前提。在逐利基础上的为善，则显示了人性内在能力发展方向的差异，这也是本文提出人性能力结构的理论动因。

要言之，对人性的判分需要分析人性能力。从人性能力结构看，大体可以分为三个主要的层面。人性的能力最为核心的即本质智慧层，此外，还包括实践文化的价值层，以及谋生的操作技术层。这是从立体的视角对人性本质的揭示。人性能力系统就是通过这三个不同层面展示出来的。

就具体个人而言，其人性的获得和形成首先是从技术操作层面开始的，这是我们最为基本的衣食住行的活动。日常的谋生以及个人的自我发展都会促使人的生存技能不断提高，这一点即使在最为原始的人那里也是如此。原始人的狩猎、捕鱼、采集，乃至于发展到后来的畜牧业、农业以及商业的分工，都体现了人类生存技术能力的不断改进和拓展。应该说，人类进入到今天的工业化时代或者未来的信息化时代，都是人类为完善自身的生存状态而做出的努力，而生存技术手段的改进无疑也影响了人类人性发展的基本方向，有时甚至是决定性的。因为每一次技术革新的出现，人类生存方式都会发生极大的变化，所带来的人性的变迁也极其明显。如农业时代的小生产者形成的小农心理，实质上支配了这一时期人性变化的具体特征，因而工业化大生产时代农业心理就成了革除的对象，小农的人性特征就亟待摆脱，从而为工业时代的更为宽广的交往人性提供可能。未来信息化高速发展的时代，人性受到越来越深、越来越广的交往方式的影响，其在技术操作层面会表现得更为复杂而多变。

随着生存操作技术层面的不断变化，人性的文化价值层面也在发生着变化。人性文化价值层面主要是通过人类寻求更好生存方式带来的结果加以表达的。在生存技术层面，人类只是想活下来，而在价值层面，人类则是为了活得更好。可以说价值层面的人性发展起源于人类基本摆脱了自然控制的状态，开始走向物质生产和文化创造都能够自觉的时代，大致是畜牧和农耕出现，也就是人类文明时代开始的时期。人类文化所以朝向不同方向发展，主要原因就是不同地域的人群选择了不同的生活方式，由此带来了人性价值层面的变化和改变。这种价值选择的能力也就成了人性能力结构较为隐性的一面。在所有价值选择能力中，对私有产品的占有是最初出现的影响人性能力最为突出的一种价值选择。人类占有心态的出现可以追溯至人类为了保证自我生存而做出的种种努力，其中就蕴含着人类私有观念的萌芽。私有观念带来了私有的社会生活方式。即使在同一类人群中也会出现对私人占有的不同看法，私人占有促使人们发展出各种占有的方式。各种政治革命都是为了谋取某种财产、没收另外一种财产而进行的。"2500年来私有财产之所以能保存下来，只是由于侵犯了财产所有权的缘故。"①在各种政治革命的形式中，战争、宗教是以占有显性的或隐性的东西为目的的方式。战争的主要目的是去占有可见的物质财产，包括土地、财物、俘虏等；宗教则是以占有隐性的精神意识为目的，达到对人的最为隐蔽的控制。这两者往往总是巧妙地结合在一起，战争、宗教这些占有活动的频繁出现直接影响了人性价值层面的变化。

人类选择的文化价值模式是多种多样的。东方社会选取的天人合一的价值模式基本摆脱了对神灵的单纯依赖，而西方社会的城邦生活则衍生出了对历史社会价值的渴望，人类自身的主体意识被激活，以人类为中心的生存价值选择慢慢被确立起来。除此之外，在一些由神灵价值观主导的民族还存在对神灵的单纯依赖的价值模式。在这些不同的价值系统中，由于人性价值选择的差异导致了人性发展追求目标的不同，进而在价值层面出现不同民族文化价值选择。当各种不同价值生存的方式相互传播时，人们具体选择何种价值目标自然也就趋向多元化了。所以说，在人性价值层面表现出来的差异会直接影响人性发展的不同方向。如何寻求人性价值层面的共识，以期逐渐达成在人性层面的价值相通，需要人类在文化发展领域做出努力，尤其需要哲学、宗教等观念领域中的相互融通。如康德在论及人类追求永久和平的社会理想时认为，普遍的国际国家在实践上既是可能的，也是可以实现的。其理论的依据就在于人类普遍理性能够发挥作用。因为康德主张，出自理性根据对理论有效的，对实践也有效。康德提出的

---

① 《马克思恩格斯文集》第4卷，人民出版社，2009年版，第132页。

力求达到世界主义的永久和平理论从本质上说是要达到人类文化层面的共识，其根基就在于人性价值层面的共识。

人性能力最深、最难于认识和掌握的是人性本质层。人性生存技术层面的能力帮助人类从动物的生活状态逐渐摆脱出来，实践价值层面的能力则构筑起不同文化生活状态，使人类生存方式发生了差异。这两者分别是从个体生存和群体生存的角度揭示人性的具体状态。如果从人类整体的角度看，人性最为深刻的本质层就是人性区别于物性的最为关键的因素。这也是人生存、延续的人性基础。反映在人性本质层上的人性能力主要是人的自我完善能力，或者说是人的整体完善能力。一个人的完善算不上完善，一群人的完善也算不上完善，只有人类整体朝着完善的方向发展才是人性的圆满，才是人类的完满。这一点在亚里士多德那里就有强调："一种善即或对于个人和对于城邦来说，都是同一的，然而获得或保持城邦的善显得更为重要，更为完满。一个人获得善值得嘉奖，一个城邦获得善却更加荣耀，更为神圣。"①亚里士多德此处虽然是从政治学角度来探讨个人和城邦的完善，但从其强调城邦完善重于个人完善的理论可以看出，人类作为一个整体，其发展完善的目标就要以整体的演进为标准，而不能以某些人、某些地区、某些国家完善的标准作为人类发展的旨归。一只燕子造不成春天，一片落叶造不成秋天。

人性完善的能力是人性本质层的最为直接的显现。这种人性能力的发展和变化显然依赖于人性技术和价值层面的不断完善，但是从另一个方面说，人性技术和价值层面的完善所依靠的最为深刻的基础则是人性本质层面的完善。人作为宇宙中目前所能知道的唯一智慧的生物，无论从其来源还是从其未来发展的方向看，其独特性都是唯一的，其智慧性也是唯一的。人区别于万物的根本所在就是人对自我本性的不断探求和认识。技术层面的进步可以提供外在的手段去深入探索人性本质，价值层面的发展能够提供深入人性本质的思维方式。人性本质层面的能力就是人的智慧能力，依托于宇宙所提供的能量在人身上转化的方式，只要更好地激发人的能量就能够不断提升人的智慧能力。这里所说的能量是指支配人性出现、延续乃至演化的各种物质、精神力量的总和，而不是单指以物理能量出现的力量。如何理解和阐释这种能量，当另文论述。

从活下来到活得好，最后到为什么活着，人性能力结构不断展开，人性能力不断提升，最后趋于完善，这不仅是个体的成人之道，也是群体生存之道，更是人类生存之道。这也是人类依托人性能力从现实迈向理想的人性发展之道。

## 二、人性能力的获得

人性作为一种能力如何获得，也是探寻人性本质的基本要义。既然是能力，当然就不是抽象的，人性能力作为一个系统结构存在也不是先天具备的。但是对人性来源的判断却离不开对人类起源理论的依赖。根据现代生物学及古生物学的发现，人类起源的过程伴生着地球演化的整个历史。就拿哺乳动物的产生来说，恐龙时代就已经出现的鼠类是哺乳动物的先祖。当时的鼠类很小，其生存的法则不同于大型动物，但是因为其独特的形体及生活习性使得他们在恐龙灭绝的时代生存了下来，并演化创造出胎盘类哺乳动物的生存方式。这对于人类等胎盘类动物的产生起到了决定性的影响。哺乳动物的始祖为了适应环境进化出胎盘与哺乳的繁殖方式，不仅为动物向着更高形式的演化提供了生物基础，而且也说明了动物在优胜劣汰的过程中，自我生存能力得到了实际提升。这个漫长的演化进程对后期动物的影响是潜在的，或者说是在基因层面的实质性影响。

从理论的角度说，人的人性能力的形成过程，不仅有人类自我演化进程中的选择性留存，也有早于人类产生时期的生命的演化进程中的选择性留存，而且还包括未来人类在发展演化中所需要作出的选择性留存。从人类生命的角度，这是人类存在的过去世、现在世、未来世的三世合一过程。从这种意义上，不存在永恒不变的人性，因而任何抽象地概括人性的做法都可能违背人性本身的实际。也正是依据于此，我们才从人性能力结构的角度来分析人性。

当然，从人性的生成或养成看，其选择的特征是非常明显的。这也就是人性能力在实践过程中的积淀和洗汰的统一。积淀的过程主要是人类对有利于生存的技术和价值的经验累积和理性反思；洗汰的过程则是不断淘汰、祛除不利于人类生存的技术和价值。

从人性生存的技术层面看，生存能力的积淀和洗汰主要伴随着人的自我学习能力的成长。在生物界所发现的具有学习能力的动物，都是通过两代动物之间的传授和学习才得以掌握生存的本领，尤其在高等动物那里。如鸟类中最为聪明的乌鸦被科学家证明具有非常强的学习能力，它们甚至能够通过二次使用工具的方式来获得食物，这已经和灵长类动物的学习本领相匹敌了。人类的童年，以及人类个体的童年也是如此。学习能力的养成伴随着人类不同代际的生存状况而改变。学习手段和内容的更新从一个侧面反映了人性能力成长的基本形式。学习的能力是人类掌握生存技能的最为基本的方式。

从人性生存的价值层面看，价值判断的积淀和洗汰除了人群的自我学习能力之外，还有人群之间的竞争导致的文化选择方向的差异，由此高势位的文化就能占据领先地位。此时文化的创造与创新能力就显得尤为重要了。哪个人群创造出最新的文化，其人性生存的价值选择就变得优先。这种优胜劣汰的法则造就了人类社会历史的发展进程是以文化积淀和洗汰的方式表现出来的。文化发展的方式要远比学习求得生存的方式复杂。其中涉及物质、精神、制度和心态等不同层面文化的表现形态。文化的价值追求渗透于文化发展的所有方面，区别只是深浅不同而已。因而文化创造及革新的能力就成了人性生存价值层面的最为核心的能力。《周易·革》："汤武革命，顺乎天而应乎人。革之时，大矣哉。"《周易》认为革新精神的核心是顺天应人，社会文明的变迁也是顺天应人的结果。"汤武体天之道，尽长人、合礼、利物、贞干之道以顺天，文明著而人皆悦以应于人，乃革前王之命。"[①]《革》卦所论的"文明以说，大亨以正"就是要悦人

---

① 《周易内传》，《船山全书》第1册，岳麓书社，1988年版，第398页。

道、正天道，其中所蕴含的内在价值追求是正向的、积极的，与本文所倡导的对人性价值能力的追求是一致的。

从人性生存的本质层面看，人类出现及演化的全部过程都是作为整体存在的人性能力形成和演化的基础。人类为什么出现在这样一个世界上，为什么以这样的方式存在于这个世界上，都体现了人性本质层面能力结构的形式。其中，何种学习的方式，何种文化生存的策略都是以这个本质层面的人性为基础的。这也就是我们所说的人性与物性区分的意义所在。由于人类出现乃至生物出现的漫长历史，当下人们谈论人性本质层面的能力结构显得有些无能为力。但是，我们不放弃对人性本质层面能力结构的探寻恰好就体现了人性生存本质层面的能力素质是存在的。换言之，人类对自身所无法清楚知晓的存在本性的努力追索本身就是人性本质层面的能力表现，这是人作为自为存在的一种标识。人类对自我本性的把握在一些哲学家那里被当作意识或精神的活动本质。如黑格尔就认为自我就是一种自在的意识，"自在自为的本质和目的自身就是直接的实在的确定性自身，就是自在存在和自为存在、普遍性和个体性的渗透或统一；行动本身即是它的真理性和现实性，而对个体性的发挥或表达，就是行动的自在的目的"①。根据从技术能力到实践能力的提升，人性生存本质层面的能力结构的核心应当是以智慧能力为特征的。这是人作为智慧存在物的最为显明的表现。

区分人性中技术能力、实践能力和智慧能力，并不是将人性割裂为几种不同的人性能力，而是力图改变人类思想史上一直以抽象方式谈论人性的做法，以此来探究人性的本质。就像康德区分理性的理论运用能力和实践运用能力一样，并不是为了将人类理性能力划分成不同的能力，而是在人类理性能力的整体存在方式中，揭示理性不同运用过程中显示的不同要求，从而更好地帮助人类把握理性能力的运用方式，而不至于僭越理性能力的运用。人性也是如此，人类思想史上从人性善恶来区分人性的做法所导致的文化发展的不同方向，从根本上违背人性本来存在的方式，其结果

———

① [德]黑格尔：《精神现象学》上，贺麟、王玖兴译，商务印书馆，1979年版，第26页。

使得人类的自我发展遇到了难以克服的文化纷争。其中不同宗教之间的激烈对抗，以及人群、民族和民族国家之间的激烈对抗造成了人类历史的曲折进程。人类历史上的诸多悲剧，很大一部分导源于对自我人性认识的偏差。如在激烈的战争中，人群相互之间的厮杀；在日常的社会生活中，各种偷窃欺诈行为的屡禁不绝，折射出的就是人类生存能力的缺失和不足。其根源在于人性能力发展的缺失。人性能力结构就是以一种中性的方式来理解和把握人性，从而创造出一种顺适人类生存发展的人性认识方式。甚至可以这样说，发现人性能力结构的方式就是人性生存本质层面的智慧能力的体现。

从人性能力的角度说，每个人都是有能的，无能的人绝不存在。人的能力既是天地造化的结果，也是其自我在不断成长过程中积累的产物。人的能力从终极层次上说，遵守守恒的定律。就算是人的肉体生命消失了，支配人生存的能量依然存在于世间。有能力又总是表现为不同的层次和方面。最有能力的人能够激起历史的巨变，就像最有能力的动物往往能够顺应自然演化的方向。常人也是有能力的，但往往只表现为庸常的能力而不自知。人若自己认为自己无能，其实是一种开脱的态度。如果以"功成事遂，百姓皆谓我自然"（《老子·十七章》）的立场看，人也可以说根本都是无能的，因为人们无需故意显示自己的能力来实现什么。从这个意义上说，人既是无能的，但又是最有能的。人的"能"最终直接的表现就是其求生存的欲望，以及以此为出发点的各种追求发展和完善的欲望。

## 三、人性能力与欲望

从万物皆有变化的角度说，万物皆有改变自身的倾向。这种倾向在区别于人的事物那里可以称为物之欲，如植物生长的欲望、向光的欲望、大量繁殖的欲望。极端者，食肉植物的欲望更为显明。植物形态的差异都是为保存自身物种而"设计"的，在这个意义上，植物生长和繁殖的倾向也可算作一种欲望。动物更是如此，适者生存的法则在动物界表现得更为明显。动物的生存在生物链中处于较为复杂的状态，无论是草食、杂食，还是肉食动物，其求生存的欲望都毫无保留地展露无遗。根据生存的法则，在植物和动物界没有一种生物会有自己消亡的欲望。因为，无论从历史或逻辑的角度说，这都说不通。

人的欲望源于生物长期的演化，形成何种欲望与人的生命状态直接相关。饮食男女是人的基本欲望，也是人存在的前提和基础，这和其他生物区别不大。但是人的欲望却不像动植物那样世代之间不会发生太大的变化，人的欲望会伴随着人的生命展开而呈现正增长的倾向。人的生命展开有两个层面，一是个体不断生长带来的欲望的增长，一是人类自身文明进程发展带来的欲望的增长。后者又可以分为两个层面，一是某个民族或某个人类群体在发展进程中出现的欲望的增长，一是人类连接为整体之后的欲望的增长。其中人类作为整体存在的欲望尚难以确定，因为至少到目前为止，很难找到人类作为整体存在的共同欲望，这当中不包括人的生存欲望。如果有，也只能从人与其他存在物相区别的意义上谈论，除此之外似乎难以判定人类有共同的欲望。

个体在生长过程中其欲望虽然不断增长，但是却受到个体生命状态及个体所接受的价值观的影响。其基本的欲望态度分为保持原状、抑制欲望、放纵欲望三种基本形式。儒家，主要是宋明理学将欲望当作与理对立，因而用理治欲，主张寡欲。道家将欲望归结为人的自然属性，主张忘欲，回归本然的生活。佛教是希望从根本上截断欲望的方向，通过消除欲望来制约人。基督教则以禁欲的方式，将欲望的实现寄托于彼岸世界。但是，随着资本社会的形成，消费成了生产的主要环节，对人的欲望的刺激被冠以带动生产的美名。尽可能地满足欲望成了资本社会的目的。在欲望带来的需要推动下，社会加速发展。

群体的欲望往往是被激发的，因为个体的欲望千差万别，很难找到其表现和运行的轨迹。只有当遇到某种集体性事件时，群体的欲望才可能形成，如保存种族的欲望、扩张的欲望、战争的欲望等。

群体的欲望建立在集体意识的基础上，如果集体意识瓦解，群体性的欲望也就不复存在了。从历史发展来看，集体性意识的存在多数源自强权的力量，自发生成的很少，所以群体性的欲望存在的真伪很难判断。

如此一来，我们讨论欲望问题只有从个体出发，通过将欲望置于人性能力的层面予以展开，即欲望属于人的一种能力，同时也是人性的一种能力。

从人性操作技术层面看，人的求生存的欲望是维持人性存在的前提，在这个意义上，欲望都是正当的，没有所谓不合理的、非法的欲望。无论在何种情况下，人都应该保持自身的生存状态得以延续。这一点可以运用于宇宙间的一切事物。一切存在物之所以能够延续自己的存在，就是以其欲望自身存在为前提。只是在无机界，我们不好这样说而已。

在人性的文化价值层面上，人的一切实践活动皆是由欲望引起，或者伴随着欲望的产生而进行。在求生欲望满足之后，人性会选择更多的发展方向，这是每个人之所以区别于其他人的人性前提。我为什么要和你一样想呢？或者说我为什么要和你有一样的欲望呢？在此，欲望就是人内在的人性活动的表现方式和通道，在某种程度上也可以用人的心理活动来加以描述。由于我们每个人的欲望和他人皆不同，所以社会才会纷繁多变、千变万化，才形成人类历史的壮观景象。其实，这一点在自然物那里也是如此。各种自然物因为选择了不同的发展方向，所以才会出现尽可能多的生存样态。人类社会不仅需要保持每个人与每个人相互区别的状态，还要保持人群与人群之间有所区别的样态。这在文化价值观念中有集中的反映，也是人群乃至人类的集体意识难以形成的原因。在这个意义上，我们提出大同社会不是要将人的生存样态整齐化，它恰恰是人的多方面能力得到发展的社会。马克思的人的自由而全面发展的社会理想的价值也在于此。对某种价值追求的欲望能否得到满足，完全取决于该社会所能够提供满足这些欲望的条件。如对名利的欲望，是最为常见的人的欲望。何种名利能够得到满足，满足到何种程度，都是由社会发展的水平决定的。在名利欲望初起的阶段，欲望可能会有某种导向性的作用，而一旦有了基本的满足之后，人性价值层面的能力就起着引导性的作用。某种人性价值观念能够直接引导人的某种欲望的产生和消除。社会发展的水平不仅是指社会的物质生产的水平，也包括社会文化的发展水平，后者往往起着决定性的作用。社会进入到文明时代以来，物质生产水平的提升虽然是构成人类社会存在的前提，但是如何构建合理有序、和谐健康的社会，则需要大力发展文化。这也是本文将人性能力与文化自觉结合在一起讨论的理论契机。

当然从欲望本身来说，没有表现出来可能就不会被人觉察，主体自身往往也会忽略刹那间消失的欲望。不过，从人性实践能力的角度看，任何产生过的欲望，不论其停留的时间多么短暂，对于欲望的主体而言都一定切实存在过。正所谓如人饮水，冷暖自知。这一点恰恰是人性实践能力不可回避的事实。因此之故，我们对于表现出来的欲望和未表现出来的欲望，应该一视同仁，尤其是主体自身。只有这样，主体的人性实践能力才能够不断得到发展和提升。这也是人类价值层面的人性能力所以能够发展的基础。人类会创造出何种更加适合人类生存和实践的价值方式，一定与正确对待自身欲望相关。在这一点上，从心理角度探寻人的行为中的下意识行为，既有其积极意义，也有消极意义。积极意义在于承认人性欲望的事实存在，以此来正视人的欲望；消极意义在于可能导向一种规避责任的心理状态的发展，即以欲望的天然性来弱化人的自我意识的责任担当。

在人性本质层面，智慧能力中的欲望也是存在的，其直接表现就是对拥有知识乃至智慧的欲望。由于智慧能力受到先天和后天两重因素的影响，因而，对智慧的欲望能够达到何种层次属于知其无可奈何而为之。有些人先天条件可能很好，但是受后天教育、环境等因素的影响，其很好的先天条件不断丧失，最终趋向于难以实现的境地。有些人先天、后天条件均好，达到因缘和合的状态，其对智慧追求的欲望可能会得到实现。这也就是那些相对先知先觉的人，他们利用自己的智慧能力，在对智慧欲望的催动下，不断创造出新的智慧观念，导引着人类前行的方向，这也是为历史所证明的事实。有些人先天条件不足，后天却能够抓住教育及社会发展带来的机遇，在追求智慧能力的欲望过程中，恰好达到了目标。

将欲望作为一种人性能力来考察，避免了单纯从心理学角度分析欲望的偏狭，直接将欲望还原到人性能力结构中。这样的还原方法可以为确定欲望能否实现提供完整的人性前提。我们在人性能力的结构框架中，可以给不同的欲望确定层次，从而找到欲望表现乃至实现的途径。可欲之谓善。欲望是可以实现的，在追求欲望的过程中，只要能够清晰地判断欲望所处的人性层次，就能够很好地促进欲望的实现。欲望是可欲的，也是可能的，更是现实的。

## 四、人性能力与文化自觉

任何民族文化在其发展过程中，都有文化自觉的难题。从心态文化的视角看，文化自觉有两重维度，一方面是对文化传统的自觉，另一方面是对人性的自觉。为此，我们需要认真辨析文化传统与传统文化的关系，以及文化自觉与人性自觉的关系。处理好这两种关系，就能够找准文化自觉的方向，进而推动民族文化的发展。本文重点探讨文化自觉中的人性自觉，对文化传统的自觉当另文论述。

人性自觉指的是人追求自我全面发展的意识的觉醒。马克思主义异化理论认为，在资本发展和扩张的时代，人性会不断趋于沉沦乃至于异化。人性的异化导致人的生产活动，以及人的社会关系的全面异化。在异化的社会关系中，货币和资本扮演着决定性的角色。马克思的异化理论呼应着文化非人化的发展倾向。文化发展的过程是人化和非人化的统一。人化体现的是文化创造和文化自觉，非人化则是文化寂灭和人性沉沦。[①]一切异化的存在都是人性沉沦的表达。正如一切民族在面对变革、开放和大发展时期，都难免存在民族性中劣根性的暴露问题。文化的非人化进程虽然不是必然出现于某个历史时期，但文化的这种倾向却始终存在。民族性的劣根性就是文化非人化在民族文化发展进程中的具体表现。

当我们面临政治生活中的腐败、经济生活中的贫富不均、社会生活中的信仰缺失，以及道德领域中的伦理失范等多种消极状况时，我们还能不

---

① 戴兆国:《哲学简论》,安徽人民出版社,2009年版,第68页。

能以一种清醒的文化自觉的姿态去发展民族文化，就要看对人性的自觉是否有充分的认识。这是解决一切现实人性问题的前提。

人性的自觉体现在人性能力的自觉上。前文已经将人性能力分为人性本质层面的智慧能力、人性价值层面的实践能力和人性操作层面的技术能力。人性的自觉最容易在操作层面得到实现，这是人作为生物最为基本的求生能力的自觉。在这一层面，人性能力的自觉就是寻求生存下去的方式，任何能够维持个体生存的方式都可以带来人性技术能力的提高。这是现代社会分工尤其是职业分工的前提。涂尔干曾经指出，分工是社会有机体的一种自我调节能力。分工不仅是植根于人类理智和意志的社会制度，而且也是社会有机体本质要素中必须有所把握的条件。社会要发展，就必须顺应分工这一趋势。①其实，所有个体要在社会中得到发展，也必须从提高人性能力的角度去确立自己的生存、生活方式。在一个开放的社会里人们可以获得各种生存下去的方式。但是，人性技术层面能力的自觉必须受制于人性价值层面的自觉。因为某种具体的生存技术手段往往会导致社会的价值冲突。并不是任何追求生存的手段都是合理的，都有益于社会的发展。各种非法的谋生手段如盗窃、抢劫、欺诈等必须得到遏制和禁止。社会生活中的灰色地带也需要彻底清除。人们日常生活中讨论的潜规则的生存策略就是某种介于白黑之间的灰色领域。灰色的生存方式能否得到控制，并逐渐趋于消失，是一个社会健康程度最为显性的标志。

为此，适合于人性操作层面的技术生存方式必须得到合理的价值引导，这就需要提升人性价值层面的实践能力。人性价值层面的实践能力是在社会关系中实现的，合理的人性价值追求才能够保证人性技术能力的真正实现。价值观念的自觉决定了人的社会关系能否达到和谐的状态。为此，确立何种核心价值就成了民族文化自觉的关键，社会核心价值体系的建构与实践就成了人性自觉的基础，进而成为文化自觉的重要内容。核心价值体系的建构与实践不仅仅是当前社会发展的需求，更是一个民族长期发展的文化追求。某种核心价值体系是否能够在社会关系的实践中发挥

---

① ［法］涂尔干：《社会分工论》，渠东译，生活·读书·新知三联书店，2000年版，第4页。

引领作用，取决于这种核心价值体系是否满足了人性本质层面的智慧能力的需求，也就是文化终极创造层面的需求。

如果说在人性操作层面体现的是人要活下去，在人性价值层面是人要活得好，那么在人性本质层面体现的就是人为什么而活。人生存的价值和意义不是靠活下来和是否活得好表现出来的，而是靠人性本质层面的安顿来实现的。真正体会到安身立命的意义，才是人性本质的要求。放弃对人生意义的追求，就不可能达到真正的人性自觉。人性自觉的最高状态就是对人生意义的追求。在一个意义缺失的时代，人性价值往往以异化的方式出现。其最为直接的表现就是大多数人对于是否帮助别人的问题都产生了疑惑，这样的社会问题反映的是人性本质层面能力的缺失。当人的全面而自由发展目标被各种机械的社会运作方式、僵化的教育教化体制所宰割时，人性能力就陷入全面的异化当中，人性的自觉就无从谈起，文化自觉自然也就成了无本之木、无源之水。在人性异化的状态下，各种民族性的劣根性也会死灰复燃，中国传统的小农小生产意识、封建等级思想、追名逐利的心态、贪求权力的观念、笑贫不笑娼的社会心理、虚假的文化学术创造等，各种人性的幽暗意识连同文化的非人化倾向一并爆发出来。一切人性异化的表现都会直接影响文化自觉的实现。

解决这些问题，需要从人性自觉的角度不断提升人的全面发展能力，包括技术能力、实践能力和智慧能力。这样的过程是漫长的，其中我们首先需要解决的是心态文化层面的改变，从而实现人性的自觉，最终达到民族文化自觉。从人性实际存在状态出发，辨析人心能力结构，并对此结构做出分判，能够为人的自我认识提供人性审视的新视角。从这一视角出发，能够为推进人性自觉，进而在人性结构层面推进文化自觉提供合理的引导，具有重要的理论反思的价值。

# 社会权力的运行原理研究

唯物史观认为人类社会中的权力体系经历了个人权力、社会权力与国家权力的发展形态。个人权力是一种分散的基因质的权力,需要通过社会权力的聚合来彰显和实现。国家权力是社会权力、个人权力之间相互作用与妥协的产物。马克思认为,国家会最终走向消亡。因此,国家权力也必将以向社会权力回归的形式最终消亡。①然而,国家权力在问世以后凭借其极强的扩张性与吞噬力,造成了近代以来特别是东方社会普遍存在的社会权力抑制和个人权力忽视的现象。

马克思认为,市民社会的兴起及其与国家的真正分离和对立乃是近代历史的产物,它使国家成为和市民社会并列的且在市民社会之外的独立存在。②国家是人类社会发展到一定历史阶段的产物,社会与国家的分化导致社会权力与国家权力的分殊。本文所讨论的社会权力,是指在社会生活实践中,包括社会组织和社会群体以其所拥有的社会能量对国家与社会所产生的影响力。这里的社会意指与政治国家概念相区别的狭义的社会生活领域,与国家政治组合才构成广义的大社会。社会权力从作用特征上主要包括物质力量、知识力量、道德力量;从作用效能上可以分为高质权力与低质权力;从作用效果上可以分为威胁权力、经济权力与整合权力;从主体形态上,可以分为组织型社会权力和群体型社会权力;从价值分殊上,可以分为正义性社会权力和非正义性社会权力;从权力结构上,可以分为政治权力、经济权力和文化权力。

①《马克思恩格斯文集》第3卷,人民出版社,2009年,第195页。
②《马克思恩格斯文集》第1卷,人民出版社,2009年,第584页。

## 一、社会权力运行的基础

改革开放四十多年来，我国社会主义市场经济发展为社会物质积累奠定了深厚的基础，民主法治建设不断取得进步，为社会主体的权力伸展提供了必要的制度保障，而科学技术的创新与多样文化的兼收并蓄，为社会权力的自觉发展与准确定位提供了充分的精神动力与理念引导。

### （一）市场经济发展的物质基础

改革开放以来，经济建设逐渐被重视，由此市场经济的发展被提上议事日程。但是中国社会对市场与计划在经济发展中作用的认识还经历了相当长时间的摸索。直到20世纪90年代初，市场经济得以逐步在政策和法律层面上被固定并巩固起来，连续数十年来高速经济增长在证明市场经济有效的同时，也将GDP的总量推高到仅次于美国。中国特色社会主义市场经济道路，对于政府职能的转变，调动全民的积极性，以及提高全社会的进步效率等方面取得了较大的成就。市场经济发展带来的社会变化，为社会权力的生长提供了丰厚的物质基础。为此，我们借助对市场经济特征的分析，来探讨社会权力动态运行的基础所在。

首先，市场经济是法治经济。中共十八届四中全会审议通过了《中共中央关于全面推进依法治国若干重大问题的决定》（下简称《决定》），《决定》提出社会主义市场经济本质上是法治经济，要使市场在资源配置中起决定性作用，并更好发挥政府作用，必须以保护产权、维护契约、统一市场、平等交换、公平竞争、有效监管为基本导向，完善社会主义市场经济法律制度。[①]市场经济首先是法治经济，体现出国家对于经济人个体和组织的尊重。市场经济的运行必须符合等价有偿、诚实信用等一般规则，国家不能动辄以国家利益为由直接进行物资的调配和超市场规律的经济垄断。现代市场经济是建立在规则基础上的，也可以称为法治的市场经

[①]《中共中央关于全面推进依法治国若干重大问题的决定》（单行本），人民出版社，2014年。

济。[1]按照亚里士多德对于法治的理解，社会主义市场经济就是要求在市场经济活动中法律的适用得以严格贯彻，除此以外，相关涉及社会主义市场经济的法律法规本身应当是符合内在经济发展规律与中国国情的良法。

其次，市场经济倡导自由竞争。希克斯将经济体制分为市场体制与非市场体制两类，后者包括习俗经济和指令经济，两种经济体制都有可能具有军事性质或者滑向军事专制主义。第三种组织形式称为重商主义或者商业性的组织，它们主张高度的个人主义，却不会滑向无政府主义，因而不可能成为指令经济。重商主义经济所特有并引起各种新问题的要求主要有两个，即保护财产和维护合同的要求。[2]财产的保护与合同的遵守，除了依赖人们的诚信与契约精神外，更多地要求国家权力履行职责，这也体现出经济人个体的权力意识觉醒和权利意识的增长必然要求对于自身权力有效的主张。市场经济对文化的影响主要表现在它宣扬了平等自由的理念，使人们的思想变得更加开放。

再次，市场经济丰富了社会组织形式。市场经济的运行有助于市场主体财富的积累与管理协调能力的提高。这一过程不仅积累了社会物质和组织财富，也为社会权力培育了相当数量的权力主体形式，如独立的现代公司集团、小微企业与大量的多元化经营实体，以及新兴网商与风险投资机构。除此以外，一些公益性的NGO、NPO组织也在市场经济的发展中逐步涌现。虽然这些组织本身是非营利性质，但是其生存与发展是社会肌体完善化的客观需要。同时没有市场经济发展带来的物质资料积累和创新思想的影响，这些公益性组织就不可能获得非财政性的资金赞助，也无法获得实现各自组织主旨的知识积累。市场经济的发展促进了经济主体之间的竞争与联系，为了博得更好的竞争优势与更优的政策扶持，这些经济主体逐步建立了多种形式的联合，使得利益集团、行业协会、工会组织获得发展，促进社会权力生长发育。诚然，市场经济仅提供一种相对公平竞争的机制，然而这些参与公平竞争的主体在自身条件、机会把握能力、经济实

---

[1] 吴敬琏：《呼唤法治的市场经济》，生活·读书·新知三联书店，2007年，第141页。

[2] ［英］约翰·希克斯：《经济史理论》，厉以平译，商务印书馆，1987年，第15、32页。

力和信息获取或分析水平都存在较大的差异。在这个意义上讲，同一起跑线起跑形式上的公平竞争本身，可能由于其他原因的介入导致这种竞争在实质上很可能从一开始就是不公正的，在这种情况下的竞争结果也不可能是公正的。所以，市场机制不可过高估计，国家干预不可或缺。一些特殊的利益集团对于国家权力的影响不可小觑，它们甚至能左右政府的政策内容与方向。①十八届五中全会提出的"加快建设法治经济和法治社会，把经济社会发展纳入法治轨道"的依法治国基本原则，明确了我国经济建设、经济体制改革需要沿着法治轨道，发挥其资源配置效率优势，针对其固有的缺陷通过立法约束的方式进行约束矫治与补遗补缺。

## （二）民主法治进步的制度保障

"民主政治"的概念最早产生于古希腊的民主城邦雅典，由"人民（demos）"实行"直接统治（kratia）"而构成民主政治是其显著特征。如当时雅典首席将军伯里克利所言："我们的制度之所以被称为民主制度，因为政权是在全体公民手中。解决私人争执的时候，每个人在法律上都是平等的。"②由此可见，法治与民主是密不可分的孪生兄弟，民主是法治的前提，是政治合法性与良法产生的基础，而法治是确认和巩固民主制度的责任承担者，是抵御专制与奴役的利刃与护城河。柏拉图的政治构想经历了从早年《理想国》中"哲学王统治"，到晚年《法律篇》中"法治"妥协性次优选择这一转变过程。他认为在哲学王阙如的情形下，人人必须遵守法律，因为法律是神赐的统摄公民灵魂的圣物。③与之稍有不同，亚里士多德一以贯之地坚持法治应当优于一人之治，"法律是最优良的统治者"④。伊壁鸠鲁认为国家权力与政治社会存在的价值在于剔除"人对人是狼"的恐惧，以及保障民众之间的契约安全秩序。与苏格拉底、亚里士

①［美］奥尔森：《集体行动的逻辑》，陈郁译，上海人民出版社，1995年，第141、146页。

②［古希腊］修昔底德：《伯罗奔尼撒战争史》，谢德风译，商务印书馆，1978年，第130页。

③［古希腊］柏拉图：《法律篇》，张智仁、何勤华译，上海人民出版社，2001年，第411页。

④［古希腊］亚里士多德：《政治学》，吴寿彭译，商务印书馆，1965年，第171页。

多德不同，伊壁鸠鲁认为遵守契约仅仅是一种道德自觉或单纯对于正义洁癖，而非出于"焦虑地害怕被奉命惩罚不正义的官员所抓住"①的功利性权衡。从这个意义上讲，在协调多元利益主体的相互关系与整个社会秩序的维护中，不能指望过于理想化的田园诗般的感化与规劝，法令与制度的底线与严格的执行力不可或缺。

自文艺复兴以来，西方主要资本主义国家已经有数百年的民主法治的斗争与尝试。而以农耕文化为基础的东方帝国却依然坚持既有的封建统治，甚至鄙夷西方政治的烦琐与非统，直到船坚炮利敲开国门才被迫环视周遭。彼时的末代统治者也是在积弱积贫、外忧内患井喷爆发之时还对于政治改革抱有侥幸心态。慈禧太后在收到载泽关于立宪"皇位永固""外患渐轻""内乱可弭"三大利好承诺的密奏后②，才陆续颁布《预备仿行宪政》谕令、《钦定宪法大纲》与最终胎死腹中的《宪法重大信条十九条》。自五四运动时期国人初识"德先生"至今，民主在中国的发展已经有近百年的历史。其间虽历经坎坷反复，却毕竟硕果累累。新中国成立后特别是改革开放以来，民主进步带来的民智开启和创造力的迸发，使得我国在科技文化艺术方面取得长足进步，生产热情与科学技术水平也随之得到极大提高，随着财富的积累和国力的强盛，人们深刻地体会到民主的优势并将其视为人类文明的精髓而着力对其不断地发展与完善。

有学者认为，民主的本质在于"民治"（rule by the people），即"以民决政"③。既然选举是民主理论的一个重要原则，民主的典型模式在大多数人的观念里就是票决政治。这种快餐化的民主消费往往是定期将精英阶层中的某些人送上权力的巅峰。在这种权力信托的周期内，民主政治似乎

---

① [古希腊]伊壁鸠鲁、[古罗马]卢克莱修：《自然与快乐：伊壁鸠鲁的哲学》，包利民、刘玉鹏、王纬纬译，中国社会科学出版社，2004年，第42页。

② 故宫博物院明清档案部：《清末预备立宪档案史料》（上册），中华书局，1979年，第174页。

③ 萧公权：《民主与宪政》，清华大学出版社，2006年，第35页。实际上，关于"民治"（rule by the people）的概念及其在非民主国家的愿景问题，罗伯特·A.达尔在其著作《民主及其批评者》中也做出了较为详细的论述。参见[美]罗伯特·A.达尔：《民主及其批评者》，曹海军、佟德志译，吉林人民出版社，2006年，第445页。

乏善可陈。如列宁所言："每隔几年决定一次究竟由统治阶级中的什么人
在议会里镇压人民、压迫人民——这就是资产阶级议会制的真正本质。"[①]
中共十八届四中全会审议通过的《决定》明确提出，制度化、规范化、程
序化是社会主义民主政治的根本保障。推进社会主义民主政治法治化，推
进协商民主广泛多层制度化发展，加强社会主义协商民主制度建设，构建
程序合理、环节完整的协商民主体系。坚持依法治国首先要坚持依宪治
国，坚持依法执政首先要坚持依宪执政。[②]因此，我们也应当注意到抽象
民主政治的局限性，真正将民主的理念激活并发挥其潜力最大化，需要在
其在政治经济文化等各方面的参与性上做出努力，而实现这种机制优化则
主要依靠良善的法治予以保障。所谓"徒善不足以为政，徒法不能以自
行"（《孟子·离娄上》），良好的愿景与成形的法统，也需要用民主机制
的有效运转去激活和实现，而社会权力的功能巩固与作用发挥必须以民主
法治为制度保障与法律依据，同时社会权力充分实现与伸展也是民主法治
进一步发展的载体与目标。

### （三）科技文化发达的精神动力

曾经由叙利亚问题引发的移民潮与难民潮引起了大多数欧洲输入国家
的担心，这种担心主要是源于外来民众所代表的文化传统可能会侵蚀既有
的文化认同感与社会向心力。特别是那些来自伊斯兰国家的输入人口，他
们特有的文化与信仰较难兼容于欧盟主要国家的主流文化圈。从这个意义
上讲，多元文化主义（multiculturalism）从功能上抵制了阶级、性别、种
族与文化的歧视心理与差别政策的产生与蔓延。然而，包括"9·11"事件
在内，以及发生在欧美主要国家的与输入性族裔问题相关的恐暴事件，使
得西方国家的移民政策逐渐呈现保守与退缩趋势。这也引起了人们对多元
文化主义政策普遍的反思。自由主义者在理论和实践层面发起了全面的批
判，认为多元文化主义的理想化兼收并蓄政策没有给予社会稳定与政治团

---

① 《列宁选集》第3卷，人民出版社，1995年，第150页。

② 何华辉、李龙：《市场经济与社会主义宪政建设》，武汉大学出版社，1997年，第11页。

结足够的关注，从而在事实上销蚀了共同体统一的国家认同危机。对此，多元文化主义重申差异性的文化身份对人的重要性，指出少数族群文化正遭受着被歧视与同化的不公正对待。因此，对于他们的保护，不仅仅要消除以上种种不公，更要通过差异群体权力的保护方式，赋予少数文化族群以群体代表权、特殊福利权、自治权。①哈贝马斯则提出了"宪法爱国主义"，试图以一种道义上更具包容性和普世性的宪法爱国主义理念来替代建立在狭隘、排他的民族性基础上的种族爱国主义理念，并把它变成公民认同的新形式和维系社会一体化的精神力量。②德国是目前欧盟成员国中对待移民政策最宽松的国家之一，就像文化多样性一直伴随着人类文明史，全球化亦不可能导致文化的无差别混同。事实上，全球对话伦理的基本原则就是文化平等，不同国家和地区，不同种族与信仰，甚至是同一国家的不同人群都可能存在一定的文化差异。如何面对与处理这种多元化的文化差别，直接考验着政治家的睿智与社会的包容。

改革开放以来在经济建设上取得了令人瞩目的成就，在这一过程中随着对外政治经济交流带来的文化交流也成为一种常态。中国的传统文化和现代文明令这个充满神秘色彩的东方大国在世界范围内尽显魅力的同时，世界各国的文化符号也随着商业交往、旅游观光、留学游学和影视娱乐产业的互动在国内广为传播，令人应接不暇。除此以外，随着通信技术的进一步发达和新媒体技术的普及，国内各民族、各群体、各界别之间差异性文化的交流、借鉴、冲突和融合也成为一种新兴的常态。直到20世纪80年代中后期，多元文化问题才逐渐进入学者们关注与研究的视野。通俗解释多元文化政策，就是允许各民族保留自己的语言、文化、风俗习惯和生活方式。③诚然，多元文化主义不同于多元文化（plural culture），后者是

---

① 刘向东：《文化多元语境下的国家认同建构》，博士学位论文，吉林大学，2015年，摘要第1—2页。

② ［德］尤尔根·哈贝马斯：《包容他者》，曹卫东译，上海人民出版社，2002年，第152页。

③ 阮西湖：《多元文化政策》，《内蒙古社会科学》，1986年第1期，第44页。

指在一个社会、国家或民族中所存在的多种文化的总称。①正如之前分析的那样，包括中国在内的世界各国随着全球化浪潮的冲击，都不同程度地出现文化多元化的客观境遇，国内学者多是从概念来源与加拿大、美国、欧盟等典型国家或国际组织视角进行考察，真正关注国内文化多元及其政策法律应对的研究成果并不多见。实际上，多元文化主义的精髓不仅仅是对于不同群体间的文化平等权的关注，更应关注到多元社会群体的平等的政治、经济参与权与保障权的问题。多元文化主义不仅是协调国际与地区间文化冲突的原则，更是妥善处理民族国家内部主流文化与亚文化、官方文化与民间文化、商业文化与公益文化等差异文化单元之间紧张关系的指导原则。

## 二、社会权力运行的原则

法治与民主前提下的社会权力运行，必然要求遵循合法性原则与整合性原则，前者强调社会权力运行中的法律优位、运行谦抑与非法排除规制，后者侧重于社会权力多元主体在避免两个极端的前提下发挥其监督、补充与公益的实质功能。

### （一）合法性原则

社会权力运行需要遵循的首要原则即合法性原则，社会权力若任由其野蛮生长和无序运行，其后果只能是混乱与灾难。

1.社会权力的合法性过滤。

哈贝马斯认为社会权力是在市民社会的根基上发展起来的，它当然会在日常生活的公共领域发生影响。社会权力在法律的框架中受到控制，转化为一种交往权力，并通过交往权力来影响政治权力。如果政府的决策、法律和制度是在公共领域的商谈的基础上产生的，那么这种法律、制度和政策才会得到人民的拥护和支持，才是真正地服务于公民，才具有合法性

---

① Random House Webster's College Dictionary, New York: Random House Inc.1992, p.889.

与正当性。在这种权力的转换过程中，对于程序法的严格化要求体现了对于法治理念的充分尊重，社情民意也要通过法定的方式通过惯常的通道进行有序表达。公平、民主与秩序等法律价值必须兼顾得当，社会权力与国家权力的运行都需要限定在法治的框架中。

2. 暴力手段的谦抑与规避。

阿尔温·托夫勒认为每个社会都有一个所谓的辅助强制系统负责处理正式的、官方的执法机关不宜参与的案件。"自从旧石器时代的祖先们朝猎物投去第一片石块，暴力就用来生产财富。"即便是到了农耕社会，"皮鞭和木棒如同镰刀和铁锹一样，都是农业经济的不可或缺的部分"[1]。而资本主义的原始积累过程本身更是征服、奴役、掠夺、杀戮过程。在社会发展的一般阶段，无论是社会权力的自助行为还是国际交往中的反制行为中，暴力的使用都具有明显的不可控性和社会危害性。

3. 负面组织的打击与防控。

我们在社会实践中发现，政府管制严格，市民社会自治空间较为狭隘的社会形态下黑社会性质的组织较为罕见，而政府管制较为松散且市民社会自治意识相对较强的社会形态下，反而容易滋生黑社会性质的负面社团。现实社会生活中，某些负面社团与掌握国家权力的某些人有千丝万缕的联系，甚至获得了后者赋予的保护伞。扫黑除恶专项斗争开展以来，全国共打掉涉黑组织2421个，打掉涉恶犯罪团伙29773个。[2]除此以外，恐怖主义组织与相关犯罪近十年内在世界范围内逐渐出现并呈蔓延之势，对于我国部分地区的影响也开始引起广泛重视。整治黑社会性质组织犯罪行为需要研究其发生机制，有针对性地强化公共服务并提升治理能力，完善专项立法并严格整肃贪腐，鼓励民意表达并加强舆论监督。针对暴力恐怖

①［美］阿尔温·托夫勒：《权力的转移》，刘江、陈方明、张毅军等译，中共中央党校出版社，1991年，第44页。

②新华社：《全国已有35000余名涉黑涉恶违法犯罪人员投案自首》，http://www.gov.cn/xinwen/2019-11/04/content_5448620.htm?_zbs_baidu_bk，2019年11月4日，访问时间2020年3月13日。

犯罪组织形成的社会基础与文化差异因素，应进一步加强对少数民族同胞，特别是未成年人的爱国主义教育与民族统一思想教育，在贯彻宗教信仰自由和尊重其语言文化和民族习惯的同时，加强对少数民族地区的经济扶持和科技文化宣传，着力遏制暴恐组织这一变异了的社会权力对社会政治经济文化生活的恶劣影响，坚决抵制其负面社会离心力对于国家统一与社会发展的破坏力。

### （二）整合性原则

社会权力的社会黏合功能在于其整合价值的发挥，通过多元社会力量对国家权力的监督、填充与积极公益行为的鼓励，才能实现社会权力在扬长避短中有序运行。

1.监督、补充与公益是社会权力的整合实质。

博尔丁曾提出了三种主要的权力类型，即"威胁权力""经济权力""整合权力"，这三种权力被形象地比作大棒、胡萝卜和拥抱（爱）。社会权力中的整合权力主体往往更多地表现为带有亲缘和信念教义性质的家庭、教会、宗教慈善组织，以及众多的国际组织，这些组织的经济权力不具有营收性质，往往依赖信徒和拥趸的捐助。这里提出的社会权力的整合原则，与博尔丁的提法在社会弥合功能上相似，但是在具体的功能表现上不完全相同。我们认为，社会权力的整合原则包括社会权力整体对于国家权力恣意性进行检视与约束的监督性，社会权力整体对于国家权力功能优化与弥补的填充性，以及社会组织团体对于公民诉求收集与梳理的公益性。

2.NPO（非营利组织）为主的社会组织是社会权力整合的主力军。

20世纪中期以来，作为与国家机构和典型市场主体分殊的第三部门即非营利组织（NPO即Nonprofit Organization）在世界范围内蓬勃发展，成为社会组织中的中坚力量。非营利组织至今并非一个法定概念，学界对其也莫衷一是，但是主流的观点认为其是具有组织性（formal organization）、非营利性（nonprofit-distributing）、自治性（self-governing）和志愿性（voluntary）特征的民间性社会组织。①这里的志愿性指的就是由于非营利组织并非为了参与者和投资人获得商业利益回报，因而这种组织的聚合与运作往往是出于组织者的共同价值观、共同爱好或者道德选择，在具体行为活动上不具有逐利性。②非营利组织在中国发展起步较晚，近年来逐步在教育、医疗、文化等公益性社会领域中崭露头角，在扶贫帮困和完善民生等方面的积极作用渐次体现。在我国，由于非政府组织在构建和谐社会过程中开始展现组织结构创新和社会资源整合的功能，国家逐步开始培育某些非政府组织的有序发展，但是正是由于政府选择性大于市场选择性，我国目前非政府组织的自治性和志愿性尚显不足，其推动社会成长、弥合社会利益冲突，以及促使政府职能转变等整合与维稳作用潜力尚待进一步发掘。

3.避免无序与无为是社会权力整合原则的功能要求。

作为社会权力系统典型代表的非营利组织可以利用自己"小快灵"的优势，在拾遗补阙中提供社会服务并实现自身的发展。所谓政府功能的"空白"是在有限政府的前提下政府"力所不逮"的诸多环节，有学者列举了"政府的合法性""制约政府权力""满足社会多元化需求""培养公民民主的生活方式"四大类政府功能的空缺③，其中后三类值得我们充分重视。权力的扩张性使得其总是在遇到明确边界时才能够停止，而无论是公权力内部的自我约束，还是西式的三权分立的制度化平衡都不足以起到边界的阻却效果。非营利组织由于其独立性和自治性，放大了公民法定的监督权力，是一种来自外部的监督力量，对政府的权力之手的恣意伸展或者违规动作保持敏感和抗拒，这从实际效果看确实可以弥补政府自控力的先天瑕疵。虽然20世纪以来政府权力不断扩张并渗透到社会生活的方方面面，但是社会发展的速度与法律规制的滞后性之间总是存在矛盾。另一

①秦晖：《政府与企业之外的现代化——中西公益事业史比较研究》，浙江人民出版社，1999年，第36—39页。

②[美]莱斯特·赛拉蒙：《非营利领域及其存在的原因》，转引自李亚平、于海编选：《第三域的兴起》，复旦大学出版社，1998年，第35页。

③康晓光：《权力的转移——转型时期中国权力格局的变迁》，浙江人民出版社，1999年，第39页。

方面，社会发展分化导致出现各种各样的阶级阶层及社会利益共同体，他们的诉求和主张是多元的和非统一的，甚至于这些多元群体之间还存在各种各样的勾连和冲突。如果这一切都依赖政府权力来调整与约束，不仅在工作量上无法应付，也与有限政府与服务政府的发展方向相悖。而此处正是非营利组织发挥自身多元关照优势的空间，而且这种关照是以一种柔性的方式实现，避免了政府权力"一放就乱，一管就死"的循环怪圈。除此以外，实现对于权力运行的全天候监督最终还是要靠每一个合格的公民，这种监督并非一种工作负担或一种强加的注意，甚至不能拔高为是一种高尚的道德准则和内心信念。而让民主真正成为一种习惯与生活日常，不是仅靠说教，更需要公民通过非营利组织运行等独立社会组织的参与和实践逐步摸索与习得。

## 三、社会权力运行的机制

哈耶克认为："只有当组织是自愿的并扎根于自由的领域的时候，它们才可能产生助益和具有效率。"[①]作为民主实现载体的社会权力的自治力与自觉力是其存在的应有之义与基本品质，社会权力之间或者社会权力与国家权力之间不仅是竞争的博弈关系，也存在功能互补的合作关系。在现代社会中，公民实现自身社会权力的方式大致有三种，即通过政党等社会政治团体对于民主的聚合力与表达力实现自身的政治权力；通过自由交易与工会组织等经济争取力与拒斥力实现自身的经济权力；通过文化产品的生产与精神家园的守护去实现自身的文化权力。

（一）自治与约束

人类历史已经历经了两种特定的实际制度，即比较民主化的城邦和民族国家，前者属于小规模民主化的尝试，后者则是典型的"多头政治"。

---

① ［英］弗里德利希·冯·哈耶克：《自由秩序原理》，邓正来译，生活·读书·新知三联书店出版社，1997年，第39页。

所谓"民主多元论"或"多元主义民主"，个中"多元"指的是在一个国家范围内，许多相对自治的组织或言相对独立的子系统的存在。具有重要组织的相对自治是甄别一个民主国家的重要参考指标。[①]社会权力是介于国家权力和个人权力之间的一种特殊的权力形态，相对于前者而言，社会权力运行规则要求独立自主；国家产生后，国家权力作为社会权力的一种异化状态总是压制社会权力。

有效的自治与约束机制对于社会权力而言既是一种社会文明的标志，也是一种自我完善的品质与能力的体现。然而，我国现阶段社会组织的组织力与自律性普遍不容乐观，这也是今后一段时期需要在立法保障与政府培育方面重点关注的环节。何谓社会权力的自治与约束力，我们可以参考以下一些表征。首先，有效自治规范的确立。主要包括制定本社团组织的行为规范、组织章程、行动方案与纪律规则。在组织内部建章立制的基础上，还要求这些规范的科学合理性与可操作性。其次，准入与淘汰机制的自我把控。从实际情况来看，相当多的特殊职业群体的准入机制还是依赖行政许可制度的实施（如律师与医生），社团和行业组织可以逐步通过自身行为的规范化渐次获得自身组织成员资格的获得与去除的独立审查权与决定权。再次，监督、惩罚与调解的执行力。社会团体与社会组织的成员意志与意志整合过程中首要的就是处理内部利益冲突时的调解救济能力。除此以外，对于组织成员的监督与对于违规成员的惩处，也是保持自身肌体健康与竞争能力的必要条件。

中共十八届四中全会审议通过的《决定》明确提出，完善和发展基层民主制度，依法推进基层民主和行业自律，实行自我管理、自我服务、自我教育、自我监督。社会权力自治与约束能力的提高亦会使得国家权力责任负担减轻与组织成本降低，因而国家权力对于社会权力自治自律能力的培育也需要不断加强。这种培育主要包括放宽社会组织的依法注册门槛，将原本边缘化的某些社团纳入法治管理领域；其次，逐步委托与放权，把

---

① [美]罗伯特·A.达尔:《多元主义民主的困境———自治与控制》,尤正明译,求实出版社,1989年,第4—5、28页。

本应属于社会组织或社会团体的自治管理的领域逐步与行政管理领域实现分流治理；最后，通过行政合同或行政指导等新型行政行为与社会权力实现互动，通过行政委托甚至法规授权形式赋予某些社会组织或社会团体一定的社会管理与社会服务职能。

### （二）竞争与合作

社会权力不仅要和国家权力展开博弈，而且也要应付社会权力之间的竞争。但是这种竞争并非一种零和博弈，而是一种包含合作的良性竞争，这种竞争既有效地配置了社会资源又使得社会权力充满活力，不至于成为既得利益者而形成垄断，也避免染上科层官僚习气。社会权力作用于国家权力何以可能，或言是社会力量究竟以什么方式作用于国家政策并实现彼此间良性竞争，也许精英流动领域是一个很好的视角。阿尔温·托夫勒断言："权力转移的确切含义不是简单地从一个人转移到另一个人，或是从一个集团转给另一个集团，而是由杰出人物们操纵的，为保持控制而进行的暴力、财富和知识交织在一起的根本转变。"[①]精英阶层本身也应当是一种不断新陈代谢的动态（dynamic）生态。莫思卡认为在少数统治者和大多数民众之间存在互相作用的关系，而不是单纯的前者统治后者的单向关系。莫思卡的社会力量的提法准确反映了文明在发展过程中包括经济、社会、文化等各方面的变化。随着新的需要的不断出现，不断有新的社会力量崛起，以迎接挑战并要求在旧有利益所掌握的权力中分享份额。[②]庶出阶层在保证基本价值观认同的前提下，可以通过某种机制向精英阶层进行缓慢而有序的人才输送，虽然这一机制的目的仅仅是保障后者的活力与社会的稳定。

社会权力之间也存在竞争与合作的关系。以劳资关系为例，经济权力也是一种社会性质的权力，而不是国家权力的一部分。"企业这种自主经

---

① ［美］阿尔温·托夫勒：《权力的转移》，刘江、陈方明、张毅军等译，中共中央党校出版社，1991年，第51页。

② ［英］巴特摩尔：《平等还是精英》，尤卫军译，辽宁教育出版社，1998年，第7页。

营的权力，便是一种独立的社会经济权力，它只受法律约束，而不依附于国家机构。"①我国虽于20世纪末签署并加入了《经济、社会、文化权利国际公约》和《公民权利和政治权利国际公约》，但是在我国现行宪法中并未明确规定罢工权。事实上，新中国1954年首部《宪法》也未规定罢工权。1975年与1978年两部《宪法》中明确提到了罢工权。1975年《宪法》第28条规定了公民的集会、结社、游行、示威、罢工的自由，1978年《宪法》第45条除了重申上述自由外，还规定公民享有"大鸣、大放、大辩论、大字报"的权利。我国1982年《宪法》即现行文本中去除了"罢工自由"的提法。普遍的观点认为，现行宪法在彼时特殊的历史时期从拨乱反正与确立改革开放新理念的考量，在"去运动化"的指针下将"罢工自由"作为一种类政治权力采取了"敏脱化"的处理。一般认为，虽然宪法中并未明确规定"罢工自由"，但是作为一种狭义的经济权力，遵循"法无禁止即可为"的权利（权力）保留原则，经济罢工行为在我国并不具有违法性，只是其衍生后果可能导致行为人将负担相关法律责任。如果说在新中国成立初期对于社会主义改造后的新兴产业体系中工人阶级的权力规制过于乐观，那么1982年宪法中除去了1975年与1978年宪法中罢工权的规定只是在改革开放的新形势下对于罢工权力的规定变得谦抑。②对于劳资双方来说，罢工权力的行使是一把难以回避的"双刃剑"，劳方以自身经济权力为代价争取更优的经济权力，资方以产业停摆为代价维护规则意义上的经济权力。与此同时，国家也以总体税收减损为代价容忍劳资双方权力的博弈，其他社会主体也以社会服务品质降低为代价对于这种权力行使所造成的社会消耗进行体验和评价。

---

① 宋惠昌：《现代社会权力结构新探》，《政治与法律》，1999年第1期，第55页。

② 《中华人民共和国戒严法》第十三条规定，戒严期间禁止罢工；《中华人民共和国公务员法》第五十九条和《中华人民共和国人民警察法》第二十二条都规定了作为特殊身份的公务人员不得（组织或）参加罢工。

## 结 语

改革开放四十多年来，我国社会主义市场经济发展为社会物质积累奠定了深厚的基础，民主法治建设不断进步为社会主体的权力伸展提供了必要的制度保障，而科学技术的创新与多样文化的兼收并蓄为社会权力的发展自觉与准确定位提供了充分的精神动力与理念引导。法治与民主前提下的社会权力运行必然要求遵循合法性原则与整合性原则，前者强调社会权力运行中的法律优位、运行谦抑与非法排除规制，后者侧重于社会权力多元主体在避免两个极端的前提下发挥其监督、填充与公益的实质功能。社会权力所具有的自治力与自觉力是其存在的应有之义与基本品质，社会权力之间或者社会权力与国家权力之间不仅是竞争的博弈关系，也存在功能互补的合作关系。我们应当通过正确的政治引导、积极的分类指导和体恤的社会包容来培育社会权力的生长；通过加强专项立法，规范社会权力与国家权力之间的良性有序互动；严格规约社会权力异化或者国家权力的越界现象，在发挥民主自治的同时保障社会的和谐稳定。

# 我国职业体育劳资纠纷的法律规制

随着我国体育事业的不断发展，举国体制与市场助力并行的模式逐步被重视并运用。近年来，包括"三大球"在内的一些社会参与度高、市场开发潜力大的竞技类项目职业化发展速度较快。然而，由于我国体育法律法规与相关救济机制的不健全，导致我国职业体育纠纷不断增多且规制乏力。目前学界对于职业体育劳资纠纷专项研究较少且不系统，对这一问题研究的体育学、法学与社会学交叉合力尚未形成。由此，如何准确认识、把握职业体育纠纷的特殊性，建立健全有效救济机制，就成为体育学与法学等领域中重要的理论与现实课题。本文以我国职业体育劳资纠纷为视角，特别是以职业运动员和职业体育俱乐部之间的劳资纠纷为切入点，尝试探讨此类纠纷的一般规制模式。

## 一、职业体育劳资纠纷的法理分析

### （一）职业运动员性质界定

一般意义上的职业运动员往往指的是与某一职业俱乐部签订工作合同并经过相关项目管理中心（协会）批准注册，以从事某项竞技体育运动为主要谋生手段，通过出售自己的竞技能力，换取劳务报酬的特殊劳动者。职业运动员与出于爱好、健身或审美目的参与体育运动或比赛的业余运动员区别明显。

需要注意的是，在本文中笔者所说的职业运动员是在我国 20 世纪 90 年代竞技体育市场化、职业化改革后逐渐产生的新生群体，属于"体制外运动员"，而另一类在性质特征上与其大相径庭的"体制内运动员"却经常与其相提并论，为了避免混淆，笔者将此类"体制内运动员"称为专业运动员。所谓专业运动员，是指在我国体育事业"举国体制"下为了"奥运争光计划"而为地方体委或国家队所招录，训练经费与工资福利保险由财政负担的"体制内运动员"。专业运动员产生于计划经济时代，其现行的法规依据即《运动员聘用暂行办法》（人体人字〔2007〕412号），实际上是根据国务院办公厅《关于转发人事部关于在事业单位试行人员聘用制度意见的通知》（国办发〔2002〕35号）和人事部《事业单位公开招聘人员暂行规定》（人事部第6号令）有关精神制定的，其与本文所探讨的职业运动员在一定空间内并存甚至有一定的重合交叉（如优秀的职业运动员被征召入国家队）。由于二者与其各自的用人单位在法律关系、管理模式、经费来源等方面都存在很大区别，限于本文旨趣与篇幅，笔者仅针对身份为"体制外运动员"的职业运动员及其所涉劳资关系纠纷展开探讨。

### （二）职业运动员与职业体育劳资纠纷的一般性

**1.职业运动员属于一般劳动者**

通说认为，劳动者指达到法定年龄，具有劳动能力，以从事某种社会劳动获得收入为主要生活来源，依据法律或合同的规定，在用人单位的管理下从事劳动并获取劳动报酬的自然人。职业运动员出售自身特定运动技能的行为是一种谋生手段，属于一般劳动者的范畴，其与用人单位的权利义务关系应受到我国劳动法律法规调整。

**2.职业体育劳资纠纷符合一般劳动纠纷样态**

我国改革开放以来，随着市场经济本质认识的深化和思想解放进程的加快，对于劳动纠纷的认识也逐步去意识形态化，开始尝试从法学、经济学与社会学视角对于劳动争议或劳资纠纷进行分析。劳资纠纷也称为劳动争议（Labor dispute），是指劳动方（员工）与投资方（用人单位）之间由于利益冲突而产生的纠纷。一般认为，广义上的劳动争议是指以劳动关系为中心所发生的一切争议，狭义的劳动争议是指劳动者与用人单位之间以劳动权利和义务为中心所发生的纠纷。①在体育职业劳资纠纷领域，也存在狭义上的运动员与俱乐部的劳动纠纷和广义上的职业教练员、裁判员及其他工勤人员等与俱乐部（用人单位）的劳动纠纷。本文限于旨趣与篇幅，仅在其狭义范畴进行探讨。

职业体育劳资纠纷种类很多，不仅包括因资方积欠薪水、非法资遣、克扣保险及包括不合理竞业禁止在内的诸多滥用合同优势所造成的纠纷，也包括由于劳方怠工、擅自离职等不当行为引起的纠纷。从比较法视角考察，大多数国家采取列举的方式描述劳资纠纷特征。例如，美国联邦《诺里斯-拉瓜迪亚法案》（Norris-La Guardia Act）第13条（C）款与《瓦格纳法》（Wagner Act 即《国家劳资关系法》）第2条第（9）款对于劳动争议的界定基本一致，都认为其包括任何有关雇佣条款、期限或条件的争执，或关于从事谈判、确定、保持、改变或寻求安排就业的条款或条件的人们的结社或代表权的问题。②而《中华人民共和国劳动争议调解仲裁法》第二条通过"列举加概括"的方式对我国劳资纠纷种类加以概括③，然而笔者认为该法对于劳资纠纷的分类在管辖与受案范围上仅具有程序法意义，并不能周延地穷尽所有劳资纠纷样态。除此以外，出于对劳动者权利的保护，我国《劳动合同法》对于尚未签订书面劳动合同的"事实劳动关系"也给予保护，甚至对于劳动者与用人单位在订立合同过程中发生的权利义务关系，也在实质正义的指针下进行保护性规制，如对于用人单位就业歧视行为而引发的纠纷，也收纳在劳动纠纷中予以救济。

---

① 曾宪义、王利民：《劳动法与社会保障法》，中国人民大学出版社，2009年，第258页。

② ［美］罗伯特·A.高尔曼：《劳动法基本教程——劳工联合与集体谈判》，马静等译，中国政法大学出版社，2003年，第688页。

③ 根据《中华人民共和国劳动争议调解仲裁法》第二条之规定，我国法域内用人单位与劳动者发生的劳动争议主要包括如下六大类。（一）因确认劳动关系发生的争议；（二）因订立、履行、变更、解除和终止劳动合同发生的争议；（三）因除名、辞退和辞职、离职发生的争议；（四）因工作时间、休息休假、社会保险、福利、培训以及劳动保护发生的争议；（五）因劳动报酬、工伤医疗费、经济补偿或者赔偿金等发生的争议；（六）法律、法规规定的其他劳动争议。

### （三）职业体育关联要素的特殊性

#### 1.职业运动员劳动力自身特殊性

第一，稀缺性。现代竞技体育运动对于运动员自身身体条件与技战术水平要求极高，这种精英式的选拔条件对于大多数普通人来说是望尘莫及的，因而造成能够提供这种特殊劳动力的范围很窄，可替代性较弱。

第二，短暂性。根据我国相关法律规定，年满18周岁才可能成为完全民事行为能力人，而最低合法劳动年龄也控制在16周岁，然而现代竞技体育某些项目对于职业运动员的年龄要求相对较低，运动生命较为短暂。比如体操运动员黄金年龄一般在20岁以前，30周岁对于大多数现代竞技体育运动都属于高龄，而"高龄"运动员在身体机能下降和伤病的压力下往往被迫选择退役。

第三，多样性。现代竞技体育根据项目竞赛规则特点可分为"必要团队项目"与"非必要团队项目"，二者职业依附关系大相径庭。前者如篮球、足球与排球等必须依赖团队合作展开竞赛，后者如网球、田径与花样滑冰可以仅凭个人技巧展开角逐；前者的职业运动员必须隶属于某一团队（俱乐部）或某一运动联盟，后者则可以在有效注册后在各层次赛事中"单打独斗"，如李娜[①]和丁俊晖模式。

第四，积累性。从职业运动员技战术水平（劳动力价值）养成习得规律上看，有一个逐步提升和波动下降的规律过程，而这种技战术水平的波动与运动员本身商业价值（劳动力价格）呈现相同的变化趋势，因而职

---

① 2009年1月，李娜等4名国家队运动员被国家体育总局网球运动管理中心决定允许"单飞"，获准教练自由、奖金自由、参赛自由，但条件是无条件参加国家队比赛并承诺将比赛奖金的8%和商业收益的12%上缴。2012年底，网管中心下发《国家网球队建设原则方案》，拟将国家队运动员根据不同的国际排名、投入方式和发展阶段被分为"职业选手""准职业选手""职业过渡阶段选手"及"职业基础阶段选手"。其中，以李娜为代表的职业选手主要通过市场手段获得培养经费，实现"自主训练参赛、自负盈亏"，同时网管中心不再明确要求"职业选手"必须按照规定上缴赛事奖金和商业开发收益。参见邓菲菲：《网管中心再推改革：李娜等职业选手无需上缴奖金》，《信息时报》2012年12月13日A44版。

业运动员中的"当红明星"在劳资博弈中往往能够博得优势，而那些"稚嫩新秀"和"暮年壮士"在劳资博弈中的地位则岌岌可危。

第五，高风险性。职业运动员训练负荷大、比赛强度高且赛事安排密集，运动损伤与职业病发生风险远高于常人，这造成涉及人身伤害商业保险保费高且承保率低，而养老与医疗等社会保险又由于职业运动员服役期短暂而很难在职业生涯中达到最低缴费年限。

2.职业体育产业的特殊性

第一，社会性。社会发展的目的就是满足人民群众日益增长的物质文化生活需求，而高水平的职业体育比赛极具观赏性与娱乐性。同时，一个国家的职业体育竞技水平直接反映出这个国家的软实力水平。因而，职业体育产业作为一种准公共产品（quasi public good）介于纯公共产品和私人产品之间，政府的投入是其重要的供给来源。

第二，商业性。如上分析，作为一种准公共产品的职业体育产业，不同于国防、法律秩序等具有非排他性和非竞争性特点的纯粹公共物品，仅存在有限的非竞争性或有限的非排他性。对于准公共产品的供给，在理论上应采取政府和市场共同分担的原则。包括我国在内的世界上大多数国家将社会参与度或关注度较高的竞技体育运动进行商业开发，通过培育体育产业的模式引入民间资本，从而减轻政府的财政供给负担。民办教育、高速公路BOT建设运营都属于这种准公共产品供给的成功模式。

第三，系统性。职业体育比赛（联赛）作为一种商品，它是由职业运动员在体育产业整体系统内，遵循既定规则有序的展现力与美的方式进行供给。特别是对于大球项目联赛，虽然赛场上球队间是竞争关系，但是大多数观众不是赌球者或者唯一球队或唯一体育明星的拥趸，他们不可能只希望比赛从一开始就进入"垃圾时间"，而是渴望观赏到势均力敌且悬念重重的高水平比赛。因此，职业体育比赛（联赛）的质量关乎其商业价值的实现，而决定其质量的最关键因素还是职业运动员的技战术水平、俱乐部的经营方式、联赛的组织能力，以及政府主管机关的监管力度等系统协调与合力的结果。

3.职业体育劳资纠纷的特殊性

第一，多元性。如上分析，职业体育劳资纠纷的主体不仅包括俱乐部和职业运动员，还包括职业体育联盟和相应的政府体育主管机关，涉及的法律关系不仅包括民事法律关系，还可能存在包含特别权力关系的行政法律关系。

第二，封闭性。现代职业体育联盟在处理体育纠纷时往往强调其自身特点，倾向把包括职业运动员劳资关系纠纷在内的诸多体育纠纷在其内部的仲裁机构按照内部程序解决，对于一般司法救济有着天然的排斥性。

第三，不平衡性。一般情形下，体育劳资关系纠纷中代表资方的俱乐部或联盟的实力要远远大于代表劳方的职业运动员或者球员工会，而且联盟的垄断经营行为在特殊法域内还受到一定程度上的司法豁免。

第四，时效性。虽然效率与公平正义皆为法治的价值诉求，然而对于体育劳资纠纷而言，效率是其首要价值。无论是职业运动员自身职业生涯的短暂性，还是瞬息万变的职业体育市场的时效性，都要求体育劳资纠纷必须得到快捷而高效的救济，迟到的正义毋宁不取。

## 二、我国职业体育劳资的纠纷现状及原因

### （一）产业化发展失衡导致劳资纠纷频发

从举国体制到市场化发展过程中，职业运动员与专业运动员逐渐分野；竞技体育队伍的性质从业余化转为职业化；竞技体育比赛的宗旨从交流学习、选拔人才转为迎合市场、服务大众。在这种转轨和改革的大背景下，职业运动员的运动技能从纯粹国家养成和国家支配逐步肯定为个人所有，俱乐部通过组织职业运动员以参加联赛的方式进行市场运作。政府为了实现其准公共产品供给的行政目的，通过其体育事业主管部门（体育总局及其下设的各单项运动管理中心）向各俱乐部或体育联盟征召高水平职业运动员参加各类国家或地区间竞技体育比赛。在这种新旧体育生态并行

演进过程中，政府、职业体育联盟、俱乐部和职业运动员之间的各种利益关系交互作用，冲突纠纷产生不可避免。而这些纠纷中最普遍、最基础的样态就是职业体育劳资的纠纷。

（二）劳资实力悬殊导致维权向度单一

2012年4月，广东省26岁的女足运动员周某因与广东省足球运动中心就自己试训受伤后相关治疗费用承担与劳动报酬支付等劳资问题发生纠纷。周某于2012年3月9日向广州市越秀区劳动争议仲裁委员会依法申请仲裁未果后，决定向广州市越秀区人民法院提起诉讼。2013年5月，中超原大连实德队赞比亚籍球员诉大连实德俱乐部欠发其5.5万美元薪酬一案由中国足协仲裁委员会开庭审理。随后，20名原实德队球员、教练、工作人员以呈递"联合声明"的方式要求中国足协与大连市足协为其向老东家讨薪。考察近年来我国职业体育劳资纠纷案例，"欠薪门""工伤门"与"转会门"是此类纠纷中的最突出代表，从案由和讼争样态上看，基本上都是代表劳方的职业运动员苦苦维权，代表资方的俱乐部自恃优势消极应付，而处于监管和运营主导地位的主管部门和行业协会却每每扮演居中裁判者或调停者的角色。

（三）新旧体制交互演进导致纠纷关系属性模糊

原篮管中心主任李元伟曾经在中国奥委会和英国金融时报中文网联合举办的2009中国体育高峰论坛上指出，目前为什么中国还不存在真正意义上的职业体育，也就是我们职业体育生存发展的土壤和气候还不适应。笔者认为李元伟所谓的"不适应"主要是指职业体育参与主体法律关系模糊和运营机制混乱的现状。"举国体制"下政府主导型的管理模式与体育产业发展的市场化要求存在明显抵牾，主要表现在以下几个方面：一是政府体育主管部门（各级体委及其专项运动管理中心）直接控制着辖区体育事业的运营，这使得其他各类体育事业单位或人民团体沦为政府的附属物，导致单项体育协会和职业联赛（联盟）的行政化；二是由于行政化的专项体育协会与职业联盟（如中超与CBA）垄断了专项赛事的商业开发权与经营权，专项体育协会希望在实现"奥运争光"行政目的的同时，通过整合社会资源以减轻财政投入压力，但是他们却往往忽视俱乐部投资者的经济利益诉求。近年来由于官方征召高水平职业运动员参加全国或国际比赛而影响常规联赛的运行而与俱乐部、运动员利益直接冲突所引发的纠纷时有发生；三是职业体育俱乐部本身管理和股权结构不合理的现状影响各方的责、权、利划分。目前国内职业体育俱乐部股权构成中国有股权比重高，甚至包含地方体育局股份，这直接导致俱乐部的内部经营和管理被行政权力渗透。此外，国内联赛缺乏专业职业经理人按照市场规律操盘运作，导致俱乐部资产代理关系就呈现出行政性而非市场性委托，这就造成了俱乐部投资人过分染指管理权而导致的短视和投机行为大量产生，而在这一产业链条中处于最弱一环的职业运动员往往成为这场博弈混战中的直接受害者。

## （四）救济模式非适应性导致运动生命与商业机遇的无谓消耗

2007年11月原奥神篮球俱乐部与其签约球员张某产生矛盾并将后者解雇。张某离队后才发现原奥神篮球俱乐部未在中国篮协为其注册，按照现行体制，其无法在原俱乐部不配合的情形下完成转会或重新注册。张琦用了两年时间与原奥神篮球俱乐部通过谈判、斡旋和诉讼等方式鏖战不休，虽然双方在2009年宣告终止劳动关系，但是张某终究在21岁的黄金职业年龄无奈终止了自己的职业运动生涯。无独有偶，2014年2月18日欲转会广州恒大俱乐部的职业足球运动员刘某与老东家青岛中能劳动合同纠纷案在中国足协仲裁开庭，由于本案的周期过长，刘某已经错过2月28日的中超报名截止日期，赛季报销已成定局。事实证明，现有的职业体育劳资纠纷救济模式相对单一且效率低下，体育协会内部救济模式与普通劳动仲裁乃至司法审查衔接不畅。现有机制的局限性和滞后性直接造成职业运动员短暂运动生命与体育联盟宝贵的商业机遇无谓的双重消耗。

### 三、预防性法律规制：法制修正与强制保险

（一）依法明确体育产业市场主体间法律关系，保障职业运动员合法权益

1.发挥举国体制与市场机制各自优势促进体育劳资和谐

举国体制固守国家培养和国家统筹的思路，模糊了职业体育产权界限；为了"奥运争光计划"往往忽视俱乐部与职业运动员的商业利益，而市场机制下俱乐部为了自身利益可能拒绝国家队征召麾下职业运动员，职业运动员为了自身利益最大化往往会抵制转会限制和工资帽（限薪令）规则。同时，我们也必须看到举国体制通过遴选优秀运动员参加国际比赛争取国家荣誉，来彰显国家软实力。除此以外，举国体制倡导全民健身，资助小众体育、非奥项目和蓝领职业运动员，避免我国竞技体育发展出现明显短板。而市场机制下的竞技体育通过商业开发促进了体育文化的普及，培育了体育事业自我造血功能、减轻了财政压力的同时培育新的经济增长点，最终促进职业体育的劳资共赢。因此，我们必须辩证考察举国体制与市场机制对体育劳资纠纷的影响，扬长避短，充分发挥各自的积极因素，促进职业体育劳资和谐。

2.禁止体育主管部门介入体育劳资双方博弈

我国语境下的体育产业要素中形成较为代表性的几类主体：代表政府的体育主管部门（体育总局、各运动管理中心，以及与之在人事、机构和职权上高度重合的各单项体育协会）、各俱乐部、职业运动员与观众。目前体育主管部门既是体育管理规则的制定者，又是职业联赛的主导者与运营者，甚至还作为体育纪律的执行者和体育纠纷的仲裁者。观众作为体育比赛的最终消费者往往用脚投票，联赛质量的高低直接关系到现场的上座率和转播的收视率，进而影响商业赞助、商业广告等体育产业衍生市场的开发，直接影响到俱乐部和职业运动员的切身利益，间接评价了体育主管

部门的管理水平和市场培育能力。

　　然而在体育产业四要素中，笔者认为只有俱乐部、职业运动员及二者组成的职业联盟应当成为体育劳资纠纷博弈关系主体，这种博弈关系客观存在且在理论上能够实现最大限度的帕累托最优。这种主张的理由是，俱乐部、职业运动员与职业联盟必须实现各自利益的妥协和平衡才能使得联赛有效运转且充满活力，只有这样才能赢得观众进而赢得市场和财富。恰是代表政府的体育主管部门必须摆正自身的位置，在"有限政府"的原则指引下回归到监管者和仲裁者之正确角色，不可再染指联赛的组织和运营，兼任运动员和裁判员，避免介入本应单纯的体育劳资纠纷博弈而导致其失衡甚至混乱。

　　3.弥合职业联盟运营规则与现行法律的冲突

　　职业体育联盟是西方职业体育发达国家主要的产业运营模式。联盟是俱乐部的利益代表和委托经营者，通过联赛的组织和其他商业资源的开发使得联盟内部俱乐部收益的最大化与合理分配，因而具有产品市场和投入市场的双重垄断。在我国，代表官方的单项体育协会与其主导的职业联赛，在准入限制和规则制定方面均存在反垄断法争议，如职业联赛设置准入门槛，限制参与联赛的俱乐部资质、数量与地域分布，通过转会限制和工资帽等形式限制职业运动员在不同俱乐部之间自由转会和按照供求关系获取更高的薪水。这些限制竞争的行为直接影响了某些俱乐部竞争优势的发挥与高水平职业运动员的自由选择权利，并且这些事实存在的垄断特权极容易诱发劳资纠纷。

　　实际上，这种体育职业联盟的垄断行为在西方职业体育发达国家也普遍存在。1890年美国第一部反垄断法《谢尔曼法》（Sherman Antitrust Act）的全称就是《保护贸易和商业不受非法限制和垄断之害法》（An Act To Protect Trade And Commerce Against Unlawful Restraints And Monopolies）。《谢尔曼法》打击两类商业行为，即"限制贸易或商业"的行为和"垄断或企图垄断"的行为。[①]体育联盟产品并非某一家俱乐部所能独立提供，必须

---

① 薛兆丰：《反垄断法的经济革命》，法律出版社，2008年，第177页。

在一个有机的系统内（职业联赛系统）按照一定规则由两支相对势均力敌的队伍（俱乐部）才可能提供。如果任由职业运动员追逐超高薪水和少数财力优势俱乐部垄断明星职业运动员资源，则必然造成联赛对弈双方实力悬殊，比赛失去了激烈对抗和胜负悬念。而联赛产品质量下降又必然导致观众流失，进而使得门票、赞助、广告和转播等联盟的统筹收入降低，最终造成包括优势俱乐部和明星职业运动员在内的联盟劳资双方共同受损。基于此种考虑，美国职业棒球联盟通过联邦最高法院三次重要判例中确立了著名的"棒球豁免"制度，逐步在其他主要职业体育联盟中通过相同模式确立了职业体育联盟反垄断法豁免的制度。

被称为"我国经济领域中的宪法"的《反垄断法》于2008年正式颁布实施，该法明确对垄断协议、滥用市场支配地位、经营者集中与滥用行政权力排除、限制竞争等行为进行明确禁止，并在第五十五条、第五十六条对"依照有关知识产权的法律、行政法规规定行使知识产权的行为"及涉及农业生产者经营活动中实施的联合或者协同行为给予了反垄断豁免。我国不是判例法国家，体育职业联盟中的经营垄断行为既然存在一定的合理性，就应该在我国《反垄断法》作为的一般法的前提下通过特别立法进行明确豁免，否则既损害了法律的严肃性，也不利于在司法实务领域实现法治统一。同样的问题还出现在职业运动员劳动权利保护与救济途径选择限制方面，笔者将在本文第五部分展开论述。

（二）针对职业体育自身特点，建立职业体育强制保险制度

从广义上来说，体育保险是应对体育风险的一种方式，是一种经济补偿制度，它体现了一种法律关系。体育保险它是以经济合同建立经济关系，集合多数体育单位或个人的体育风险，以概率论为依据，合理计算保险金，建立专门的体育保险基金，并对由体育事件中的灾害事故造成的意外损失及人身伤害进行经济补偿的一种经济形式。①考虑到本文主旨，笔者主要讨论与职业运动员密切相关的竞技体育保险与职业体育社会保险

---

① 邱晓德：《体育保险学》，北京体育大学出版社，2006年，第2页。

制度。

1.完善体育保险，促进对于职业运动员权利的保护

第一，分担竞技体育风险，鼓励组织与参与。1998年桑兰在美国参加第四届友好运动会中意外掉落器械导致高位截瘫，由此造成巨额治疗康复费用损失；2008年刘翔在北京奥运会上因跟腱伤势退赛导致其商业价值骤减；2011年7月姚明迫于骨裂难愈最终宣布结束自己的NBA之旅与职业篮球运动生涯。在"更高、更快、更强"的体育精神指引下，职业竞技体育在不断超越人类体能极限，给人们带来美感和娱乐的同时，也十分容易造成职业运动员的人身损害与经济损失。竞技体育保险以其经济补偿、资金融通、社会管理等功能分散风险，通过最大限度地保障职业运动员的切身利益，从而鼓励更多的组织与参与，最终促进体育事业的健康发展。

第二，补贴职业运动员退转，减轻后顾之忧。20世纪80年代初的美国就已经基本设置橄榄球、棒球、篮球、冰球等运动项目体育职业联盟的养老保险，较好地解决了职业运动员的后顾之忧。我国目前的社会保障体系中的公费医疗发挥了一定程度的体育保险作用，但现有的失业、养老保险制度还无法直接惠及职业运动员。其根本原因在于，职业运动员运动生涯的短暂性几乎无法满足一般养老保险15年的最短缴费期，其社保关系的续传又受到服务单位性质、地域和标准上的诸多限制。同时，哪怕是短暂失业，对于职业运动员的影响也难以用一般意义上的失业保险来弥补。因此，建立专门的体育职业社会保障体系对于妥善解决我国职业运动员的伤残、死亡及退役后的工作安置等一系列问题有着至关重要的意义。

2.加强专项立法，建立职业体育强制保险制度

第一，设计强制保险制度。美国对运动员参加保险有明确规定，不参加政府体育保险计划的运动员不能参加竞技体育比赛，这在一定程度上造成了事实上的强制体育保险。①意大利体育法明确规定，职业俱乐部应将运动员收入的4%—5%作为保险费用。我国应借鉴这些成熟的立法例，针

---

① 谭仲秋、张强：《发达国家体育保险立法对我国的借鉴意义》，《西南民族大学学报》（人文社科版），2007年第10期，第124页。

对职业竞技体育的高风险性，仿效道路交通安全法中对于交强险的设计，将体育保险作为一种体育组织必须购买的强制险，以此抑制联赛组织者和职业俱乐部组织的过分投机给职业运动员的生命健康造成的重大风险。

第二，完善配套保险立法。目前我国《体育法》与《保险法》中体育保险条款阙如。2002年9月27日，国家体育总局颁布的《优秀运动员伤残互助保险试行办法》中也仅将"优秀运动员"即国字号与各副省级以上单位所属正式在编的专业运动员纳入其中，其在对象上无法涵盖广义的职业运动员，在性质上也并非通过市场手段培育商业体育保险系统。考察西方体育保险发达国家，无不通过严格立法鼓励体育保险。如波兰的《体育法》、法国的《大众与竞技体育活动的组织与促进法》与日本的《国民健康保险法》等对体育设施和体育活动的安全与保险都作了细致的规定。由此可见，我国必须提高现有立法位阶，在《体育法》与《保险法》中增加体育保险条款，条件成熟时制定《体育保险条例》或者专项的《职业运动员保障法》，确立体育保险制度并加强对于职业体育参与者的监督。

第三，拓宽保费资金来源。无法回避的是，职业体育的风险高、范围广、种类多等特点，加之国家没有给予体育保险特殊政策扶持，造成了保险公司不愿单独经营体育保险业务。[1]一般而言，社会保险的资金由政府、俱乐部、个人三方面分担；商业保险的资金只有投保人保费的单一来源。根据谁投保谁受益的原则，从对于职业运动员保护目的出发，职业运动员自身必须承担一定的保费成本。但是由于我国长期以来实行计划式的、国家包办的体育管理体制，在一定程度上抑制了体育保险的市场化发展。除此以外市场化发展不平衡导致职业体育项目间在经济能力与保险意识方面存在较大差异。

针对这种客观条件，笔者认为对于市场化较为成熟的职业竞技项目（如三大球等），可以考虑要求职业运动员与所在俱乐部按照一定比例共同负担保险费用；而那些市场化发展后进的职业体育项目（如举重等竞技项

---

[1] 周爱光、杨晓生、陈慧敏：《我国体育保险的现状及对策研究》，《体育与科学》，2002年第4期，第37页。

目或非奥项目）的体育保险费用主要由财政资金投入或者体育彩票收益专项补贴。

## 四、救济性法律规制：结社补强与ADR

### （一）培育运动员协会对于劳方的补强功能，促进劳资博弈相对均衡

目前在我国的职业体育参与主体主要包括运动项目协会（行业协会）、职业体育俱乐部与职业体育运动员。行业协会本身及其各俱乐部中的投资方与管理层在现代体育联盟（联赛）中代表资方，而职业体育运动员代表着劳方。通过之前对于职业体育运动员劳动力自身特殊性的分析，虽然部分知名职业体育运动员拥有经纪人与法律顾问的辅助，但是从总体上看，劳资双方的实力悬殊十分明显。若想实现劳资双方博弈中的相对平衡，必须培育运动员协会这颗重要砝码实现对劳方实力的补强。

1.性质重构

笔者所述的运动员协会与西方国家的运动员工会较为相似，之所以区别其称谓，主要目的是与我国目前业已存在的职业体育组织工会相区别，这种特征的分野主要表现在以下两个方面。

第一，代表性范围不同。前者代表着在"体制内"的行业协会有效注册而又与"体制外"市场模式运作下的职业体育俱乐部签约的职业运动员；后者代表着包括"事业单位序列"在内的最广义专业运动员、教练员与其他管理和辅助人员。

第二，设计功能不同。前者主要功能在于补强劳方实力，参与劳资双方的集体合同的协商谈判、劳资矛盾的调解及支持劳方救济维权；后者在现有国情下的均衡劳资实力功能有限，主要作用在服务单位职工的文体生活与福利慰问。

2.功能补强

社会学的冲突理论认为，不同利益冲突主体的组织程度与其在互相冲

突中各自的损害程度之间呈现反比关系。目前，西方国家的职业体育发展到了一个比较成熟的阶段，组织机构、法律法规相对健全，职业运动员大多依法建立了相应的运动员组织来维护自身利益。如英国在1958年成立了职业足球运动员工会，并于1960—1961赛季组织起来成功地废除了球员最高工资限制。①美国20世纪30年代的经济危机使得劳资关系一度空前紧张，弗兰克林·罗斯福（Franklin·D·Roosevelt）上台后于1933年签署《国家产业复兴法》（NIRA），明确赋予"雇员有权利组织和通过自己选举的代表进行集体谈判"的权利。以美职篮为例，1954年美职篮球员工会（NBPA）成立之前，美职篮球员工资报酬很低，养老金计划、生活津贴以及健康福利等更是付之阙如。20世纪50年代适逢美国工人运动蓬勃开展，相关立法逐步建立健全，美职篮球员工会的实力不断提升，其通过20世纪90年代的三次"劳资大战"逐步确立了双方相对均衡的实力对比格局。②培育运动员协会对于劳方的补强功能不仅表现在对于集体合同的谈判与其他福利待遇的争取方面，还可以在劳资纠纷救济过程中发挥积极作用。

（二）探索多元模式，研究实用高效的纠纷救济机制

职业体育运动员自身劳动力稀缺性与短暂性等特点决定了职业体育劳资纠纷的封闭性倾向与时效性诉求，而单一的司法程序对于这种特殊诉求无法满足。ADR（Alternative Dispute Resolution）救济模式是替代性纠纷解决模式的缩写。ADR源于美国，现在已引申为对世界各国普遍存在着的、各种诉讼制度以外的非诉讼纠纷解决方式或模式（主要有仲裁、调解、复议、申诉等方式）的总称。③笔者认为，必须针对体育劳资纠纷的特点，

①王清忠、高颂平、吴冶：《关于建立我国职业运动员工会的研究》，《山东体育科技》，2006年第3期，第30页。

②陆在春、高升：《美职篮劳资合作稳定机制及其完善》，《南阳理工学院学报》，2013年第2期，第69—70页。

③范愉：《非诉讼纠纷解决机制研究》，中国人民大学出版社，2000年，第10页。

在尝试多元纠纷解决模式并举的同时实现 ADR 与司法审查的合理分工，才能真正实现高效的体育劳资纠纷救济。

1.探索以体育协会内部调解为主导的体育劳资纠纷 ADR 救济模式

仲裁是 ADR 模式中重要一环，相对于其他 ADR 救济机制，仲裁不仅尊重当事人意思自治原则，而且其裁决还具有一定强制力，法院对仲裁不进行深层次的干预，仅在仲裁违背国家强制性法律法规的情况下才进行司法审查。然而，对于职业体育劳资纠纷而言，体育协会内部仲裁机制作用发挥受到客观条件的限制。首先，中华全国体育总会级别上的体育仲裁机构阙如，各单项体育协会职业化程度发展不均衡，造成体育劳资纠纷仲裁无统一标准。我国目前职业化发展较好的三大球中，仅中国足协成立的仲裁委员会①且将劳资纠纷纳入其受案范围，其他涉奥项目中仅有中国网球协会设有"纪律仲裁委员会"，市场化程度较弱的非奥项目协会更是内部救济制度空场；其次，按照我国目前的法律规定，体育劳资纠纷也应纳入一般劳动纠纷中，遵循"劳动仲裁先于司法审查"原则，而一般的劳动仲裁与职业体育行业内部仲裁又存在重复建制的嫌疑，因而存在着明显抵牾。

基于上述考虑，同样作为 ADR 模式中重要一环的体育协会内部调解本身所具有的快捷、灵活、节约及维持友好关系等特点都非常符合体育纠纷解决所特别重视的价值，使得体育纠纷的调解在欧美发达国家已初具规模和成效，并成为越来越多从业人员的首选解决方式。②职业体育领域有其自身发展规律，虽然体育劳资纠纷具有一般劳资纠纷的属性，然而其存在的特殊性使得我们必须在一定程度上尊重其行业协会内部的自治与自主性。博登海默认为，所谓自主，我们乃指个人或组织（而非政府）制定法

---

① 高升、周学荣、陆在春:《我国竞技体育纠纷仲裁机制缺陷与司法审查的介入》,《安徽师范大学学报》(自然科学版),2014年第1期,第80页。

② [英]布莱克肖:《体育纠纷的调解解决——国内与国际的视野》,郭树理译,中国检察出版社,2005年,第23—29,240—244页。

律或采用与法律性质基本相似的规则的权力。①从这个意义上讲，笔者认为要充分发挥运动员协会在中华全国体育总会及其各单项体育协会职业体育劳资纠纷的调解功能。除此以外，考虑到我国目前体育总局、各单项管理中心与各协会之间的隶属或重合关系，体育劳资纠纷中影响到职业运动员切身利益的还可能包括相关体育管理部门作出的行政行为，所以相关运动员协会还必须根据具体情形采取复议、申诉等非诉方式支持职业运动员的维权行为。

2.协调普通劳动仲裁和司法审查的衔接与适用

如前所述，职业体育劳资纠纷属于一般的劳资纠纷，考虑到其自治诉求应尊重其相对封闭的纠纷处理规则，然而"自治"甚至"封闭"诉求都无法超越法治的界限。哈耶克认为自由不仅意味着个人拥有选择的机会并承受选择的重负，而且还意味着他必须承担其行动的后果，接受对其行动的赞扬或谴责。②根据法律位阶原理与司法最终救济原则，行业协会的内部规定无法排除司法的一般管辖。基于以上分析，笔者认为《中国足球协会章程（2005）》第六十二条中对于包括体育劳资纠纷在内的所谓"业内争议"排除司法管辖且赋予执行委员会"最终裁决权"的规定是明显与我国《立法法》第八条第九项中将"诉讼和仲裁制度"作为"专属立法事项"的规定相冲突而归于无效的，现实中的许多司法判例也印证了这一点。然而，如何协调职业体育纠纷语境下的体育内部调解、普通劳动仲裁与司法审查之间的衔接与适用却成为问题的关键。

我国《劳动仲裁法》规定的劳动争议调解仲裁的基本思路是一般调解仲裁审判递进与特殊一裁终局。该法第五条规定，发生劳动争议，当事人不愿协商、协商不成或者达成和解协议后不履行的，可以向调解组织申请调解；不愿调解、调解不成或者达成调解协议后不履行的，可以向劳动争

---

① [美]博登海默著：《法理学：法律哲学与法律方法》，邓正来译，中国政法大学出版社，2004年，第439页。

② [英]哈耶克著：《自由秩序原理》（上），邓正来译，生活·读书·新知三联书店，1997年，第83页。

议仲裁委员会申请仲裁；对仲裁裁决不服的，除本法另有规定的外，可以向人民法院提起诉讼。这种常规的做法既充分发挥了 ADR 机制特别是体育协会内部的多元救济机制，又坚持了司法最终救济原则。

由于体育劳资纠纷的自身特点，过去劳动争议处理周期长，效率低，劳动者维权成本高的弊端在体育劳资领域令人更加难以忍受。特殊一裁终局能让大量的劳动争议案件避免诉累，在仲裁阶段就得到有效解决。然而，实现这个特殊必须满足三个条件，其一是范围特殊，仅限于小额和标准明确的仲裁案件，包括执行国家的劳动标准争议和追索劳动报酬、工伤医疗费、经济补偿或者赔偿金，不超过当地月最低工资标准十二个月金额的争议；其二是裁决本身合法，包括实体合法与程序合法两方面；最后是劳方认可，一裁终局仅限制资方也即用人单位的拖延与滥用诉权倾向，对于劳动者则听任其选择是否选择任何救济途径以实现其利益的充分保护。虽然我国《劳动仲裁法》第四十七条至第五十一条规定中明确了普通劳动仲裁与一般司法审查的衔接与适用问题，笔者认为仍有必要加强体育专项立法，使得体育职业劳资纠纷的救济途径选择实现最终优化与自洽。

## 五、结　语

职业体育劳资纠纷是我国体育事业从举国体制向市场机制逐步演进过程中产生的新问题。我们必须立足充分认识职业运动员、体育产业和体育劳资纠纷的自身特点，结合我国国情分析体育劳资纠纷现状，从预防与救济两个方面，通过加强协调性特别立法、建立体育强制保险制度、重构运动员协会功能和创设 ADR 衔接机制等途径，促进体育职业劳资纠纷依法合理规制。

# 论教育仲裁制度的完善

## ——兼论大学生权利救济ADR模式引入

随着我国20世纪80年代教育体制改革以来，在法治进程的推动下，教育法律纠纷从隐性、内部性走向显性、外在化。随着教育法律法规的进一步完善，教育法律纠纷解决机制即教育法律救济制度呈扩大化和多元化趋势。

## 一、大学生权利的特殊性要求

中国古代典籍中的"权利"一词多指权势及财物。如《荀子君道》篇："接之以声色、权利、忿怒、患险，而观其能无离守也"，史记《魏其武安侯传》附《灌夫》："家累数千金，食客日数十百人，阪池田园，宗族宾客为权利，横于颍川"。①现代汉语中的"权利"是一个不折不扣的舶来品，通说一般认为权利是权利主体自己主动或者要求他人可以这样行为或不这样行为的资格或能力。当权利主体具体到自然人时，人权就是其集中体现。

笔者认为应从"社会人"和"学校人"两个层面去理解大学生享有的作为公民和学生的双重权利，从大学生权利的下列特殊性对其作实质上的界定：

### （一）重要性

我们所倡导科学发展观的实质，就是要实现经济社会的全面发展、实

---

① 《辞源》，商务印书馆1980年版，第1649页。

现人的全面发展。发展的主体是人，离开人这一生产力中最活跃的因素和社会进步中最重要的主体力量，发展就无从谈起。在新的社会历史条件下，胡锦涛同志强调："大学生是国家宝贵的人才资源，是民族的希望，是祖国的未来。"①认识和维护好大学生权利对于我国人才资源的建设具有举足轻重的意义。

### （二）广泛性

大学生"学校人"兼"社会人"的特殊身份决定了其权利的广泛性。必须在重视其公民权利的同时研究其作为"学校人"的特殊权利保护。既有包括受教育权、自由权、选择权、民主参与权、人身财产权等在内的实体性权利，也有包括监督权、行政申诉权、申请仲裁权、行政复议权、诉讼请求权等在内的监督救济性权利。

### （三）脆弱性

随着高等教育改革不断推进，大学生承担了相当一部分培养费用，并且除军事院校等有限类别外，大部分高校不包分配，这也就是所谓"缴费上学，自主择业"。加之扩招和高等教育多元化的影响，大学生的优越感荡然无存，"天之骄子"的光环逐渐退却，有人甚至惊呼大学生群体沦为新兴的"弱势群体"。首先，大学生缺乏独立的经济实力，维权能力较弱，维权成本相对较高。其次，竞争的加剧和预期收入的降低使得学籍权、公正评价权等权力对于大学生至关重要。最后，受特别权力关系理论的影响和部分高校官本位惯性意识的存在，大学生维权救济途径不畅。

## 二、教育纠纷司法救济现状

近几年来，随着我国市场经济的不断发展和法治进程的加快，法治观

---

① 顾海良：《从战略角度思考大学生思想政治教育》，《中国教育报》，2005年2月22日第3版。

念和权利意识逐渐深入人心。在教育体制改革与高校不断扩招的大背景下，大学生状告学校侵权的法律纠纷不时涌现，打破了象牙塔中往昔的宁静，大学生的权利保护问题日渐成为社会关注的焦点。1998年齐凯利案件、1999年田永和刘燕文案件、2000年王青松案件、2001年黄渊虎案件、2002年张静案件……在一系列吸引眼球的大学生维权诉讼风潮之中，公立高等学校终于走出象牙之塔，开始接受法治的考验。

随着法治进程的深入，司法在社会中的影响不断增强，司法权威在逐渐积累，司法以其独到的魅力——中立公正，赢得当事人的信赖。诉讼作为传统的救济手段，是解决社会冲突和纠纷的最后方式。在民主参与程度不高的国家，司法的角色就更加重要了。然而，由于教育法律纠纷本身所固有的特殊性、专业性和复杂性，再加上司法资源的匮乏和司法环境的缺陷，加剧了需求与供给之间的矛盾。因此，利益的多元化与纠纷的特殊性对纠纷解决手段的多元化和纠纷解决机制的创新性要求愈显迫切。

（一）大学生与高校法律关系多元化

常见的高校与大学生纠纷可以分成三大类：第一类是高校与学生之间因校方提供的学生受教育过程中所需的教学设施、生活设施（如高校向学生提供教室、图书馆、公寓食堂）、安全设施不足导致的侵权等引起的纠纷，这是高校和学生之间作为平等民事主体所发生的民事纠纷；第二类是高校在日常管理、处分惩戒方面行使行政权力与学生之间的纠纷。包括作息管理、学籍管理、评优评先、违纪处分、颁发毕业证书、派遣证书等决定引起的纠纷。此类纠纷双方属于行政法律关系，只是没有直接涉及高校教学研究专业知识的纠纷；第三类是高校在学术管理活动中行使学术权力与学生之间发生的纠纷。

现有的案例中时有综合涉上述纠纷类型。在我国目前行政附带民事诉讼法律框架尚未健全，对于高校法律法规授权组织地位尚未完全明晰的现状下，法院很难高效圆满地解决此类复杂纠纷。

（二）人民法院对学术实体性纠纷处理能力有限

上述第三类是高校在学术管理活动如学生课程安排、学分结构、考试成绩评定、学位（毕业）论文（设计）专业水准的评定等引起的纠纷。高校行使学术权力与学生之间发生的纠纷，除依据正当程序原则外，应当接受法院对此的司法审查。对学术实体性纠纷，如学位（毕业）条件考核或论文（设计）专业水准评定，考虑到对于学术实体性纠纷，法院法官在专业上的不周延性，也认为应当排除了司法审查，赋予高校自由行使。此类特殊纠纷的处理，只有考虑尝试其他解决路径。

## 三、ADR 救济模式的引入及其价值

（一）什么是 ADR

ADR（Alternative Dispute Resolution）救济模式是代替性纠纷解决方式的缩写。ADR 概念源于美国，现在已引申为对世界各国普遍存在着的、各种诉讼制度以外的非诉讼纠纷解决方式或机制（主要有仲裁、调解、复议、申诉等方式）的总称。[1]ADR 并没有十分明确的外部界限，任何非诉讼的纠纷解决方法都能被归入该范围中。内容的包容性则意味着数量众多，内涵各异的解决方法很可能在逻辑上并不具有严格的层级和种属关系，也意味着这些方法之间并没有太多共性上的联系，仅仅由于它们都具有非诉讼色彩这一点就被归入一类中。正如美国学者佛莱彻所言："虽然从表面上看，替代性纠纷解决方式是一个有序体系，但事实上它只是一组供当事人任意选择用来避免正式对抗性诉讼的办法"而已。[2]20 世纪 60 年代以来，ADR 在美国等西方国家广泛流行，成为非常盛行的解决纠纷的方

---

① 范愉：《非诉讼纠纷解决机制研究》，中国人民大学出版社 2000 年版，第 10 页。

② 宋冰：《程序正义与现代化》，载自《外国法学家在华演讲集》，中国政法大学出版社 1998 年版，第 1420 页。

式。考察ADR的蓬勃发展的原因，首先来自人们对诉讼在解决纠纷中所暴露出来的缺点和弊端的失望，其次还来自于现实主义法理学主张对社会的综合需求、审判机关的功能给予更多关注的影响。①

（二）ADR移植的本土化

我国历史上早就发展出了各种非诉讼的纠纷解决方式。如：各个朝代的法令大多规定：婚姻田土、继承分家等民事纠纷要由城乡的闾老、里正等先调解解决。许多纠纷都不得不先经过民间调解而非直接告官。这些传统非诉讼纠纷解决方式的共同理论基础是儒家关于"和为贵"的"无讼"思想。儒家认为解决民事纠纷的理想方式应为一种非诉讼的礼法教化和劝导。通过宗族中品质高尚，深孚众望长辈的礼法教化，使得争议的双方在互让互谅的基础上自行解决纠纷。这种纠纷解决传统意识也是ADR移植的本土化，实现其适应性自洽的有利条件。

我国从20世纪90年代后期以来，"依法治国"的理念深入人心。在放眼向西方法治国家的学习借鉴过程中也存在一定片面的认识和盲目的移植。认为诉讼维权才是法治的标志，将调解等非诉救济途径作为落后机制加以否定，在工作中出现了许多虚无主义的倾向。

事实上，ADR的发展不仅基于对诉讼过程中各种困境的反思，而且还基于追求和谐的社会秩序和社会关系的文化意识。如过度诉讼对于司法资源的压力、增加纠纷解决成本、加剧社会关系紧张等等。虽然ADR在民事纠纷的解决中发挥的作用更为重要，但是其能充分发挥作为专家型中立人的技术专业优势，以非对抗的方式解决纠纷，为当事人有更多参与纠纷解决的机会的特点决定了其服务于教育纠纷解决的借鉴价值。

如前所述，ADR救济模式主要有调解、复议、申诉、仲裁等方式。考虑到现实案例中对于涉及学术实体性纠纷的替代性处理选择是困扰司法实践的痼疾，结合我国具体国情，同时限于本文篇幅，笔者接下来主要就我

---

① 郭玉军、甘勇：《美国选择性争议解决方式（ADR）介评》，《中国法学》，2000年第5期，第127—128页。

国教育仲裁制度重构的问题展开讨论。

## 四、教育仲裁制度的理性分析

仲裁（Arbitration）制度滥觞于古罗马。1889年英国公布第一部仲裁法，从此以后，仲裁机构纷纷建立并呈现出国际化甚至是全球化趋势。英国学者认为仲裁是一种原始的公正，其实践来自法律的母体，而诉讼是其进入文明社会后的必然衍生。国内学者对其定义大多强调其合意性、替代性（或称诉讼排除功能）、约束力与执行力。笔者认为，仲裁是指双方当事人将纠纷提交中立的第三者进行裁判，以求得公正、合理、便捷解决的一种纠纷解决机制和方式。仲裁具有自治性、契约性，基于当事人自治原则，法院对仲裁不进行深层次的干预，仅在仲裁违背国家强制性法律法规的情况下，才进行干预；仲裁具有一定的司法性，是一种准国家司法活动，但又不是纯粹的"司法性"而是一种准司法性质。

### （一）ADR 与仲裁

狭义的 ADR 把仲裁排除在外，笔者认为应从广义着眼定义 ADR，仲裁是一种重要的替代性纠纷解决模式。

1.从 ADR 的基本特征上看

ADR 有三个基本特征，即替代性、选择性和解决纠纷。[①]所谓替代性指的是能够替代常规司法审判，而解决纠纷也就是定纷止争，避免矛盾升级从而诉诸诉讼。这两点仲裁制度在功能上当然符合，只是在选择性上需要进一步厘清。

关于仲裁的性质比较流行的有"契约说""司法权说"与"混合说"。"契约说"支持者法国人尼布耶特（Niboyet）认为"……仲裁员的权力的取得……是来自于当事人之间的协议"[②]；"司法权说"坚持裁判权是国家

---

① 范愉：《非诉讼程序（ADR）教程》，中国人民大学出版社2002年版，第17—19页。

② 齐树洁：《民事程序法》，厦门大学出版社2002年版，第513页。

主权，只不过基于市民社会自治的需要以法律形式赋予民间机构行使；两者的折中即构成"混合说"的主体。

而传统型仲裁和新型仲裁在许多国家的并存恰反映出前两种学说的分野与融合。前者多存在于商事或国际贸易纠纷的处理中，它排除了司法审查，且裁决是终局性的，在ADR的选择性特征上完全符合。而新型仲裁包括了上面提到的劳动仲裁和农业承包争议仲裁及医疗事故仲裁等等往往是由法律规定或法院决定强制性的救济途径。这样规制一般是基于效率和专业性的需要，然而这种强制性的仲裁并未剥夺当事人的选择权。因为此类仲裁只是诉讼前置程序，其决定并不具有终局性，当事人仍旧可以依法提出诉讼请求，此种仲裁的ADR选择性因此得证。

2.从效益价值体系上看

首先，从经济人假定出发，当事人选择仲裁更加便宜、灵活与快捷。无论是西方古典经济学中的具有完全的理性"经济人"假设，还是1978年的诺贝尔经济学奖得主赫伯特·亚·西蒙（Herbert Simon）所提出的"有限理性"（bounded rationality）的"经济人"，他们在大多数情况下都会做出趋利避害的惯常选择。如果通过仲裁制度解决纠纷足够公正公平，那么其便宜、灵活与快捷的品质就会像名品店里的打折时装一样受到人们的青睐。

其次，从效益原则出发，国家应大力培养更加适应市民社会发展需要的仲裁制度体系。仲裁体系仅仅需要国家在法律地位上规定，承认其效力与执行力。而其运作成本主要依据当事人自治原则与费用分担方式，国家的物质投入十分有限。与此相对应的是，仲裁以其程序的灵活性、解决纠纷的专业性等特点分流了司法程序的救济选择，从而减轻法院的负担。更为重要的是，仲裁以其非对抗性解决冲突的特点最大程度地化解了社会矛盾、挽回经济损失，为和谐社会的构建创造了巨大的无形收益。

（二）教育仲裁制度

我国目前尚未建立完整的教育仲裁制度。1995年8月28日原国家教委发布的《关于开展加强教育执法及监督试点工作的意见》第三点"教育执法及监督试点的具体内容"第六项规定："建立教育仲裁制度。教育仲裁是指通过仲裁机构，裁断平等主体间教育纠纷的制度。可提请教育仲裁的范围为平等教育法律关系主体之间的合同争议和财产性纠纷。教育领域中平等主体间的合同纠纷的范围，包括办学合同、委培合同、贷学金合同和产学合作合同以及教职员的聘任合同和校内用工合同、出国留学合同、合作办学合同等。当前，在各仲裁机构调整和重新组建中，教育行政部门要积极商请有关部门加强对教育仲裁案件范围和特点的研究，重视聘任教育界人士担任兼职仲裁员。"这种倡导性的教育文件所设计的其实还是仅仅针对"平等主体间教育纠纷的制度"，但其实质上是具有教育纠纷色彩的普通民事合同纠纷适用商事仲裁制度的再规制。而笔者这里要讨论的教育仲裁制度是基于教育纠纷性质多元化的事实对于该制度的重构。

笔者认为，教育仲裁的制度定位应是指学校、教师、学生将其在教育教学过程中发生的有关教育关系的权利义务的法律纠纷提交给依法设立的专门处理教育法律纠纷的教育仲裁委员会，并由其对双方的纠纷进行处理，并做出对双方具有约束力的裁决，从而解决教育法律纠纷的活动和制度。

## 五、教育仲裁制度的改革思路

### （一）突出教育仲裁委员会的设置的行政主导性

比较《中华人民共和国仲裁法》和《中华人民共和国劳动仲裁法》就会发现商事仲裁和劳动仲裁的很大区别，前者建立在当事人自愿的基础上，后者则带有很强的行政性质。笔者以为，考虑到教育纠纷领域多元化，法律关系中公权力的运用占绝对优势，所以教育仲裁委员会宜依照劳动仲裁的模式建置和运行。

笔者认为教育仲裁委员会应按照统筹规划、合理布局和适应实际需要的原则设立。省、自治区人民政府可以决定在市、县设立；直辖市人民政府可以决定在区、县设立。直辖市、设区的市也可以设立一个或者若干个教育仲裁委员会。省、自治区、直辖市人民政府劳动行政部门对本行政区域的教育争议仲裁工作进行指导。劳动争议仲裁委员会不按行政区划层层设立，但是以后可以在修改的教育法中按照学区设立，避免行政区划划分造成的地缘影响。同时还应强调，教育争议仲裁不收费，教育争议仲裁委员会的经费由财政予以保障。

（二）拓宽受案范围，弥补现行诉讼司法审查缺陷

笔者所述的教育仲裁主要是解决高校与大学生（将来还可能整合拓展到其他类层次和类型的学校、教师、学生）在教育教学过程中发生的与教育关系相关的权利义务的纠纷，是一种狭义上的教育法律纠纷。主要包括：1.教育合同关系纠纷，包括提供教育服务和其他配套服务合同等纠纷。2.教育侵权纠纷，包括在教育教学过程中发生的，如侵犯隐私权、荣誉权、人格权等人身权引起纠纷，人身伤害赔偿等纠纷。3.教育处分纠纷，包括开除、退学、拒发毕业证、学位证等纠纷。4.论文水平、成绩评定、操行评定等纠纷。

笔者主张将论文水平、成绩评定、操行评定等纠纷列入仲裁范围是基于以下考虑：第一，教育纠纷中的学术纠纷等具有高度专业性和技术性的特点，不宜通过司法审查的途径来解决。基于学术权力的合法性与合理性，司法应给予必要的尊重，不得对学术纠纷实质问题进行干预。第二，由于教育仲裁委员会的仲裁员来自各学校和科研机构具有专业背景和专长的专家和学者，能胜任对学术纠纷中实质问题进行判断和评定。第三，比较宽泛的受案范围对于弥补现行诉讼司法审查不足和衔接其他 ADR 综合处理模式的侧重有着举足轻重的作用。

（三）优化教育仲裁委员会的组成

作为教育学术纠纷方面的专门管辖机构，由于它受理的对象具有专业

性、技术性和复杂性等特点，同时又涉及学校自主权、教师和学生合法权益的保护，以及国家对教育事务的监管，因此，教育仲裁委员会需要保持中立性。这仿佛和上一点形成矛盾，然而我们可以在教育仲裁委员会的组成方面做到足够的努力。

教育仲裁委员会应由主任一人，副主任二至四人和委员若干人组成，仲裁委员会主任由政府主管教育工作的负责人或政府教育行政部门的主要负责人担任，副主任和委员聘请有关方面的人员担任。教育仲裁委员会的成员分为专、兼职两种，以兼职为主。可以比照劳动仲裁法的规定设立仲裁员名册。仲裁员应当公道正派并符合下列条件之一：1.曾任审判员的；2.从事法律研究、教学工作并具有中级以上职称的；3.具有法律知识、从事人力资源管理或者工会等专业工作满五年的；4.律师执业满三年的。并考虑加入学联组织代表，以保证其民主性、公正性。考虑到教育法律纠纷的专业性、技术性和复杂性和涉及利益主体的多元化，仲裁员的知识水平和道德修养直接关系到教育仲裁的公正性和有效性。另外，对于重大疑难案件，仲裁庭经合议后仍未达成一致的，由首席仲裁员提交仲裁委员会集体讨论决定。

（四）设计学术实体性纠纷仲裁终局性裁定

考虑到这里教育仲裁的行政性设计，故当事人如对教育仲裁决不服而且属于人民法院受案范围且未超过诉讼时效的，还可以向人民法院起诉，由人民法院按照相关诉讼制度的规定审处。这里包括行政性也包括民事性质的纠纷，之所以后者也不按照商事仲裁的"一裁终局"规则设计是因为类似学杂费收缴、教育衍生服务的提供所造成的纠纷毕竟不同于一般的商事法律关系，作为学生一方在履行类似合同时选择权极其有限。

但是考虑到教育仲裁的特点和司法救济的局限，对于教育仲裁委员会涉及学术标准评定领域的实体性纠纷的仲裁决定宜设计为终局性决定。理由很简单，现代社会的精细分工，使得许多纠纷的发生和解决往往涉及诸多的专业性、技术性的问题，查明、正确处理这些纠纷不仅需要精通法律知识，更需要借助各种专业知识。种类繁多、纷繁复杂的专业技术问题使得法官无所适从而难以胜任，而在具体的教育领域恰恰体现出教育仲裁委员会的学科知识优势。这种"学术实体纠纷仲裁终局性裁定设计"一方面使得ADR综合处理模式与诉讼模式在受案范围上实现理性衔接，另一方面避免了法院系统在学术实体上"外行审内行"而陷入窘迫，进而还在一定程度上解除了人们对于司法审查之于高校学术自由权利构成威胁的担心。

# 后　记

20世纪80年代，我家附近菜场门口墙壁上有油漆刷的八个大字："管而不死，活而不乱"，直到我上大学后才晓得这是对于"一管就死，一放就乱"现象的回应。然而，良好的希冀还需要具体的规则来实现，而具体的规则还有赖于理性规律的认知与指引。从改革开放以来对于非公有制经济地位和作用认识的不断深入，到对于社会资本生产要素价值和无序扩张危害的深刻体会，再具体到对于环保公益诉讼适格主体的讨论，甚至对于侵权损害自力救济的边界，以及对于社区物业管理决策权的规制等问题，都关乎本书的主题——我们该怎样认识与规制常常被我们忽略的社会权力。

马克思认为，个人权力由于其分散性和羸弱性，容易被强大的环境力淹没，所以其必须联合起来以社会权力的形式运行。国家权力是社会权力、个人权力之间相互作用与妥协的产物。应引导社会权力以一种经济和文化渗透力和感召力的形式缓慢释放与平衡运行，发挥其社会服务性与群体黏合性功能。福柯认为权力是作一种弥散状态分布，它是社会中各种力量关系即团体之间、个人之间社会关系互相作用的结果。社会权力所具有的自治力与自觉力是其存在的应有之义与基本品质，社会权力之间或者社会权力与国家权力之间不仅是竞争的博弈关系，也存在功能互补的合作关系。我们应当通过正确的政治引导与积极的分类指导来鼓励与培育社会权力的成长与伸展；通过加强专项立法，规范社会权力与国家权力之间的良性有序互动；通过严格防控社会权力异化或者国家权力的越界，在发挥民主自治的同时，保障社会的和谐稳定。

本书选题源自作者的法学教学与实务工作经历，基于博士学位论文和相关研究成果的整理，系安徽师范大学国家级一流本科专业（法学）建设点系列成果之一。感谢我的博导安徽师范大学戴兆国教授的指导和作序，感谢安徽师范大学出版社张奇才社长的指导和郭行洲责任编辑的精心校对，感谢安徽师范大学学术出版基金项目（2021xjxm112）和法学院出版资金资助。